U0535922

■ 大学时期的冯裕才

■ 2019年中国数据库技术大会（DTCC）主会场，冯裕才发表"从达梦发展看中国数据库四十年"主题演讲

■ 冯裕才带领达梦早期团队进行国产数据库系统研发

■ 美国数字设备公司（DEC）生产的PDP-11/70计算机，1980年华中工学院从美国购买的即是此机型

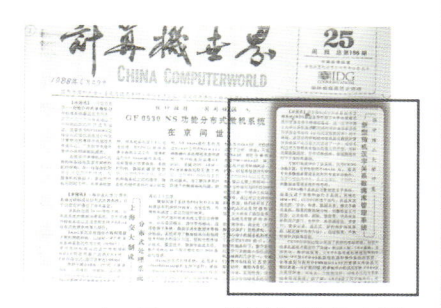

■ 1988年6月29日,《计算机世界》头版报道华中理工大学CRDS数据库通过鉴定

■ 1989年12月,CRDS数据库获得国家教育部科技进步奖二等奖

■ 创立于1992年的达梦数据库与多媒体技术研究所位于华中科技大学南一楼中厅

■ 1993年10月，DM1在北京通过了由电子工业部主持召开的技术鉴定会，标志着达梦数据库完成了从原型到产品线的过渡

■ 1997年中国电力财务公司华中分公司财务应用系统使用国产数据库DM2。随后，其全国76家分子公司上线使用该系统

■ 冯裕才所著的《数据库系统基础》获得了国家教育委员会高等学校优秀教材一等奖

■ 1996年10月，达梦研究所参与开发的国产开放式软件平台COSA，被国家计委、国家科委、财政部评定为国家"八五"科技攻关重大科技成果

■ 2008年，国家电网首先在电力调度系统中启用国产的达梦数据库，打开了我国能源行业核心系统拥抱国产自主技术的全新局面。图为达梦数据技术人员在国家电网浙江省调度中心服务现场

■ 达梦积极开辟海外市场。2021年，"中老铁路"全线开通运营，达梦为其列车调度集中控制系统提供全面支撑（图片来源：春城晚报）

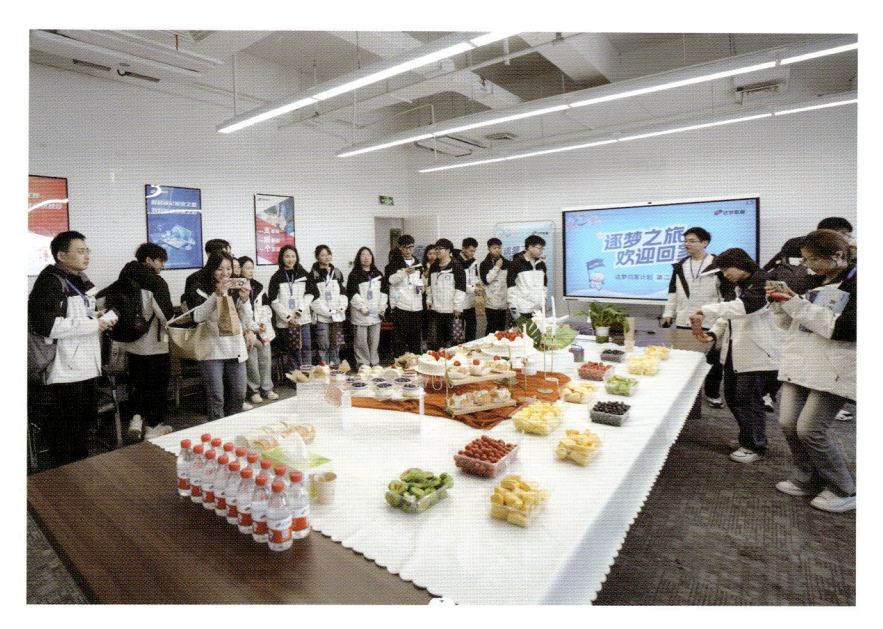

■ "一个家庭"是达梦重要的企业文化,这让达梦孕育出了天然的"人才黏性"。图为达梦"归家计划"第二期

■ 2024年达梦数据年度庆典,总经理皮宇做年度总结报告

■ 2022年9月30日，"达梦数据库产业基地"开工建设

久久为功

达梦40年
科技自立之路

著 刘浩睿

中信出版集团｜北京

图书在版编目（CIP）数据

久久为功：达梦40年科技自立之路 / 刘浩睿著.
北京：中信出版社，2024.8. -- ISBN 978-7-5217
-6763-6
Ⅰ. F426.67
中国国家版本馆 CIP 数据核字第 2024RH5589 号

久久为功——达梦40年科技自立之路
著者： 刘浩睿
出版发行：中信出版集团股份有限公司
（北京市朝阳区东三环北路27号嘉铭中心　邮编　100020）
承印者： 北京通州皇家印刷厂

开本：787mm×1092mm 1/16　　印张：22.5
插页：4　　　　　　　　　　　字数：272千字
版次：2024年8月第1版　　　　印次：2024年8月第1次印刷
书号：ISBN 978-7-5217-6763-6
定价：79.00元

版权所有·侵权必究
如有印刷、装订问题，本公司负责调换。
服务热线：400-600-8099
投稿邮箱：author@citicpub.com

目录

序一 / 倪光南　　　　　　　　　　　　　　　　　　　　　V
序二 / 廖湘科　　　　　　　　　　　　　　　　　　　　　VII

序　章　数据库行业：天生属于挑战者　　　　　　　　　001

第一章　人生选择：从导弹到软件　　　　　　　　　　　013
　　　　人生轨迹的偶然与必然　　　　　　　　　　　　015
　　　　平台与选择：回归"象牙塔"　　　　　　　　　019
　　　　计算机是未来之路　　　　　　　　　　　　　　023
　　　　被烧毁的技术资料　　　　　　　　　　　　　　026

第二章　志之所趋：做自主产权的国产数据库　　　　　　033
　　　　掌握核心技术，是一切的基石　　　　　　　　　035
　　　　编著《数据库系统基础》　　　　　　　　　　　041
　　　　从"游击队"到国家自然科学基金　　　　　　　045
　　　　诱惑之下："反商业"的选择　　　　　　　　　049
　　　　第一个成果：汉字关系数据库系统（CRDS）　　 055

第三章　走向应用：国产数据库团队的市场初探　061

国产数据库首登《新闻联播》　063
闯荡市场的收获　067
成立数据库专项研究所　071
与时间赛跑：中外数据库纷纷入场　075

第四章　顽强生长：不放过任何应用机会　085

3500万字奠定软件工程基础　087
家门口的"国际战争"　093
"小孩子和大人下棋，输了不丢人"　096
拿下商业应用第一单　102

第五章　创业艰险：正式走上商业化道路　111

不能被控股的"金娃娃"　113
"大家都是老板"　118
成立上海子公司　123
从校园文化到企业文化　129

第六章　分水岭：一场技术路线的决战　135

开源数据库来袭：六年冠军突然垫底　137
背水一战：性命攸关的一次测评　142
突击研发：七个月孕育新版数据库　147
以技术实力回应怀疑　151

第七章　幽谷独行："另类"数据库厂商的生存之路　157

把数据库产品卖出去　159
小步快跑中的一次风波　165
少有人走的自主创新路　169

第八章　激荡之年：在冬日中触底反弹　175

　　凛冬与晚春　177
　　星期五晚上的来电　180
　　一夜飞驰　186
　　携手"中软"，入选"国家队"　194

第九章　应用还是产品：科技企业路线的发展之辩　201

　　从三峡到浦东　203
　　长江两头的拉力赛　210
　　看待应用开发的两种视角　214
　　"宝塔"上的"五角星"　221

第十章　市场突进：为国家信息安全护航　229

　　进军"中国航信"　231
　　信息安全海啸下的挑战　238
　　为国产技术搭起桥梁　245
　　支撑南方电网数字化转型　250
　　试水出海：了解海外市场游戏规则　256
　　建成市场化销售体系　263

第十一章　稳重增长：技术型企业的成长之路　271

　　"一所学校"：科研型企业的"象牙塔"风格　273
　　"一支军队"：强大的执行力与高度的责任心　280
　　"一个家庭"：患难与共带来的人才黏性　284
　　"干细胞"式的人才培养体系　288
　　坚持自主研发的底层逻辑　294
　　创新四要素：为核心竞争力浇筑堡垒　302

第十二章　智启未来：全新定位，利剑出鞘　　**311**
　　　　打造"数据库生态圈"　　313
　　　　全栈数据产品及解决方案提供商　　320
　　　　闯入金融核心腹地　　328

附录1　达梦数据发展大事记　　**339**

附录2　达梦全栈数据产品体系　　**343**

后记　　**345**

序一

本书记录了达梦的成长历程,也道出了达梦创始人冯裕才的一生。作为冯裕才的老朋友,我一路见证了达梦的孕育、诞生、拼搏、成长与收获。从曾经国产数据库中的一股涓涓细流,到如今国产基础软件的中流砥柱,这四十多年来,达梦始终不忘科技自立的初心,保持着自我突破的勇气,与历史同频,与时代共振,在国产数据库的逐梦之路上砥砺前行。

国产数据库一路走来极为不易,这在书里多有描绘。首先是研究难:20世纪七八十年代,国外已经诞生IBM、Oracle这种数据库领域巨头,而国内却连数据库文献资料都寥寥无几,是冯裕才这样的国产数据库探路者,通过自学英文文献,逐步点亮了国内数据库研究的星星之火。

其次是研发难:冯裕才翻译了300多篇论文和8本数据库著作,出版了备受好评的数据库专业教材,然而,即便理论基础如此扎实,在研发数据库管理系统时冯裕才还是经历了数次失败,直到1988年才做出了我国第一个自主版权的国产数据库原型。

最后是应用难:软件研发出来后,如何将其产品化?如何将产品应用到生产中？如何实现可用到好用的飞跃？如何与国外巨头同台竞争？这里的每一个问题，都曾经是横亘在达梦面前的巍峨大山。所幸，达梦凭借深厚的技术积淀，成功翻越崇山峻岭，与曾经仰望的巨头并肩而立。

这几年，国际形势错综复杂，软件领域的安全稳定受到更高关注，坚持原始创新、独立研发技术路线的达梦，迎来了发展的春天，其产品已经成功应用于金融、能源、航空、通信等数十个关乎国计民生的重大领域，相应的市场占有率也稳居国内数据库厂商前列。四十多年的坚持没有白费，达梦距离"梦想达成"越来越近，这令人深感欣慰。

展望未来，希望达梦等国产数据库企业，不忘初心，牢记使命，笃行不怠，踔厉奋发，打造中国的世界级数据库品牌！

序二

"这样艰难而漫长的道路，非理想主义者不能行至今日。"看完这本书后，作者的这句话在我心中萦绕良久。达梦数据库创始人冯裕才教授，就是一位真正的理想主义者。四十多年来，他对数据库技术研究的热爱、对自主创新精神的坚守、对做中国人自己的数据库产品和平台的执着，无一不令人动容。

非常自豪的是，冯裕才教授算是我的学长。冯裕才教授1964年考入哈尔滨军事工程学院（简称"哈军工"），就读于导弹工程系液体火箭发动机专业。我是1985年考入中国人民解放军国防科技大学（简称"国防科大"），并在国防科大学习工作多年，而哈军工正是国防科大的前身。因此，读到书中有关哈军工的历史及冯裕才教授在哈军工的学习生活经历时，我倍感亲切。能有冯裕才教授这样令人钦佩的前辈学长，是我们国防科大的骄傲。

本书生动展现了冯裕才教授研制国产数据库四十余年追梦路的全貌，其中的很多故事令人十分感动。20世纪80年代初，冯裕才教授刚刚投身国产数据库研究的时候，国内计算机尚未普及，没有人理解他为何要做数据库，也没有人相信他能做出数据库，他基本处于"没有经费，没有设备，没有人员"的三无状态，就连用计算机都要见缝插针地"打游击"。可就是在这样孤军奋战的艰难背景下，冯裕才教授依然完成了著作翻译、教材出版、软件开发等工作，并于 1988 年成功研发出我国第一个拥有自主版权的国产数据库管理系统原型 CRDS。

　　作为国产基础软件行业的从业者，我对达梦的很多历史细节都印象深刻，因为达梦的每一步发展，都代表着国产数据库的每一步前进。2008 年达梦数据库成功在国家电网上线，是国产数据库在行业应用上的历史性突破；2013 年达梦数据库在泰国教育部教育云平台上线，迈出了国产数据库从本土走向世界的第一步；2021 年达梦发布数据共享集群 DMDSC2.0 版本，意味着国产数据库在共享存储集群方面实现零的突破，打破了国外的技术垄断。

　　历经四十余年辛勤耕耘，如今的达梦已经成长为国内数据库基础软件产业发展的关键推动者。当前，随着国际关系的日益复杂，信息领域的安全问题愈发紧要，相信达梦数据库这样安全、灵活、强大的核心数据库产品，是能为国计民生重大行业保驾护航的国之利器。期待未来的达梦，不忘初心，勇毅前行，在自主创新这条路上走得更加自信、坚定、成功！

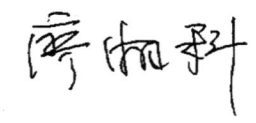

序章

数据库行业：
天生属于挑战者

今天的人们已经无法离开电子产品了。

每天清晨，我们或者被手机的闹铃叫醒，或者自然醒来后第一件事就是伸手去摸手机。数据库管理软件如同大楼中的钢筋一样，支撑着电子产品中的大部分重要软件，支撑着我们信息化的现代生活。

如同人类并不是从诞生起便住进钢筋水泥的大楼一样，数据库管理软件也缺席了计算机的"童年时光"。

一般认为，1942年完成测试的阿塔纳索夫-贝瑞计算机（Atanasoff-Berry Computer，通常简称ABC计算机）是世界上第一台电子计算机，1946年2月诞生的电子数字积分计算机（Electronic Numerical Integrator And Computer，简称ENIAC）是世界上第一台通用计算机。

早期的电子计算机更多地承担科研计算的任务，其作用更接近于一个"豪华计算器"。这是当时技术发展的局限性所造成的：从硬件上来看，早期计算机并不具备数据存储硬件，无法对生成的数据进行存储和调取；从软件上看，"文件"这种我们今天常见的数据组织形式在当时尚不完备，松散的数据尚不足以支持用户进行复杂的查询、修改、插入和删除等大规模处理工作。

随着电子计算机的核心处理能力不断演进，加之1956年开始，由IBM公司发明的硬盘逐步成为计算机的标准配置，计算机的算力和存储两大短板被一点点补齐。数据不仅可以被保存、修改，还能被反复调取使用，这时更加高效、复杂、独立的数据管理模式就成了用户所需。

20世纪60年代初期，通用电气公司的工程师查尔斯·巴赫曼（Charles Bachman）开发出了第一个网状数据库管理系统，这也是世界上第一个数据库管理系统，名字叫IDS（Integrated Data Store，集成数据存储）。网状数据库作为数据库领域的先行者，对数据库的概念、方法、技术起到了奠基作用。

时间进入20世纪60年代后期，电子计算机技术迈过了第一代电子管时代和第二代晶体管时代，正处于集成电路时代，并准备向大规模集成电路时代发起总攻。技术的发展让计算机的体形与价格呈现了"双重瘦身"：计算机不再是军事机构和研究机构的专属产品，而是进入民用领域，拥有了更多的使用场景。

1968年，IBM研发出了一种新型的数据库管理系统IMS（Information Management System，信息管理系统），这种后来被称为层次数据库的数据库管理系统，虽然普及度不如网状数据库那样高，却为IBM带来了可观的商业价值，甚至在一定程度上蒙蔽了IBM的双眼，让这个"蓝色巨人"没能在革命到来的前夜及时转身，占据市场的桥头堡。

迄今为止，数据库发展史上最伟大的革命发生在1970年，一个颠覆认知的天才般的思想在这一年被公之于众，启发了包括甲骨文、达梦在内的所有后世数据库企业。

改变来自英格兰人埃德加·科德（Edgar Codd）。在牛津大学求学期间，他学习了数学和化学这两个基础学科。事实证明，基础自然科学对于逻辑思维的训练及影响贯穿科德终生。科德在日后提出的许多想法，与其说是雄心壮志的科学研究，倒不如说是沿着逻辑的藤蔓慢慢生长成熟的甘甜果实。1965 年，科德在密歇根大学安娜堡分校取得计算机博士学位，随后加入 IBM 的圣何塞实验室从事研究工作。

科德仔细研究数据的排布形式，以关系代数为基础，提出了一种新的数据库模型。在此之前，网状数据库和层次数据库模型虽然满足了一部分数据管理的需求，但是它们物理层与逻辑层混淆，开发维护极其烦琐，从架构上不方便实现复杂的查询逻辑。这样的结构也就注定，基于两种早期数据库模型而编成的数据库管理系统，规模不可能做得很大。

通过引入数学中常见的"关系"概念，科德将数据库的物理层和逻辑层分离，不但实现了非常复杂的查询逻辑，能够支持数据量庞大的数据库，同时对物理层和逻辑层的开发人员进行了彻底分工：其中开发难度较高的物理层可以由少数专业人员来予以实现；逻辑层容易理解，开发难度较低，可以在短期内培养大量的开发人员——不必像过去那样让开发工程师"大筐小筐一肩挑"。工种的细化有助于实现数据库软件研发的产业化。

科德于 1969 年在 IBM 内部发表了论文。1970 年，科德的论文在《美国计算机学会通讯》（Communications of the ACM）6 月刊上公开发表。这篇题为《大型共享数据库的数据关系模型》（"A Relational Model of Data for Large Shared Data Banks"）的论文此后被视为关系数据库的起源。1974年，科德同实验室的两名同事在进行关系数据库研究的过程中提出了一套体现数据应用原则的规范语言 SEQUEL（Structured English Query Language），这一语言在1980年定名为 SQL（结构查询语言），经过多次修订，至今仍然是关系数据库的"圣经"。2003年，当达梦面临技术分蘖时，旧版本的达梦数据库软件不完全符合 SQL 标准是其毅然决定抛弃旧架构、研发新版本数据库的重要原因之一。

从研究成果来看，来自 IBM 圣何塞实验室的科学家们像是在进行一场焰火表演，他们不断地在夜空中爆闪出绚丽光彩。可事实上，IBM 的管理层依然沉迷于层次数据库 IMS 所带来的回报。他们对于关系数据库的研究是实验性的，仿佛科德的全新模型并不是 IBM 的"亲儿子"，而是一只变异了的小白鼠。他们把小白鼠放在玻璃柜里，取了个名字叫"系统 R"（System R），让一群科学家围着它，喂它一点这个、喂它一点那个，看看这只小白鼠最终会变成什么样。

没有哪一种类型的数据库可以一劳永逸地解决人类所有的数据管理问题，如果不能在技术上推陈出新、不断发布契合当下时代的新产品，即使是家底深厚的 IBM 也难免受到挑战。接连发生的几件事印证了这个趋势。

1973年，加州大学伯克利分校的研究人员利用 IBM 公开发布的"系统 R"相关信息，开始开发关系数据库系统 Ingres。

1974年，在美国计算机学会（ACM）举办的研讨会上，组织方专门请到了开发出第一个网状数据库的"老前辈"查尔斯·巴赫曼和锋芒毕露的埃德加·科德同堂辩论。巴赫曼在一年前刚刚凭借对数据库的贡献，成为历史上第八位 ACM 图灵奖的获得者。辩论中，巴赫曼代表着工程实用主义和已经成熟的技术，科德则代表根植于科学深处的严谨与高雅。遗憾的是，由于当时尚未诞生一个可投入实际使用的关系数据库，这场不在一个维度的辩论注定无法形成定论。

1976年，霍尼韦尔（Honeywell）公司终于开发出了第一个商用关系数据库系统——MRDS（Multics Relational Data Store），但这个数据库在当时还不符合后来被奉为圭臬的SQL标准。

1977年，一家还不为人知的小公司——软件开发实验室（Software Development Laboratories，简称SDL）注册成立，三名创始人分别是拉里·埃里森（Larry Ellison）、鲍勃·迈纳（Bob Miner）和埃德·奥茨（Ed Oates）。公司注册资本2000美元，埃里森出资1200美元占有60%的股份，迈纳和奥茨各出资400美元，分别占有20%的股份。这家不起眼的公司开始闯入关系数据库领域。

拉里·埃里森是硅谷历史上最具争议性的传奇人物之一。1944年8月，他出生于纽约，母亲是一名犹太裔未婚妈妈。出生后不久，九个月大的埃里森被交给他的姨妈抚养。养父母家恪守犹太教教规，可埃里森自童年起便展现出特立独行的特质。13岁时，埃里森拒绝参加犹太教的成年礼，后来也一直是一个宗教怀疑论者。

1962年起，埃里森求学于伊利诺伊大学香槟分校、芝加哥大学和西北大学三所高校，但均未能取得学位。1965年，埃里森在芝加哥大学第一次见到了计算机，并学会了给IBM生产的晶体管计算机编写程序。凭借这点手艺，埃里森得以在硅谷谋生。埃里森的张扬个性在生活方式上展露无遗，尽管收入并不算高，但他常常不惜花费巨资购买昂贵的奢侈品。在同事及好友埃德·奥茨的推荐下，埃里森读到了科德于 1970 年发表的那篇著名论文，如获至宝。不久，埃里森便发起成立了 SDL 公司，专门进行关系数据库的研发。

埃里森处在一个极好的时代。所谓的"好"，不仅仅源于 IBM 对于新兴关系数据库技术的兴致索然，从而为其他数据库厂商提供了市场空隙；更在于，软件作为一种独立的产品正从硬件中脱离出来。在此之前的计算机市场上，硬件是一切的指挥棒，每一家计算机企业都是一个全套的集成厂商，同时提供硬件（包括处理器、硬盘、打印机等）、软件（包括操作系统、应用软件等）和人工服务，还没有一家计算机公司把软件部分拿出来单独出售——由于各品牌的计算机互不兼容，软件零售事实上也没有可操作性。软硬件之间存在着强行捆绑关系，随着计算机产业的发展，这样落后的商业模式越来越难以符合市场的需要，而这也为专业软件公司的诞生提供了机会。在埃里森创业的两年前，即 1975 年，比尔·盖茨和保罗·艾伦成立了微软公司，从公司的名字中就可以看出，他们对于软件市场的未来发展充满信心。

1978 年，SDL 开发出了第一款关系数据库产品，项目代号为 Oracle 1。"Oracle"源于埃里森之前在硅谷工作时为美国中央情报局开发的一个项目，这个单词的寓意是"智慧之源"，埃里森十分喜欢这个单词。Oracle 1 并没有正式对外发布，埃里森的理由是，这是一个没有人会愿意买的版本。1979 年，SDL 开发出了 Oracle 2，这是第一个由纯软件公司开发出的商用关系数据库管理系统。所谓的"商用"体现在，这个系统后来被销售给了美国空军。

想要做市场通用的、产品化的软件，就需要获得硬件厂商的兼容支持。埃里森等人希望自家公司的数据库软件能够兼容 IBM 的产品，可是 IBM 每年从客户处收取的服务费占到了集成打包价格的10%以上，产品化的软件一旦推行，将会使得用户的驻场服务需求不再频繁，数钱数得不亦乐乎的IBM自然没有动力去做这样的改变。可体量远不如IBM的另一家厂商数字设备公司（Digital Equipment Corporation，简称DEC）却对兼容Oracle数据库的提议很感兴趣。DEC把账算得很明白：如果同时有四五家硬件厂商都愿意兼容以SDL为代表的软件公司，那么每家实际分摊的软件开发成本只有原来的五分之一到四分之一。

埃里森的公司并没有改变终端用户的消费习惯，用户依然可以像他们所熟悉的那样，打包支付一个价格，获得硬件、软件的各种服务，可是与埃里森合作的公司却摊薄了成本。与此同时，计算机硬件领域"摩尔定律"的存在，使得关系数据库运行缓慢的缺点不再那么显眼，甚至已经不为用户所在意；相应地，关系数据库灵活便捷的优点越发闪耀，迅速帮助它从老式的数据库手中抢到了市场。埃里森和他的伙伴们能够杀出重围，既有商业模式的助力，又有科技进步的助力。

1982年，埃里森发现，Oracle数据库的市场知名度远远大于公司的知名度，他索性把公司也更名为Oracle（甲骨文）。直到一年后的1983年，最早提出关系数据库概念的IBM，才姗姗来迟地发布自己的第一款商用关系数据库管理系统DB2。

"当市场已建立好，你知道百事可乐要花多少钱才能夺得可口可乐1%的市场？非常非常昂贵！"埃里森后来的这句话证明他深知市场份额的重要性。在数据库领域的大卫与巨人歌利亚的斗争中，Oracle这个"大卫"并没有杀死巨人，而是变成了另一个让世界胆寒的巨人，牢牢地把控住了世界数据库软件的市场。

无论是年轻的科德在学术研讨会上与巴赫曼的激情辩论，还是

Oracle 在面对 IBM 时的突飞猛进，数据库这个行业天生就具有颠覆属性，也天生就属于挑战者。只要一家企业、一个产品符合了市场的期待，它所积聚的势能就会在一个临界点集中爆发。

就在 Oracle 创立这一年，1977 年，中国也第一次正式认识了数据库。

在计算机发展的历史上，美国并不是一枝独秀，同为"超级大国"的苏联也早早地意识到计算机技术的先进性。从 20 世纪 60 年代初开始，苏联提出自动化管理系统（简称 ACY 系统），并迅速将其应用于工业生产中。截至 1975 年，苏联已经拥有 2700 个 ACY 系统。

此时，中国国家计划委员会（以下简称国家计委）希望能够仿照苏联国民经济自动化管理系统，研制我国的经济信息管理系统[①]，包括硬件设备的制造和软件系统的研究，这当中便涉及了数据库系统的研发。为此，1977 年，国家计委委托中国科技大学组织一次数据库相关的学者研讨会，会址定在安徽黄山。

11 月的黄山已经清冷，山上风云变幻，随时可能大雪封山。从北京、南京、吉林、上海等地前来的五十余人聚集在黄山脚下。那时，"文革"刚刚结束，社会生产生活逐步回归正轨，黄山也不如今天这样游人如织，五十余名学者没有预先打招呼突然到访，山下的宾馆也能顺利地安排下来。

当时的关系数据库理论还静静地躺在 IBM 的研究所里等待世人发掘，世界还是网状数据库和层次数据库的天下。中国的数据库理论和技术的发展，是从学习和消化美国数据系统语言会议（Conference

---

① 罗晓沛、岳丽华：《忆第一届中国数据库年会》，《中国数据库 40 年》，清华大学出版社，2017 年 10 月。

on Data Systems Languages，简称 CODASYL）的报告开始的。

1969 年，CODASYL 下属的数据库任务组（Data Base Task Group，简称 DBTG）发布了一篇有关网状数据库语言规范的报告，并不断对其进行修改和完善。该报告的 1973 年版本由中国科学院计算所翻译为中文，并刊载在《计算机工程与应用》上。在黄山会议上，中国科学院计算所提出的数据库管理系统（DBMS）的设计方案就是基于 DBTG 的报告而形成的。

黄山会议一共录用了七篇论文。值得注意的是，来自中国人民大学的萨师煊与吉林大学的管纪文做了关于关系数据库模型的报告。这种天生更为先进的数据库模型在黄山脚下播下了种子，等待着在这片土地上生根发芽。

从 11 月 9 日至 23 日，整个会议持续了近半个月。会议期间气氛热烈，参会的学者们常常因为一个问题的深入讨论，而忘了吃饭的时间。日后在中国数据库行业星辉闪耀的萨师煊、罗晓沛、张作民、周龙骧等诸多学者参加了会议，同样是中国数据库研究领域泰斗的施伯乐未能亲赴黄山，他的夫人乐淑珍有幸参会，对与会学者留下了深刻的印象。[1]

1977 年的黄山会议对于数据库在中国的宣传和推广起到了开创性的作用，尽管当时"全国数据库学术会议"还没有确立，后来的数据库学者们还是将黄山会议定为"第一届全国数据库学术会议"。

至此，数据库作为支撑信息技术时代的"数字钢筋"正式进入中国。

---

[1] 施伯乐：《全国数据库学术会议回顾》，《中国数据库 40 年》，清华大学出版社，2017 年 10 月。

黄山会议召开时，达梦数据库的创始人冯裕才还没有机会接触数据库。几年后，当立志将未来的人生投入数据库这一领域时，冯裕才与中国数据库的其他先行者面对的是同一个问题：一个前所未有的、经济高速发展的时代即将到来，中国应该如何利用数据库，又该利用什么样的数据库？

冯裕才希望给出一个实用的答案。

第一章

人生选择：
从导弹到软件

人生轨迹的偶然与必然

1944年4月26日，冯裕才出生在江苏靖江。身处家国变迁的大时代，个体的命运往往被洪流裹挟。

冯裕才的父母都是穷苦出身，母亲在九岁时便早早地奔赴沪上做童工谋生。淞沪会战期间，母亲工作的纱厂遭到轰炸，此后，她便回到丈夫的老家靖江，躲避战乱。虽然上海的战局不定，但这座工商重镇依然为人们提供了很多工作机会。为了补贴家用，父亲坚持留在了上海。聚少离多成了这个家庭的常态。

冯裕才是家中的第五个孩子。按照冯家的辈序，冯裕才这一代为"裕"字辈。可是在冯裕才的童年记忆里，自己的家庭和"富裕"没有任何关系。冯家地处村与镇交界的地方，历代赤贫，按照当时的土改政策分得了两亩地。冯裕才与母亲共同生活了十四年，直到1958年母亲带着妹妹返回上海。这段日子里，她种菜、下地、养猪，什么苦活都做，用自己的勤劳面对生活的艰苦。

父母没有文化，并不能给年幼的冯裕才学业上的指导，但他们吃苦的精神还是潜移默化地影响了冯裕才。到了上学的年纪，冯裕才格外用功。由于从小成绩优异，家庭"阶级成分好"，冯裕才以优异的成绩被保送进入初中。三年后，1961 年，冯裕才以全县第一的成绩考入名校扬州中学。

扬州中学创立于 1902 年[①]，迄今为止为中国培养了大批杰出人才，包括党和国家领导人江泽民、马克思主义理论家胡乔木、外交家乔冠华、著名作家朱自清、华中工学院[②]老院长朱九思等。在漫长的办学历史中，扬州中学为国家培养了 45 名院士。[③]中国计算机事业的创始人之一、中国科学院院士张效祥就是扬州中学 1939 届老校友。现在，冯裕才的办公室里还挂着一幅张效祥的题字，表达着他对达梦数据库的期许："坚持自主开发，在市场竞争中不断壮大！"

扬州中学严谨的治学风格不断地滋养着刻苦求学的冯裕才。由于家人都在上海，在扬州中学的三年里，冯裕才有两个寒假没有去上海和家人团聚，而是留在寒冷的宿舍继续读书。

高考在即，按照平时的成绩来看，冯裕才足以考取国内的顶尖学府，那时的高等教育虽然不需要学费，但离家在外，免不了日常开销。为此，冯裕才提出想要报考一个不让自己和家人有经济负担的学校。来自安徽的班主任岳文义对于寒门学子既同情又爱惜，在慎重考虑后，他建议冯裕才报考哈军工。

"哈军工"全名"中国人民解放军军事工程学院"，由于学校地

[①] 当时名为仪董学堂后历经多次改名，1927 年始称扬州中学。——编者注
[②] 1988 年更名为"华中理工大学"，2000 年 5 月与同济医科大学、武汉城市建设学院合并组建为华中科技大学。——编者注
[③] 统计数字来自扬州中学官方网站（2023 年）。

处哈尔滨，因此被通称为"哈尔滨军事工程学院"（现哈尔滨工程大学）。在抗美援朝的战场上，中国人民志愿军在与以美国为首的"联合国军"的对抗中，意识到了中国军事装备的不足。为了提高中国军工实力、为国家培养军工人才，1952年7月，毛泽东主席调回担任中国人民志愿军副司令员的陈赓大将担任中国人民解放军军事工程学院院长。1953年4月，在《朝鲜停战协定》签订前的三个月，哈军工即破土动工，并在当年的9月1日迎来了第一期学员。高规格的定位让哈军工一时成为可以比肩清华、北大的国内顶尖名校。

冯裕才此前并不了解哈军工，促使他接受班主任建议的，除了报考哈军工可以免除生活上的经济负担，还有一个原因是，他心中一直怀有"军旅梦"。1964年8月，冯裕才和其他1200多名来自全国各地的年轻学子汇聚在坐落于松花江南岸的哈军工。入学后，冯裕才被分配至导弹工程系液体火箭发动机专业。哈军工对于学生的政治条件要求很高，学员主要分为两类：一类是家庭"历史成分好"的工农子弟，冯裕才便属于此类；另一类是红色家庭出身的干部子弟。

从20世纪50年代起，中国逐步建立起大专院校学生的军训制度，哈军工这样的军事院校更是如此。一入学，冯裕才和同届的学员们便加入解放军，先是下连当兵一个月，随后开始了大学的专业学习。1965年6月，按照党的有关指示，冯裕才和其他学员被派往农村接受"社会主义教育"，与"贫下中农"同住、同吃、同劳动，时间长达半年。在此期间，冯裕才加入了中国共产党。尽管青年时代的冯裕才便决定不从政，但是他对共产党始终充满感恩。冯裕才很清楚，如果没有共产党，一个贫民家庭出身的孩子根本不可能上大学。2021年6月,正值中国共产党建党一百周年纪念日前,冯裕才收到了党中央颁发的"光荣在党50年"纪念章,他珍惜地将纪念章摆在办公室显眼的位置,紧挨着与哈军工校友的大合影。

1966年夏天,"文革"爆发,烈火迅速蹿烧至全国各地,也点燃了北国冰城哈尔滨。哈军工原本就聚集了诸多干部子弟,这里迅速成为"革命"的另一个前沿。同年,哈军工更名为"哈尔滨工程学院",退出部队序列。

命运之轮再度不为自己所控。冯裕才没能够通过哈军工实现"军旅梦",甚至没能顺利地按照教学计划完成五年制学业,本应在1969年毕业的冯裕才成了"老五届"①的一员,在校期间实际学习时长不足两年。哈军工没能把更多知识传授给冯裕才,却将特有的印记永远地留在了冯裕才身上。

首先是吃苦精神。军校的严苛管理让贫苦出身的冯裕才更加善于对抗苦难。冬日的北国清晨,呵气成冰,军校的学子迎风顶雪早起跑操,几圈下来,睫毛上都凝结着雪白的冰霜。长跑成了冯裕才人生中为数不多的爱好,即使年近古稀时,他每次出差都还不忘背上一双跑鞋。刺骨冷意没有逼退冯裕才,反而让他更加亲近这种感觉,在此后的几十年里,冯裕才一直保持着洗冷水浴的习惯。在达梦数据库漫长的创业期里,每次遇到生死彷徨,吃苦精神都给了冯裕才坚持下去的勇气。

其次,也是最重要的,是高度的政治自觉性。工农出身的冯裕才能够切身地感受到国家对于哈军工的重视,这种重视的背后,是国

---

① "老五届"指1961年至1965年入学的五届大学生。按照原定学制,他们应该分别在1966年至1970年毕业,但因"文革",他们当中除1966、1967两届以外,皆未能完成和基本完成全部的课程学习,也未能被及时分配到对口的单位和岗位参加工作。——编者注

家希望告别落后、在重要科技领域实现突破的决心。这让日后的冯裕才在对知识的探索中，都带有一种军人般的高度使命感。创业四十年来，紧跟国家科技战略方向的原则，让冯裕才在危机中做出的抉择每每拯救企业于水火。

平台与选择：回归"象牙塔"

1970 年 7 月，哈军工的 64、65 级学生同年毕业。

冯裕才和其他 90 余名校友被分配到了江西九江彭泽县，支援"三线建设"，参与"远征机械厂"的筹建。远征机械厂隶属于中华人民共和国第六机械工业部，由上海老牌工业企业江南造船厂支援建设。同厂名一样，远征机械厂的蓝图也很远大——为国家制造巡洋舰。

和哈军工学子一同开驻彭泽的青年人，部分来自江南造船厂、海军通信学校、哈尔滨工业大学、上海交通大学、浙江大学等企业和高校[1]，另有 900 人是二次分配的中专生和江西籍的学徒工、转业兵，总计约 1600 人。需要他们跨越的，是现实与蓝图之间的距离。

公元 405 年，东晋诗人陶渊明人生中最后一次为官，便是出任彭泽县令。不到三个月，陶渊明便去官归隐，著下《归去来兮辞》。在辞的序言中，陶渊明这样描述彭泽："彭泽去家百里，公田之利，足以为酒。"公田的粮食产出足以酿酒，这样的富足却与 1500 多年后刚刚来到彭泽的年轻人无关。虽然宏远的目标是建造巡洋舰，可

---

[1] 据同样被分配至远征机械厂的哈军工 65 级校友吴新明回忆，还有约 40 名学生来自北京体育学院、北京医学院、北京财经学院、江西财经学院、青岛医学院以及江西中医学院等。

是最急迫的现实问题是要建好1000多人的住所和厂房。在彭泽的土地上，这批年轻人开山、拉车、住芦席棚。船厂地处水滨，工友们常常要下水干活，不少人染上了血吸虫病。

在特殊的年代，没有利弊权衡，只有一腔热血。由于学业被"文革"中断，这些大学出身的年轻人不再被视为天之骄子，而是和普通工人一样，投身到最艰苦的事业之中。他们如同沙场上不知疲惫的战马，在日复一日的体力劳动中磨砺报国豪情。可就是这点不为外人所知的单纯满足，再一次被突如其来的世事变迁打断——1972年，上级宣布了远征机械厂缓建的消息，援建的青年学生也面临被遣散。

命运的不确定性再次降临。

此时的哈尔滨工程学院已被拆分，包括冯裕才就读过的导弹工程系在内的大部分院系在1970年迁往长沙，更名长沙工学院[①]，划归广州军区领导。长沙工学院对被困在彭泽去向未知的年轻人表示欢迎，提出如果有大学生愿意前往，长沙方面将会组织接收。虽然哈军工经过了更名、拆分和迁址，对冯裕才而言，她依然是自己的母校。得到了长沙方面的确认后，冯裕才第一时间启程前往。

计划经济时代，单位接收一个人员，就意味着要增加一个编制，并为这个人的全部社会福利负责。冯裕才到达长沙后，才得知学校已改变态度，称上级不同意接收这批返校人员。与冯裕才同一批到达长沙的20余人没有工作、没有收入，只能住在学校的招待所，靠借钱、借粮票维生。踌躇满志的一群人在前途未卜的一个月里逛遍了长沙，还前往毛泽东的家乡韶山感受革命氛围。

---

① 现中国人民解放军国防科技大学。

最终，远征机械厂派出军代表前往长沙解决问题，由于冯裕才是这一批人中唯一的党员，军代表率先找他谈话，询问他是想要回江西还是想留在长沙。冯裕才的态度很坚决："既然来了，就不回去了。"其他人与冯裕才意见一致。冯裕才是幸运的，他的坚持改变了自己的命运——在 100 多个报名前往长沙的人中，只有冯裕才这批最早抵达的 20 余人得到了接收。

1972 年 8 月，冯裕才正式加入长沙工学院。在成为正式的授课教师之前，冯裕才的首要工作就是捡起因为政治运动而荒废的学业。冯裕才选择了数学这门基础学科，与其他四名老师组成了一个五人学习小组。学校派出曾经给数学家华罗庚担任过助教的孙本旺教授，外加一名数学专业的讲师李运樵，为五人小组提供辅导。几个人需要先自学北大数学系的课本，提交学习报告，然后由两名导师对报告做出评价，并根据其中的问题有针对性地讲解一些知识点。

冯裕才很喜欢这样的自学方式。他一边学数学，一边给工农兵大学生讲数学，把微积分、数学分析、线性代数、概率论、复变函数、实变函数等数学专业的课程通学了一遍。物理学家约翰·惠勒和他的学生诺贝尔奖得主理查德·费曼都十分推崇这种"以教促学"的方式。后人还将这种方式总结归纳成了"费曼学习技巧"（Feynman Technique）。

苏联出版的《吉米多维奇数学分析习题集》是数学领域十分著名的一套习题册，共包括 4000 多道题，由浅入深，涵盖了数学分析的全部主题。书中的习题，冯裕才做了个遍，解题的稿纸足足攒了几大捆。回忆起沉浸于数学世界的时光，冯裕才认为，自己最大的收获是学会了怎样读书：所谓读书，应该先"由薄到厚"，深入地去挖掘书中每一个知识原理的"弦外之音";再"由厚到薄",抛开繁重的书本,闭上眼回忆,那些留存在脑海中的知识,将会伴随自己一生。数学强调对人的逻辑推理能力的训练,正是掌握了这种能力,冯裕才在日后进入软件这个于他而言完全陌生的行业时,才能够迅速自学、迅速上手。

在长沙工学院期间,冯裕才将自己的名字改为"冯玉才",希望自己能够如玉一样五德兼备,成为国家的有用之才。在接下来的五十多年里,"冯玉才"这个名字更为外人所知。

经历了太多颠沛流离,在长沙工学院教授数学的这几年成为冯裕才生命中一段难得的安稳时光。他有时间开始思考,自己的人生目标应该是什么。视野的开拓让冯裕才意识到,随着计算机技术的发展,软件将会在其中占据越来越重要的地位。

此时的冯裕才已经31岁,他很明白,决定人生路途的两个最关键的因素,一个是平台,一个是选择。想要在计算机软件领域有所建树,高校是个理想平台,在完成教学任务后,老师们有足够的时间去进行独立研究。但另一方面,长沙工学院计算机系的教职已满,冯裕才想要在这里从事计算机研究的希望渺茫。为了实现梦想,冯裕才必须做出选择。此时,华中工学院院长朱九思正在喻家山下向全国的人才招手表示欢迎,先一步前往华中工学院的同事也邀请冯裕才来武汉参观一下。

诗人食指曾经远见而坚定地写下他对未来的期待:"我相信未来人们的眼睛——她有拨开历史风尘的睫毛,她有看透岁月篇章的瞳孔。"在国内其他高校依然被"文革"灰烬掩盖之时,朱九思主持下的华中工学院,生命力就如同一双穿透雾霭的清澈眼眸。即使是短暂停留,冯裕才也很快地感受到这里欣欣向荣的学术氛围。双方一拍即合，在冯裕才回到长沙的一周后，来自武汉的调令就紧追了过来。

冯裕才拿着调令再度赶往华中工学院。

计算机是未来之路

在全国大部分高校尚未恢复教学秩序之时，华中工学院能够成为一处学术的世外桃源并非偶然。

1969年，全国派军宣队、工宣队、军代表进驻学校。负责华中工学院的军宣队指挥长叫刘崑山，来自武汉空军司令部。刘崑山进驻华中工学院后，首先展开了对校领导朱九思的调查，一番调查下来，刘崑山认为，朱九思不存在政治问题。次年，刘崑山恢复了朱九思的领导职位。[1]这在"文革"的大背景下是极为少见的，也是华中工学院的幸运。朱九思在日后的许多场合一再表示，学校能够取得如此成绩，刘崑山功不可没。朱九思与刘崑山在特殊时期建立了深厚的革命友谊，在两个人的努力下，华中工学院实现了三个"没有"：学校主要领导人没有变，师资队伍没有散，科研教学设备没有滥。[2]

"文革"中，教育部和省教育厅不复存在，但划给华中工学院的经费仍照常发放，这让朱九思有了很大的自主权。[3]由于没有了教育主管部门，高校的新专业开设缺乏统筹机构，国家负责工业的几个

---

[1] 《刘崑山：百岁老人的历史性贡献》，华中科技大学档案馆，2021年4月14日。
[2] 王炯华：《朱九思评传》，华中科技大学出版社，2011年10月。
[3] 朱九思：《我曾体验到具有办学自主权的好处》，《朱九思全集》，华中科技大学出版社，2015年3月。

机械部认为需要哪个专业，便向学校提出开设专业的需求，朱九思本着"来者不拒"的原则尽量应允。1958年，华中工学院曾经开办过计算机专业，但开办后不久就赶上"三年困难时期"，计算机专业也被取消。1972年，上层认识到计算机人才培养的重要性，提出恢复计算机专业，身先士卒的华中工学院开始四处寻觅计算机方面的人才。

20世纪70年代，计算机人才全国稀缺，华中工学院要重建计算机专业，不仅把1958年到1960年期间本校计算机专业培养的人才抽调了回来，还跑到武汉测绘学院招人。武汉测绘学院在1959年到1961年招过三期计算机专业的学生，已经有了一支师资团队。后来担任华中工学院计算机系主任的邹海明就是这样从武汉测绘学院调往华中工学院的。尽管如此，隶属于计算机专业的教师团队依然只有十几人，师资力量严重缺乏。

由于邹海明从事过计算机教学工作，对该领域更加了解，朱九思对邹海明提出："在计算机同行中，知道哪个人愿意来华中工学院，你尽量提，我们想办法调。"这样，选人的范围进一步扩大，华中工学院从北京和上海的高校及研究机构中调来了十余个有过计算机研究经验的教师。

除了从外界引入教师，计算机专业还开始了内部培养计划，从工农兵学员中选取读完高中课程、基础较好的学生来培养成未来的师资力量，共20人。后来与冯裕才共事多年、一同创办了达梦的吴衡就是这批师资班的成员之一。至此，华中工学院计算机专业的教师及预备师资达到50人。[1]

冯裕才此前专门了解过华中工学院刚刚创办不久的计算机专

---

[1] 邹海明口述，唐燕红、吴瑞芳、查兰箫访谈整理：《计算机专业恢复重建的亲身经历》，《武汉文史资料》，2019年第3期。

业，在创办的前几年，计算机专业一直处于师资力量的培训、储备阶段，没有急于招收学生。这也意味着，对投身其中的所有研究人员而言，无论过往的资历如何，大家都要从头学习，起跑线是一样的。此时的国际上，计算机技术日新月异；而国内，由于先进技术受到西方国家的封锁，在"排除万难，争取胜利"的大环境感召下，计算机的所有相关领域，无论是硬件还是软件，学者们都在争先恐后地进行着自主研发。这正是冯裕才实现自我目标的最佳平台。

一开始，看到冯裕才有在远征机械厂的经历，华中工学院的人事部门把他安排进了造船系。看到这样的安排，冯裕才急忙向人事部门解释，自己在江西彭泽的两年，做的是木工、瓦工、开山工，连巡洋舰的影子都没见过，如果真的被安排进造船系了，只能放弃调令，返回长沙。冯裕才执拗地告诉人事部门的工作人员，他只愿意去计算机专业。

造船系是华中工学院的传统强系之一，一个远道而来的年轻人，竟然放弃加入造船系的机会，坚持要去一个刚刚创立不久、前途不甚明朗的计算机专业。人事部门的工作人员很诧异，但他们没什么理由拒绝冯裕才，于是在计算机专业的花名册上添加了一个助教的名额。

生长在一个动荡的年代，这几乎是冯裕才人生第一次有机会主动做出改变命运的选择。更难能可贵的是，在未来的岁月里，无论面临怎样的困境，他都保持着在华中工学院人事办公室的那份执拗，坚持做自己想做的事。

1976 年 10 月 6 日，冯裕才正式调任华中工学院，加入刚刚成立三年的计算机专业。

入职当年，冯裕才就接到了第一个任务——以参与者的身份配合两位资历更老的老师在国产计算机上为当时的国家第七机械工业部（简称七机部，后改组为航空航天部）一院做一个编译系统。编译系统属于基础类软件，通俗地讲，它担当的是人与计算机之间的"翻译"，让双方的信息可以彼此识别。

项目要研发的是 Fortran IV 语言编译系统。Fortran 语言最早由 IBM 在 1957 年开发成功并投入使用，是世界上第一个被正式采用并流传至今的高级编程语言，影响了后续的 BASIC 语言和 C 语言等基础编程语言。Fortran 语言的名字就来自"公式翻译"（formula translation）的缩写，顾名思义，它的特性就是拥有接近数学公式的表达，这不仅提高了计算机的执行效率，也让数学功底扎实的冯裕才更加容易地上手软件编程。

从 1976 年底到 1978 年，冯裕才跟着两名老师学习了解编译系统，用时一年多完成了 Fortran 语言编译系统的研发。让他们有点气馁的是，从软件的后续应用来看，项目算不上成功。这个结果并不意外，虽然研发小组里的三个人都投入了大量的精力，但经验和技术的缺乏制约了软件成品的质量。

软件编程需要大量的技术积淀，越是像编译系统这样的基础软件，对于技术功底的要求越高。就在这时，一个偶然的契机，让冯裕才愈发认识到，掌握核心技术对于国家发展的重要性，也让他最终规划好了未来人生的道路。

被烧毁的技术资料

1978 年 3 月 18 日，全国科学大会召开了。

这是一场铺垫了一年的大会，会期长达半个月。大会表彰了

862个先进集体、1192名先进科技工作者和7675项优秀科研成果。更重要的是，对于全国所有的科技工作者而言，他们都得到了属于自己的表彰——在开幕式上，邓小平在发言中再次阐述了"科学技术是生产力"的论断，明确"为社会主义服务的脑力劳动者是劳动人民的一部分"，[1]摘掉了压在知识分子头上的"资产阶级"帽子。

春天的故事里，空气里的一切都在浅吟低唱着一句歌词：冬蛰结束了。作为国家教学科研的一线工作者，高校的教师是第一批报春的鸟儿，他们饥渴地寻找着每一点儿学习的机会。

秋天，华中工学院组织了一个20余人的教师队伍前往武汉钢铁厂[2]参观学习。武钢是那一年中国工业领域最耀眼的明星，耗资40亿元（约6亿美元）从联邦德国和日本引进的"一米七轧机工程"经过四年的施工装配接近完工，马上要投入试生产。

20世纪70年代初，随着中美关系的正常化，中国逐步回到世界大家庭中。借此契机，中央决定三至五年内引进一批国外的先进技术设备，预算总计43亿美元，这被称为"四三方案"。"四三方案"最终引入了26个大型工业项目，所有项目中，武钢的"一米七轧机"单项投资最高。耗资6亿美元"迎娶"来的"一米七轧机"并非浪得虚名，它具有当时的国际先进水平，热轧速度最快可达到每秒23.26米，25台电子计算机监管着长达三公里的生产线，可以实现无人值守、自动化生产。来自华中工学院自动化专业、经济管理专业和计算机专业的老师们十分好奇，想要赶快弄明白，到底是什么样的技术，支撑着战败国日本在三十年的时间里取得了如此高

---

[1] 《中国共产党一百年大事记（1921年7月—2021年6月）之二》，参见：http://cpc.people.com.cn/n1/2021/0629/c64387-32143323.html。——编者注
[2] 2016年，武钢与宝钢联合重组，组建中国宝武。——编者注

的工业成就。

12月12日,"一米七轧机"主体工程顺利建成,实现一次投料试车成功,全厂欢喜。日方的援建专家随后陆续撤离。就当冯裕才和其他老师迫切地希望能够看到工程的技术文件时,他们才被告知,为了防止核心技术流到中国人手中,那堆积起来能装满三卡车的原始资料早在日方专家撤离前就已经被小心翼翼地烧毁掉了。

亮红的铁水依然在生产线的指挥下奔涌流动,轧成的钢板冲入武汉冬天的空气中冷却暗淡下来,冯裕才的心却好像被这钢板狠狠地烫了一下。这是一个残酷的丛林法则:科技领先的国家是不会把核心技术施舍于人的,中国人应该,也必须把核心技术掌握在自己手里。

计算机软件的门类繁多,由此开始,冯裕才认真思考起究竟要投身于哪一个具体的软件领域。一组数据引起了他的注意:来自同时期发达工业国家的统计显示,用于各种管理的计算机占计算机总数的80%,还有用于控制的计算机占15%,真正用于计算的计算机不到总数的5%。管理领域最重要的软件就是数据库管理系统,冯裕才顿时明白,一个由国人掌握核心技术的数据库管理系统将会迸发出巨大潜力。

参观武钢"一米七轧机"的痛苦回忆影响了冯裕才的一生——研发自主数据库需要大量投入,每当"放弃自主研发技术路线"作为一个选项摆在公司的发展道路上时,冯裕才总是毫不犹豫地避而远之,坚持在艰辛而晨光熹微的小路上继续走下去。这个时候,是他心口的那块烫疤在隐隐作痛。

万事开头难,冯裕才要让自己在知识上缩短与前沿数据库技术的距离。为此,他组织了一个16人的数据库课题组,分工翻译和理解当时还十分不易获得的来自国外的数据库资料。课题组将大部头的数据库理论教材以章节为单位分解，再由相应的老师以读书报告的形式进行分享，这样的分工合作大大缩短了消化一本理论图书所需的时间，帮助小组成员汲取了许多开发所需的数据库知识。

就在冯裕才准备全力研究数据库知识的时候，一个看似与数据库不相关的任务突然降临到他的身上。

七机部希望，华中工学院能够组织老师开发一个小型操作系统软件，用于我国自研的一款航天系统。航天器在空中飞行会产生模拟数据，这些数据在空中处理后，要回传给地面进行分析。冯裕才需要开发的这套操作系统实际上就是地面上各个设备的"指挥官"。

这时距离冯裕才第一次接触计算机编程还不到三年，对于操作系统究竟是个什么东西，冯裕才只是读过几本书，有个大概了解，根本谈不上精通，甚至连选什么汇编语言都不知道。他能依仗的，只有大学时学到的机械制图知识、学习高等数学带给他的逻辑思维能力，以及此前参与开发 Fortran 语言编译系统的实操经历。即使这些能力加在一起，距离完整地开发出一套操作系统也山遥路远。

一切都没有头绪，冯裕才勉强接受了这一让他心里没底的任务，并谢绝了学校为他加派人手的提议，只身一人前往北京。

在清华大学，冯裕才接触到了 NOVA 系列计算机。NOVA 系列计算机是美国数据通用公司（Data General，简称 DG）于 1969 年开始陆续推向市场的一系列小型计算机，在 20 世纪 70 年代十分受欢迎。除了美国，日本和中国也研发制造出了能够与 NOVA 系列实现软件兼容的类似机型。其中国产机型叫 DJS 100 系列机，它是由清华大学、华东师范大学等单位参与研发的。NOVA 机型上带有独立操作系统（SOS，Standard Operating System）。SOS 是一个简单的管理程序，占用内存较少，它主要用于管理一些基本的输入输出设备，控制它们和主存之间的信息传输。这个系统的规模和功能与冯裕才即将开发的操作系统比较相近，这让他第一次庖丁解牛般地研究了一个商用操作系统的构成。

研究 SOS 的原理、设计思路和算法为冯裕才带来了启迪，可落到实际操作上还有很大的难度。操作系统想要成为各个设备的"指挥官"，一个先决条件是，所有的设备都能够与系统所在的主机相连，并且能够正常驱动运转。而摆在冯裕才面前的却是一堆来自全国各地的散件——北京生产的计算机、来自呼和浩特的绘图仪、来自牡丹江的磁带机、来自天津的宽行打印机等等。由于硬件之间缺乏标准接口，硬件要想相互连接并且搭配运作起来，需要计算机专业、自控专业、无线电专业的老师通力合作，研发相应的硬件接口。

冯裕才在大学学习的是液体火箭发动机专业，看起工程图来没有难度，可是老师们交给冯裕才的却是电路图。电路图上，走线密密麻麻地连接着各个设备的不同接口，第一次铺开它的冯裕才仿佛一头撞进了蜘蛛网。为了读懂电路图，冯裕才在编程的同时还花费了大量时间学习电子电路的图书资料。

操作系统编写完成后，冯裕才开始试着将所有设备连在一起，却发现程序不能正常运行。这是一个最令开发者沮丧的时刻——问题可能出在外设上，也可能出在程序上，冯裕才只能面对实验室内如盘丝洞中一般的走线和计算机上星罗棋布的代码，一个角落、一个角落地排查。这也是操作系统难于编译系统的地方：编译系统的运行遵循一定的顺序，如果出了错误，可以沿着运行逻辑慢慢排查；操作系统的异步任务如果出现了运行故障，则很难快速定位到错误点。

停滞持续了两个月，冯裕才进行了很多次调试，都查不到错误到底出在哪儿，这几乎成了让他寝食难安的一块心病。

一天夜里，半睡半醒之间，冯裕才又开始在脑中过代码。他的大脑就像是运行系统的计算机，默默地回顾完一个模块的代码，就开始想象这段代码所执行的信号在各个外接设备间传递的过程。忽然，他停住了，脑中的画面定格在了寄存器上。有一种直觉告诉他，就是这里出了问题。

第二天一起床，冯裕才就飞奔向实验室，他打开电脑，开始筛查寄存器相关的代码。果不其然，一个应该输送给AC3寄存器的数据被输向了AC1寄存器。寄存器的前面连接着计算机，后面连接着外设，计算机计算出的数据，需要通过寄存器送到外设上。正是这个错误，让操作系统的运行逻辑被中断，导致几个外设与计算机之间不能正常"握手"交换数据。

冯裕才急忙开始修改代码，敲代码的手微微有些颤抖，他觉得又好气又好笑，埋怨自己没有早点发现这个问题，又有点担心起来：如果修复了这个错误，系统还是继续宕机，那么另一个问题又会出在哪儿？

代码修改完毕，冯裕才再次启动了系统。这一次，没有出现任何问题，外设上嘀嘀嗒嗒地传出计算数据。冯裕才高兴得就像磁带机里的转轮一样，一边放声唱着歌，一边在实验室里转起了圈。

花了一年多时间开发出的这套操作系统，虽然并不复杂，但麻雀虽小五脏俱全。它很好地满足了国产航天器的核心需求，并在此后沿用了许多年，研发小组也凭此获得了七机部颁发的技术一等奖。

对冯裕才而言，他的收获不仅仅是积累了软件开发实践经验。编译系统搭起了人与机器之间的沟通桥梁，操作系统则将硬件和软件资源调配和管理起来，曾经从事这两类软件开发的经历并非对于数据库管理软件的开发毫无用途，相反，它们奠定了冯裕才对计算机的理解。数据库管理软件同时应用了编译系统和操作系统的技术。特别是操作系统，与数据库的关系就如同两个齿轮，彼此牢牢地咬合在一起，这让冯裕才的编程经历成为他调转方向进入数据库领域的最大优势。

另一方面，从零开始研制成功小型操作系统的经历，让冯裕才丝毫不惧怕基础软件的技术壁垒，反而更加重视自主核心技术的研发。在日后的许多年，特别是开源的基础软件蔚然成风后，冯裕才经常告诉自己的学生和同事：开源，作为一种学习工具、学习途径，是非常不错的，但是如果以"拿来主义"的态度对待开源代码，没有消化、没有理解、没有吸收、没有融会贯通，开源可能反而是有害的。

此后的四十年，无论软件市场上对于开源代码多么趋之若鹜，冯裕才始终坚持着自己的"开源三部曲"：第一步，吃透开源代码；第二步，扔掉开源代码；第三步，研发自主产权的同类技术。其中最难的点就是从第一步到第二步的跨越。

坚持数据库管理系统这类基础软件的自主研发是一个艰辛的过程，冯裕才在之后的四十年里，经历过孤独，经历过迷茫，险些被骗得家底全无，也借遍了亲戚朋友的钱维持公司的运营。这些都是1980年的冯裕才还不知道的。

他兴冲冲地离开北京，踏上返汉的列车，去和数据库课题组的伙伴们汇合，脑海中只有一件事："我要去研发一款中国人自己的数据库了！"

第二章

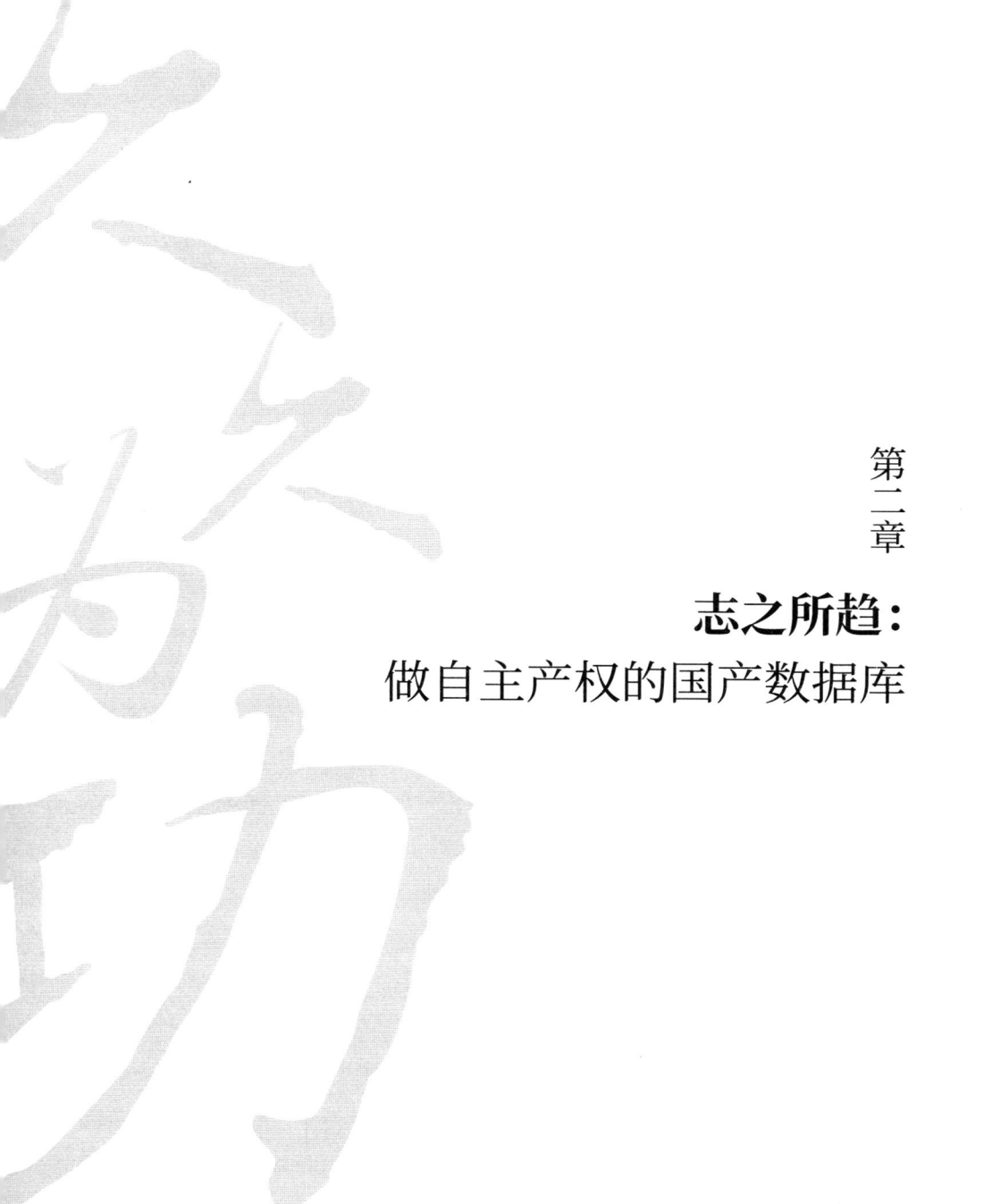

志之所趋：
做自主产权的国产数据库

掌握核心技术，是一切的基石

自从 1977 年在黄山召开了首次中国数据库学术会议，中国数据库学界开始与国外前沿的数据库学者展开交流。

1978 年，第四届超大型数据库会议（Very Large Data Base，简称 VLDB）在联邦德国西柏林召开。VLDB 是国际三大数据库会议之一，创办于 1975 年，华人科学家是会议的主要创办者。第四届 VLDB 会议的程序委员会主席姚诗斌教授邀请中国科学院代表团参会，还特别批准豁免会议注册费。这是中国数据库学界第一次走出国门。[1]

从 1979 年开始，应中方邀请，多名国际数据库专家来华讲学交流，其中包括 VLDB 创始人肖开美教授、《电气与电子工程师学会软件工程汇刊》主编叶祖尧教授、第五届 VLDB 程序委员会主任苏岳威教授、数据库知名专家埃里希·诺伊霍尔德（E. J. Neuhold）

---

[1] 周傲英:《从"渴望了解世界"到"备受世界关注"——从与 VLDB 的合作看中国数据库 40 年的国际交流》,《中国数据库 40 年》, 清华大学出版社, 2017 年 10 月。

教授等。其中，影响较为深远的要数姚诗斌教授于1980年8月在北京举行的讲学。讲学由中国科学院计算所主办，持续了一个月，包括萨师煊教授在内的50多名中方数据库学者参与听课，常驻北京进行操作系统研发的冯裕才也是50多人中的一员。这次讲学的讲义出版后，成为我国数据库领域最早的中文参考资料之一。

姚诗斌早年曾求学于台湾大学数学系，赴美后先后在普渡大学、马里兰大学担任教授。在美期间，他结识了赴美交流的华中工学院党委副书记王树仁。有了这层关系，冯裕才邀请姚诗斌前往武汉一会旧友，姚诗斌欣然应邀，从紧凑的讲学日程中抽出一天时间前往武汉。冯裕才陪同了姚诗斌的武汉之行，这是一个难得的与世界顶尖数据库学者私下交流的机会。

姚诗斌向来主张实干，在北京讲学时就提出，希望中国的老师、教授们不要只做理论研究，更应该"动手做一个数据库管理系统"。此时的冯裕才已经明确，未来将会致力于数据库研发，姚诗斌了解到冯裕才有过编译系统和操作系统的研发经历，认为他对于计算机的输入、输出机制有着深入的了解，知识背景十分适合开发数据库软件。回到美国后，姚诗斌将自己搜集到的300余篇数据库论文悉数寄给冯裕才。

同样在1980年，华中工学院与国家物资总局建立了协作关系，华中工学院设立物资管理专业，定向培养大学生人才，同时还设置专修计划，为国家物资总局培养在职干部，学制三年。作为回报，国家物资总局将会出资为华中工学院从国外购买一台性能较好的小型计算机。

就在冯裕才加入华中工学院的那一年，即1976年，在计算机专业负责人邹海明的建议和院长朱九思的支持下，华中工学院斥资

20万元从贵州凯里的某计算机厂购入了一台国产计算机,这笔支出占华中工学院全年教学经费的50%以上。[①]虽然在华中工学院师生的小心呵护下,机器一直良好运转,但由于国产计算机的技术始终停在晶体管时代,属于第二代计算机,而国外的计算机科技已经在20世纪70年代进入了第四代大规模集成电路时代,显然,躺在华中工学院一尘不染的机房里的那台国产庞然大物,已经快要跟不上时代了。

有了国家物资总局的经费承诺,朱九思抄起电话,打给了在美国麻省理工学院从事计算机研究的旧友,咨询应该购买什么机型,对方建议购买DEC公司生产的PDP-11/70计算机。PDP-11系列是世界上最早一批使用大规模集成电路技术制造的第四代计算机,PDP-11/70当时的售价为35万美元一台。国家物资总局给了华中工学院100万元人民币,湖北省动用外汇指标,将100万元人民币换成了35万美元。[②]在冷战大环境下,国际上的"巴黎统筹委员会"对社会主义国家实行严格的禁运和贸易限制,在联合国教科文组织的帮助下,这台珍贵的原装计算机方能运抵中国,被安放在华中工学院南一楼5楼的一间实验室内。

此时,在萨师煊等数据库先行者的介绍下,"信息管理系统"的概念被引入中国,有识者则更期望理论能够得到实践。从这一点来看,国家物资总局走在了时代前列,他们再次决定出资5万元,委托华中工学院为位于汉口的武汉市金属材料公司开发一套钢材数据库

[①] 邹海明口述,唐燕红、吴瑞芳、查兰箫访谈整理:《计算机专业恢复重建的亲身经历》,《武汉文史资料》,2019年第3期。
[②] 朱九思:《历史的回顾——关于华中工学院的办学历程》,《朱九思全集》,华中科技大学出版社,2015年2月。

管理系统。这个任务交给了由冯裕才带领的 16 人数据库课题组。

接到任务的冯裕才很高兴，有人提供资金和使用场景，委托他来开发数据库管理系统，这正是冯裕才急需的良机。他迅速组织课题组的成员前往武汉市金属材料公司实地调研。前去调研的不仅有计算机系[①]的同事，还有来自政治经济学教研室的老师们。值得一提的是，正是以此为契机，在国家物资总局的支持下，华中工学院于 1981 年 3 月成立了经济研究所[②]，开始经济学的科研工作并招收培养研究生，首任所长由著名经济学家张培刚教授担任。

冯裕才一心想要开发数据库管理系统，借着调研的机会，他带着课题组的成员赶赴广州、杭州、上海，拜访了中山大学教授姚卿达、上海计算所研究员陈唯宁等一些进行过电子信息管理系统研发的学者。

可是到回到武汉市金属材料公司的现场一看，情况远比老师们预想的复杂。公司内部分为 22 个处，管理着 1000 多名员工；"文革"期间，公司的一些管理者被下放到"五七干校"，"文革"结束后又被恢复原职，这就导致一个岗位上出现了多个同级领导。调研进行了八个月，来自华中工学院的老师们还在梳理武汉市金属材料公司的组织架构、业务流程，并撰写了几百万字的资料。由于此前没有团队能够对金属材料公司的运营模式进行如此详尽的梳理，这些资料后来成为国家物资总局的干部培训教材。

从纷乱的公司管理中理出头绪，已经让计算机系的老师们焦头烂额，更让人心灰意冷的是，在双轨制的调节机制下，地方物资管

---

① 1979 年，华中工学院决定将电子计算机专业、电子计算机软设备（计算机软件）专业、电子精密机械（计算及外部设备）专业合并，成立计算机科学与工程系。
② 1983 年，华中工学院经济研究所改组为经济与管理工程系；1985 年设立经济管理学院。

理部门没有动力进行电算化改造，对于一款专用信息管理软件的到来也比较抵触。

此时的冯裕才已经没有了一开始的兴奋，这八个月仿佛置身于沼泽中，他感到了一种深深的忧虑：到底何年何月才能开始数据库的研发？

另一个更严峻的问题摆在了课题组的面前。

DEC 公司生产的 PDP-11/70 上，预装了一款数据库软件——DBMS-11，配合着 PDP-11/70 自有的即时存取存储器（IAS），DBMS-11 允许用户建立一个支持多程序访问的中心化数据库。从大部分人的角度来看，DBMS-11 的功能可以满足武汉市金属材料公司钢材数据库管理系统的开发需求。也就是说，课题组只要在现有 DBMS-11 的基础上，针对武汉市金属材料公司的实际使用需求进行应用开发即可。

但这与冯裕才的想法相去甚远。他想做的，是从底层开始研发一套数据库管理系统，并在这个拥有自主产权的系统之上，再进行应用开发。

在后来四十余年的数据库生涯里，做应用还是做产品，是经常摆在冯裕才面前的难题。在一套软件解决方案中，针对应用的开发相对处于表层，是解决用户的个性化需求；而位于底层的那些解决不同用户共性需求的、可以被不断复用的软件，则可以被视为软件产品。

举例来说，一套办公审批系统和一套电子商务系统，两者的外观和使用方法可以大相径庭，这是因为软件工程师针对它们的不同使用目的进行了专门的应用开发；但是因为这两套软件解决方案都有数据管理的基本需求，所以它们的底层完全可以用同一款数据库管理软件。这里的数据库管理软件就可以被视为实现了产品化。

从事过计算机软件研发的人都知道，从逻辑上来看，软件的应用开发与产品开发两件事之间并没有明确的楚河汉界，相互之间难免存在重合的、互通的、可相互转化的技术。但是由于开发团队的时间、精力和人员总是有限，在特定的条件下，团队管理者不得不对资源的分配做出选择。

回到"做应用还是做产品"的问题。梳理了四十年间每一次的"应用与产品之辩"，冯裕才坦言，当个人和企业处于不同的时代背景下，自然会给出不同的回答。但让冯裕才颇为自豪的是，无论在何时做出过何种选择，他的终极目标从未改变——他想要的，不是一个单独场景的需求解决方案，而是开发出一套属于中国的、可以一以贯之的通用数据库管理系统。所有的选择，都是为了这一个目标而服务的。

1981年的冯裕才仔细研究过DBMS-11，他预计，在此基础上研发出一套钢材数据库管理系统，需要耗时三至五年。时间是最宝贵的资源，当冯裕才第一次面对"做应用还是做产品"的选择时，直觉告诉他，只能坚持己见去做产品，从第一行代码开始写出一套完整的国产数据库管理软件，无论前面的困难有多大。为此他离开了课题组，开始继续学习构建一个数据库管理系统的理论知识。

后面的故事印证了冯裕才的判断。由于武汉市金属材料公司对于电算化应用并不热心，一款钢材数据库管理系统从根本上就不属于公司的真实需求。而高达5万元的研发经费由国家物资总局直接划拨，即使浪费，也不会给企业造成财务压力，这让他们更加没有动力去实际使用这套系统。研发耗时超过三年，1984年10月，武汉市金属材料公司的钢材数据库管理系统通过了鉴定，却出于种种原因未能实际投入使用、发挥它本应起到的作用。

理想是明确而远大的，脚步便是踏实而坚定的。此时的冯裕才，正在数据库之路上踽踽独行。

编著《数据库系统基础》

离开课题组，冯裕才一头扎进了浩如烟海的外文资料里，他希望从中找出数据库管理系统设计的理论方法。

和同时代上大学的大多数工科学生一样，冯裕才在大学期间学的外语语种为俄语。为了提高学校师资能力，1976 年至 1979 年，华中工学院连续四年为教师举办英语培训班，冯裕才参加过暑期英语班，有了一定的英语阅读基础，但语言学习不可能一蹴而就。通过长达两年的时间，冯裕才一边自学英语、一边自学数据库知识，将姚诗斌寄来的 300 余篇论文和自己搜集到的 8 本英文原版数据库相关著作全部进行了翻译，译稿超过千万字。

论文往往专注于前沿技术或算法细节，教材又过于偏向对应用理论、概念的介绍，两者所传递的知识均与数据库管理系统的设计理论基础有一定距离。冯裕才突破了语言障碍，站上了"巴别塔"，却发现自己对于数据库的理解还是云里雾里，不得要领。这就好像是一辆汽车，对一个人来说，通读使用说明书固然能帮助他了解如何驾驶、保养汽车，但只了解这些并不足以学会制造汽车。冯裕才想要的是"造车之术"。

20 世纪 80 年代早期，为了让刚刚走向世界的中国更快地追上科技发展的脚步，一股讲学之风在高校弥漫开来。就是在这个机遇下，1982 年，美籍华人研究员蔡文宪博士来到华中工学院讲学。

一开始，冯裕才将蔡文宪视为一个地地道道的美国人。中午吃饭时，蔡文宪告诉大家："我看过电影《铁道游击队》。"共同的文化回忆一下子拉近了大家的距离。蔡文宪是上海人，在香港大学求学后前往美国，在美期间参与了几个数据库管理系统的研发。同样有过上海生活经历的冯裕才和蔡文宪找到了共同话题。

按照蔡文宪的计划，在华中工学院一个月的讲学时间里，他主讲的课程为"数据结构"。"数据结构"是计算机及其相关专业的核心基础课，对计算机专业的老师而言难度不大，在场的很多老师都能给学生讲授。鉴于此，冯裕才向蔡文宪提出，希望他能讲一讲数据库管理系统。这让蔡文宪犯了难，他摊开自己的塑胶幻灯片讲义告诉冯裕才，讲课的内容都是经过美方审核的，而数据库管理系统是公司的核心技术，如果他把这些讲出去，回到美国就可能丢了饭碗。

之前还算热络的气氛瞬间透出了丝丝凉意——能讲的不想听，想听的又不能讲。

冯裕才灵机一动，想出了另一个办法：蔡文宪不必刻意准备数据库管理系统的讲义，双方坐在一起进行头脑风暴，以华中工学院图书馆为对象，讨论如何为它设计一个可用的数据库管理系统；形式上也可以自由一些，每天下午由老师们提出问题，晚上蔡文宪准备答案，第二天上午，蔡文宪再来解答大家的问题。这个提议得到了蔡文宪的同意。

事实上，华中工学院图书馆是一个很好的数据库思维实验对象，它的数据量属于中等规模，对应的数据库管理系统的技术难度也刚好够在场的老师们理解。冯裕才整理英文数据库文献和此前参与编译系统、操作系统研发的经历再次帮了大忙，他常常可以提出切中要害的问题，蔡文宪则耐心解答。

明代学者宋濂曾经记录自己幼年求学的窘迫和刻苦，由于家境贫寒，他只能去邻居家借书来抄，"手自笔录，计日以还"。冯裕才也是这样分秒必争地汲取着宝贵的技术知识，通过一个多月的讲学，原本零散的数据库知识终于联动了起来，他的脑海中形成了一张数据库管理系统的原型图。

此时的冯裕才既幸福又痛苦：他终于积累好足够的知识储备，却没有经费、没有设备、没有人力去实现自己的理想。计算机系主任邹海明建议冯裕才，既然已经有了外文资料的翻译积累，何不编著一本数据库系统的图书。对于这个建议，冯裕才的第一反应是很抵触的。他在数据库上的所有投入，目的只有一个——开发出一款可以使用的、有自主产权的数据库管理系统，让国人不必经受自己在武钢所感受到的那种耻辱。在冯裕才看来，想达到这个目的，"著书立说"似乎并不是他要走的必由之路。

邹海明显然更为了解计算机行业的实际情况——机会和经费并不是从天而降的，他说服冯裕才一边写书，一边寻找时机。冯裕才接受了邹海明的建议，前期大量的资料积累缩短了写作所需的时间，仅仅六个月后，1984年4月，由冯裕才编著的《数据库系统基础》[①]一书在华中工学院出版社出版面世，首印15000册。

这是新中国第三本由国人编著的数据库系统理论教材。与其他教材显著不同的是，冯裕才的《数据库系统基础》更偏重于数据库技术的实现，尤其是数据库管理系统的研发。书中第二章介绍了"物理数据组织"，第八章拆解了数据库管理系统设计方法，冯裕才使用了大量篇幅逐步将数据库管理系统的研发原则、步骤展开论

---

① 书中编著者署名为"冯玉才"，原因见本书第一章。

述,这在当时自成一格,并且引起了学术界的注意。冯裕才收到了来自全国各地读者的 100 余封信,其中国防科技大学教授李金汉表示,冯裕才的书让他"耳目一新",南京大学的数据库前辈徐洁磐也评价,"老冯的书,没有洋味儿"。

无论是"耳目一新"还是"没有洋味儿",背后既得益于姚诗斌、蔡文宪等专家的点拨,也来自冯裕才个人的钻研和积累,不过沿着所有的脉络溯源而上,驱使着这一切的动力,都是冯裕才对于研发数据库管理系统软件的坚持。

自 1977 年第一届全国数据库学术会议举办以后,这项会议开始常态化举办。1982 年 8 月和 1984 年 8 月,中国数据库领域的学者们又相继在宁波和天津举行了第二届和第三届全国数据库学术会议。前三次会议,冯裕才都未能前往。1985 年 7 月,第四届全国数据库学术交流会议在兰州举办,这是冯裕才第一次参加这个国内数据库学术领域的顶级会议。

在小组讨论环节,学者们可以按照预先定好的顺序,在规定的 25 分钟内宣读自己的论文。冯裕才分享的是一篇关于"函数依赖及关系模型规范化"的论文。排在冯裕才后面上台的,是师从复旦大学施伯乐教授、后来成为东华大学教授的著名数据库学者乐嘉锦。乐嘉锦此前没见过冯裕才,在台下候场的他发现,冯裕才在演讲时双目炯炯有神,底气十足。

25 分钟的演讲时间到了,冯裕才看了一下表,抱歉地说:"再给我一分钟,再给我一分钟!"三分钟后,冯裕才的演讲还没有停。等在一旁的乐嘉锦有些着急了,他要分享的内容是"含有空值的函数依赖",从学术逻辑上来看,这部分内容只能接在冯裕才的分享之后。乐嘉锦无奈只能催促现场的主持人——来自冶金工业部的计算中心主任漆永新,让他提醒冯裕才。漆永新告诉冯裕才:"再给你一分钟。"结果冯裕才又讲了三分钟,才意犹未尽地结束了演讲。

就是这次演讲延时,让两人成为一生挚友。

结束了演讲,乐嘉锦找到冯裕才,问他怎么讲了那么久。冯裕才有点不好意思地说,因为自己很喜欢数据库,也对这篇论文非常自信,讲起来就有了感觉,没规划好时间。这时乐嘉锦已经感觉到冯裕才对于数据库有一种骨子里的痴迷。

冯裕才将自己编著的《数据库系统基础》送给了乐嘉锦。乐嘉锦读过之后告诉冯裕才,前几章介绍数据库基础理论,这和其他的国内外图书大同小异,但是最后几章的内容十分实际,落地到了应用和实施,很有特色。冯裕才听了乐嘉锦的评价,高兴地说:"你是我的知音!"

冯裕才编著的《数据库系统基础》于 1986 年加印 20000 册,次年获得了国家教委评出的高等学校优秀教材一等奖,并在 1993 年再版。这本教材影响了计算机专业的诸多学子。2010 年,29 岁的皮宇正面临一次职业选择。皮宇在华中科技大学攻读硕士学位期间,受到了冯裕才所著《数据库系统基础》的影响,出于对冯老师的敬意,他放弃了互联网公司开出的高薪研发岗位,来到达梦公司,从基层销售做起,最终一步步成长为公司的总经理。

书籍,拥有着贯穿壁垒的生命力。因为数据库研发而屡屡碰壁的冯裕才,很快就会因为这本书而看到一丝绿意。

从"游击队"到国家自然科学基金

1984 年春天,苦于没有设备可用的冯裕才得到了一个意想不到的机会——一名计算机系教授从武汉406仓库得到了一台全新的计算机，希望冯裕才帮忙开发一个基于dBASE系统的仓库管理软件。

这是一款1981年推出的数据库管理软件，包含数据库引擎、查询系统、表单引擎和编程语言等功能。1982年，IBM公司刚刚推出个人计算机（PC），dBASE被第一时间移植到PC上，推出了DOS版。这让dBASE成为PC早期最流行的应用程序之一，在1988年的鼎盛时期，开发出dBASE的安信达（Ashton-Tate）公司占据了数据库市场63%的份额[1]，一时风头无两。

促使dBASE拿下巨大市场的功臣之一是它的简单易用，有程序员将dBASE比喻为数据库领域的"瑞士军刀"。虽然同属于关系数据库，但不同于日后大红大紫的Oracle、Sybase、SQL Server等客户/服务器类型的数据库，dBASE与FoxPro、Access等属于桌面数据库。桌面数据库只提供数据的存取功能，适用于小型、单机应用程序，技术上也不需要网络和服务器。

由于dBASE的易用性，开发仓库管理软件的工作并没有花费冯裕才太长时间，最让他困扰的难题是，如何能够让这台珍贵的计算机尽可能多地留在手里，以便见缝插针地开发出技术上更为复杂的数据库管理系统。为此，冯裕才将数据库管理系统的设计方案进行分解，由12名本科生分别开发，作为他们的毕业设计课题。

这是一段艰苦的"游击队"生涯。冯裕才和他的学生们"人歇机不歇"，24小时不间断地在手中的机器上进行开发。一台机器不足以分配给12个人，没有轮到使用机器的同学还要背着存有开发代码的软盘，到处去找其他的空闲机器。

---

[1] Darryl K. Taft: "30 Years Ago: The Rise, Fall and Survival of Ashton-Tate's dBASE", *eWeek*, 2013年9月19日。

毕业季到了，12名学生中，有6人的毕业设计得到了优秀评级，这本来是一件喜事，可等学生离校后，冯裕才多次尝试将12人的开发源码进行联调，却发现无法合并运行。冯裕才那时候还不知道，把一个复杂的软件分解给多人并行研发，这涉及科学的软件工程管理，其复杂程度并非仅靠数据库的学识可以弥补。直到几年后的1987年，美国卡内基-梅隆大学的软件工程专家才开始开发软件行业的能力成熟度模型（capability maturity model，简称CMM），衡量软件企业的工程化研发能力。此后经过不断迭代，CMM演化为能力成熟度模型集成（capability maturity model integration，简称CMMI）。很长时间以来，CMMI被全世界公认为衡量一家软件企业专业化、流程化、工业化的重要标准之一。2007年12月，达梦公司通过了CMMI3（CMMI三级）认证，并在2018年末通过了目前最高的CMMI5认证。

除了学生开发的软件相互间无法联结，让冯裕才更失望的是，由于计算机借期已至，他再次回到了"单枪匹马""无米为炊"的尴尬境地。

这时，冯裕才编著的《数据库系统基础》一书展现出了它的长尾价值。由于冯裕才在数据库领域的学术能力得到了广泛认可，他受邀前往位于武汉水果湖的国家科委科技管理干部学院[①]，为来自全国各地的科委主任讲授管理培训课。其中来自广西柳州的科委主任陶克赢是朱九思的好朋友，他出生在上海，周末时前往冯裕才家共叙同乡情谊。冯家到处堆着厚厚的数据库资料，这是冯裕才几年前翻译论文和教材时攒下的，为了减少翻译时翻阅英文词典的次

[①] 1986年，国家科委科技管理干部学院与国家科委武汉计算机培训中心合并成为国家科委管理学院，中间经过几次更名后，于2000年合并进入华中科技大学。

数,他在草稿纸上用不同颜色的笔密密麻麻做满了词汇批注。

见到这番场景,陶克赢很受触动,称赞冯裕才是"少见的人才",当即邀请冯裕才调往柳州工作,并许诺提供三室住宅及高级工程师职称。广西远离冯裕才的老家上海及江苏,文化风俗也与武汉有较大差别,冯裕才谢绝了陶克赢的邀请。这没有浇灭陶克赢的热情,他听冯裕才介绍了自己坚持从事数据库管理系统研发的初心。后来在陶克赢的建议下,柳州科委决定出资3万元,并且提供一台计算机、调来两名上海交大的本科生,支持冯裕才的开发工作。

1985年,冯裕才重整旗鼓,又带了1名老师、8名本科生,外加前来支援的上海交大学生,发起了对数据库管理系统的第二轮进攻。看着前一年不成功的程序代码,新成立的项目小组感觉站在了更高的起点上,批判继承、挥斥方遒,自信满满。然而攻坚的热情很快被系统的技术难度消磨,又是一年的时间投入,项目依然不见起色。学生毕业后,项目再度搁浅。

此时,柳州科委也踟蹰起来。柳州素来不是以经济发达、科技领先著称,这样的资源禀赋自柳宗元写下"共来百越文身地,犹自音书滞一乡"以来并没有根本改变。那时的柳州,农业依然是经济支柱产业,1000元的科研经费可以培养一种良种鱼,2000元的科研经费可以培养一种良种猪,出资3万元支援数据库管理系统的研发,让柳州科委面临一定的压力。由于客观所限,双方在一年后终止了合作,这让冯裕才的数据库研发计划再度受阻。

1986年2月28日,一则让全国科技工作者兴奋的消息登上了当天的《人民日报》:为了加强基础研究和部分应用研究工作,逐步试行科学基金制,国务院决定成立国家自然科学基金委员会。国家自然科学基金接受课题申请,组织评议后择优资助。

国家自然科学基金委员会的成立再一次为冯裕才带来了希望。以冯裕才当时的职称，想要发起申报项目，还需要两名高级职称学者推荐。在曾经合作过的自控系副教授的帮助下，冯裕才向国家自然科学基金委员会申报了题为"分布式智能数据库"的项目。

国家自然科学基金委员会主任由著名物理化学家唐敖庆出任，委员会设有 25 名委员，由科学家、管理专家担任。这样高规格的评议体现了极其严格的筛选标准，许多知名学者申报的项目纷纷落选。出乎意料的是，冯裕才申报的数据库项目通过了，得到 3 万元的经费支持，这让在研发道路上迷茫的冯裕才看到了一颗"启明星"。

这不只是冯裕才个人的荣誉，也是数据库行业的荣誉。20 世纪 80 年代中期，我国对于计算机的认知还处于懵懂阶段，对于数据库管理软件、操作系统这类基础软件的定位，学术界依然存在争议。来自国家自然科学基金会的肯定，从国家层面认可了国产数据库的重要性，一颗小小的种子正在生根发芽。

冯裕才是幸运的，他赶上了我国改革开放后，对于科学技术重视且尊重的大时代；中国也是幸运的，在这轰轰烈烈的大时代里，科技将为这个国家带来前所未有的改变。

诱惑之下："反商业"的选择

在一个生机勃发的年代，埋下头去投身于一项技术复杂、收效很慢的研究，所要面对的阻力，不仅源于项目本身的困难，也来自外界的不断诱惑。

1984 年，冯裕才正带着 12 名本科生"游击战"式地进行数据库开发，路易斯安那州立大学的数据库专家陈品山教授到访武汉。

陈品山祖籍湖北，出生于台湾台中，在哈佛大学相继取得了计算机科学和应用数学硕士与博士学位。1976年3月，陈品山在《美国计算机学会数据库系统汇刊》（*ACM Transactions On Database Systems*）上发表论文，提出了"实体－联系模型"（entity-relationship model，简称ER）。这篇论文在1996年已经是计算机科学领域被引用得最广泛的38篇论文之一。

从年龄上看，陈品山还要小冯裕才两岁，不过此时，他在数据库领域享有极高的学术声望。了解到冯裕才正在进行的工作，陈品山邀请冯裕才前往美国就读自己的博士研究生，并承诺负担所有的费用。此时的冯裕才还仅是一名讲师，对他而言，能够赴美就读著名学者的博士研究生确实充满了巨大吸引力。可是陈品山提出，赴美后，冯裕才所研发出的数据库系统产权将归属陈的团队，这与冯裕才从事数据库研究的初心产生了根本冲突。在冯裕才看来，美国多一套或者少一套数据库系统，影响是有限的，但是在中国，他所从事的基础数据库管理系统研发工作弥足珍贵。冯裕才很果断地谢绝了陈品山的邀请，继续艰辛地从事着数据库研发。

一年后的1985年，又一个选择摆在冯裕才面前。这一年，冯裕才路过上海时，到访了位于愚园路的上海市计算技术研究所（以下简称"上海计算研究所"）。与广西柳州科委主任陶克赢一样，上海计算研究所的一位领导也在国家科委科技管理干部学院听过冯裕才的课。冯裕才带来了自己编写的《数据库系统基础》一书。

谈话间，双方聊到了冯裕才正在进行的数据研发工作，此时，冯裕才的研究正处境艰难——学生们分头研发的模式不见起色，柳州科委也正在考虑收回一半的资金支持。还有一件大家心照不宣的事，是冯裕才的职称。"文革"期间，国家职称评定工作中断；1978年开始，曾短暂地恢复了五年技术职称的评定，在此期间，冯裕才被评为讲师。很快，国家发现制度存在一些缺陷，导致职称评定工作出现很多问题，1983年10月，国家再次叫停了全国学术职称、业务技术职称的考核、评定、晋升、授予和发证等工作，并启动了职称改革方案的研究。也就是说，冯裕才在学校的职称在未来几年里能否随着其学术投入和产出获得公允的评定，一切都是未知数。

朋友对冯裕才的学术能力和技术实力很了解，此时上海计算研究所也正处于用人之际，研究所刚刚在无锡承接了一个工程项目，在朋友看来，冯裕才就是这个项目最合适的负责人。他马上向上级建议，将冯裕才调入上海；上级了解情况后，也开始向上海市人事局提交报告。上海是一座大城市，从外地调人进上海，用人单位需要承担这个人进城的"城市费"——4万元。上海计算研究所向冯裕才承诺，将负担冯裕才的"城市费"，并且为他提供住房，一旦职称评定开启，会将冯裕才的职称定为"高级工程师"。学术职称和技术职称分属两个序列，高级工程师相当于学术职称中的副教授，属于高级职称，这比冯裕才当时的职称高。

收到上海计算研究所的报告后，上海市人事局经过评估，决定由市人事局出面，向华中工学院发出冯裕才的调令。这也就意味着，冯裕才不再是上海计算研究所这一家单位希望引进的人才，而成了上海市政府希望调入的人才。得知上海市人事局发出了调令，同济大学、上海交通大学、上海海运学院[①]也相继向冯裕才发出了邀请。

冯裕才的家在上海，对于那个时代因为上学、分配、上山下乡

---

① 2004年起更名为"上海海事大学"。

而离开上海的人而言，回到上海就是梦想，更不要说冯裕才的家人亲戚大多住在上海。现在这个梦想唾手可得地摆在冯裕才面前，他只要点点头，就可以回到这座中国经济的中心城市。

此时的冯裕才又陷入了思考。在华中工学院，冯裕才可以有大量的时间自由地进行数据库研究，即使是他与其他同事在数据库研发路线上相左，也不妨碍他独立地做自己的事。但上海计算研究所的性质与高校不同，在"产学研"的科学技术转化链条上，学校更偏重于教学及科研的前端环节，研究所则更偏重科研及生产的后端环节，而且要通过科研转化养活自己。在研究所的体系内，将科学技术转化为社会生产力固然是件好事，但是这一侧重点并不适用于数据库管理系统这样技术难度大、研发周期长的基础软件研究。换句话说，如果冯裕才选择了上海计算研究所，他可能不得不把时间花在一个接一个的应用开发上，而无法把精力投入更为底层的数据库研究。

回到上海是一代上海人的梦想不假，但对冯裕才而言，实现他的数据库理想才是最大的梦想。况且冯裕才对于自己的能力十分自信，有了《数据库系统基础》这本书的成果，只要华中工学院开始学术职称评定，他对自己能够升为副教授是很有自信的。考虑到这些，冯裕才没有选择回到上海。

自从 1986 年冯裕才的数据库课题得到国家自然科学基金的支持，他的研究驶上了快车道。冯裕才仔细梳理此前两年编程过程中遗留下来的代码，或修正，或重编，在此基础上系统地优化开发，数据库软件很快颇具雏形。

1987 年 9 月，第十三届 VLDB 会议在英国布莱顿召开，冯裕才赶赴英国参加会议。途经北京期间，经朋友介绍，他结识了一名美籍台商。这名台商称自己在美国创办了一家计算机科技企业，他提出，希望冯裕才能够移民美国加入公司进行数据库研发。更加优厚的条件是，除了冯本人，研发团队的核心成员也可以一并移民。

冯裕才很明白，所有条件背后的核心诉求是数据库的知识产权。在自己最困难的时候，无论是广西柳州市科委还是国家自然科学基金，都是来自国家背景的经费帮助他度过了一个个坎坷时刻；放眼更加长远的人生，也是国家大势让一个贫民家庭的孩子成长为数据库学者。冯裕才很明确地告诉台商，自己正在开发的数据库管理系统，知识产权只能属于中国！

回忆这些故事时，冯裕才正坐在办公室的会客沙发上，冬日的阳光从窗户透进来。和大多数的古稀老人一样，冬天的冯裕才衣服要穿上好几层。看得出来，衣服并不昂贵，却很齐整。办公室的一扇门半开着，里面摆着一张床，那是冯裕才平时午休的房间。床上铺的是20世纪80年代中国家庭常见的那种大格子床单，早已褪去了原本光亮的颜色，显得有些暗淡。

冯裕才是一个不在意个人享受的人，这也让任何讨论他"如果当初"的假设变得毫无意义。其实早在20世纪80年代初，就有朋友邀请他前往深圳淘金，那时的深圳刚刚从一个小渔村起步，比起象牙塔里的冷板凳，特区到处是淘金的热土。冯裕才也有几个朋友早早地定居深圳，几年后他们就从股票市场获得了丰厚的回报。如果把财富作为衡量一个人成功的唯一标准，冯裕才选择数据库基础研究、写代码、创办研究所、转制成立企业、在市场不认可的年代苦苦支撑，熬了几十年，才等到国产基础软件的春天，逐步有了稳定的利润，这一条路显然更为艰难。这就涉及冯裕才究竟是一个什么样的人，或者说他的人生底色是什么。

1897年，身为湖南时务学堂中文总教习的梁启超写下了《湖南时务学堂学约十章》，文章嘱咐后辈："学者既有志于道，且以一身任天下之重，而目前之富贵利达、耳目声色、游玩嗜好，随在皆足以夺志。"梁启超认为，花花世界是可以"夺志"的，而背负"天下之重"笃志而学的人，方为学者。由此来看，从1978年立志研究数据库以来，冯裕才在十年的学术生涯里已经将自己打磨为一个纯粹的学者，或者说是科学家，即使十多年后，冯裕才带着达梦拥抱商业，他的科学家底色也从未改变，初心始终是希望做出中国人自己的数据库。

与商人追求利润的价值取向不同，冯裕才从事科研的经历让他对于中国所遭遇的技术封锁感受更深，这也促使他在日后的企业经营中经常会做出一些看似"反商业"的选择。很显然，科学家出身的冯裕才转型去管理企业，自然而然地会成为儒家文化体系塑造出来的那类古典企业家。这类企业家在中国历史上存在的时间并没有很长，他们自洋务运动开始涌现，在民国时期达到顶峰。他们克己纾难，坚信"实业兴国"，并且以一种实干的精神托举着这个国家去追赶她已经落下的发展脚步。与同样出身江浙、投身湖北创办实业的民国著名商人沈祝三[①]、陈经畬[②]相似，他们都牺牲了个人的财富积累，而将国家的公共利益摆在唯一重要的位置，位卑未敢

[①] 沈祝三（1877—1940），浙江宁波人，1908年赴汉口办厂。1930年，以低价中标武汉大学建筑群的建设项目。1931年，武汉发大水，此后战乱导致物价飞涨，为了按照原价格、原承诺建成武汉大学项目，沈祝三变卖了几乎全部家产，并向外借贷，如约完成项目。沈祝三此举被后人称为"毁家兴学"。

[②] 陈经畬（1880—1967），江苏南京人，回族。1901年赴汉口从商，笃信工业救国，兴办慈善和教育事业，抗战期间任汉口抗敌后援会副会长，旗下产业曾掩护过共产党人的地下工作。1949年9月参加中国人民政治协商会议第一届全体会议。他曾任全国人大代表、全国政协委员。

忘忧国。这个原则，在冯裕才和达梦数据库的未来发展中还将多次体现。

志之所趋，无远弗届。当年在武钢学习时，一闪念的想法一点点变得具体起来。很快，冯裕才将迎来自己的第一个数据库阶段性成果。

第一个成果：汉字关系数据库系统（CRDS）

1988年5月8日大清早，冯裕才漫步走在这所他已经熟识了十二年的校园里。这一天他会很忙。

初夏的武汉已经开始炎热，这所校园看起来一如往常，又好像一切都是新的——四个月前，成立了35年的华中工学院更名为"华中理工大学"。冯裕才没有闲暇欣赏校园，国家自然科学基金所支持的"分布式智能数据库"课题终于迎来了鉴定时刻。他和他的成果将是今天的主角。

这是一次级别很高的鉴定会。参与鉴定会的专家有从长沙远道而来的国防科技大学教授、后来当选中国工程院院士的软件专家陈火旺，武汉数字工程研究所（709所）的专家王振宇教授等。已经退休的华中工学院老校长朱九思也来到了鉴定会现场。

冯裕才团队的成果名为"汉字关系数据库系统"（Chinese Relational Database System，简称CRDS）。这是一款用Pascal语言开发的数据库管理系统，最大的特色是加入了汉字功能，这在当时全英文的数据库软件中独树一帜。不仅如此，CRDS是我国第一个自主版权的国产数据库管理系统原型，它既是达梦数据库日后庞大产品线的起点，也是达梦核心竞争力的源头。

CRDS 的鉴定在行业内引发了轰动，《科技日报》《光明日报》《计算机报》《计算机世界》等国内几家权威媒体报道了鉴定会的成果。

根据 1988 年 6 月 29 日《计算机世界》的报道，CRDS 整个系统分为数据定义子系统、报表生成子系统和运行子系统，系统在 IMB-PC、CCDOS 环境下运行。其基本功能包括：安全、保密、数据共享、模式子模式变换、较高的数据独立性、完整性定义与检查、查询、删除、修改等。CRDS 还具有友好的用户接口、全汉字、典型属性值、多窗口、变长记录、表达式、新的维护恢复算法、自动报表、开放性设计方法等功能。在研发 CRDS 的过程中，考虑到我国的实际背景，团队对国外很多先进技术进行了改进，例如 B+ 树、LRU 策略、查询优化、维护恢复等，同时考虑了移植到不同机器和操作系统的需要，以及与当时市面上常见的其他数据库管理系统之间数据文件转换的需要。

前文提到过，20 世纪 80 年代 dBASE 正如日中天。经过鉴定，CRDS 的性能表现优于当时国内常用的 dBASE II 和 dBASE III 版本。CRDS 通过鉴定，标志着国内自主的关系数据库技术开始进入向产品原型转化的阶段。1989 年 12 月，CRDS 获得了国家教委科技进步二等奖。

数据库系统软件是一项复杂的基础软件，其开发难度与普通的计算机应用软件不可同日而语。放眼国外相对成熟的数据库市场，无论是早期 IBM 所仰赖的层次数据库 IMS，还是半路杀出的桌面型关系数据库 dBASE，抑或蓄力待发、即将从 dBASE 手中夺下"江山"的 Oracle 和 DB2，背后无一不是科技巨头企业。抛开在数据库革命到来前已经家大业大的 IBM 不谈，我们如果将目光聚焦在成立时间较晚、专注于数据库领域的 Oracle 公司，不难发现，它的产品完成了前期的原型开发后，就迅速赢得了美国中央情报局和军方的订单。这形成了一种良性循环：现金流的涌入允许公司由"作坊式"研发转向商业化运作，同时不断地向数据库核心技术倾注更多的资金和人力。以这个视角来看，凭借 20 世纪 80 年代中国的经济实力和科技实力，一个技术团队从零起步进行数据库系统研发似乎是不可想象的。

然而，为什么源自美国的、以"硅谷精神"为代表的创业光辉能经年闪耀，不断地激励科技行业创业者呢？其核心基点正是创业者的首创精神。以 20 世纪 80 年代为节点，美国的年轻创业者们已经培育了微软、苹果、Oracle 等受人尊敬的公司，雅虎、谷歌等日后名震一方的巨头也在孕育中。方向坚定、团队轻量、极客研发，这样多元合一的模式被无数次证明是跑得通的，这才让计算机领域充满了迷人的创业传奇。

在科学史上，有一个广泛传播的故事——"爱因斯坦的小板凳"。童年的爱因斯坦拿着一个做工粗糙的小板凳作为手工课的作业，老师嘲笑道："世界上还有更难看的板凳吗？"爱因斯坦随即掏出了另一个更加粗糙的小板凳，并说："这个，我之前做的。"没有任何证据可以证明这个故事真正发生过，爱因斯坦幼年时的学业记录也佐证其动手能力并不弱于他人，甚至他从小便展现出超强的智力天赋。然而"爱因斯坦的小板凳"却在创业史中以自己的方式不断重现。

本书序章提到，1979 年，拉里·埃里森创立的、当时还叫作 SDL 的公司发布了第一个由纯软件公司开发出的商用关系数据库管理系统 Oracle 2，这个系统被卖给了美国空军。这款软件此前一年的原型版本 Oracle 1 因为实在太差，被埃里森和他的创业伙伴们弃之不顾。中国国内的老用户最早接触的 Oracle 数据库软件是 5.0 版本，在他们的记忆里，这个版本的 Oracle 数据库依然是一个让人不忍回首的"难看的小板凳"，以这个标准来看，Oracle 1 和 Oracle 2 便是爱因斯坦故事里那个"更加粗糙的小板凳"。[①]

时间回到 1977 年，当埃里森躲在 SDL 的小办公室里根据著名的关系数据库论文进行第一款原型开发时，除了与硅谷的地理距离更近一些，他和冯裕才所面临的开发难度并没有本质上的区别。潜心于 CRDS 研发、屡次碰壁的冯裕才没有时间去了解拉里·埃里森和 Oracle 的创业故事，只是基于他个人对于技术的判断，认为以大学老师的身份成功地开发出一款关系数据库原型是行得通的，他也用自己的成果证明了这点。

虽然 CRDS 与真正的产品化还有很长的距离，但是它的每一行源代码都是冯裕才和他的团队成员们写出来的，全部的知识产权属于中国。十年面壁图破壁，有了这十年的积累，冯裕才更有信心带着自己的产品走向应用，为国产数据库找寻一条属于自己的发展道路。

在 CRDS 面世两年后的 1990 年，由中国科学院数学所周龙骧和陆汝钤联合牵头，上海科技大学施振夏、华东师范大学顾君忠、冶金计算中心漆永新等多方团队参与开发的分布式关系型数据库管理系统 C-POREL 通过了鉴定，集成运行。[②]1991 年，清华大学王令赤、

[①] 微软公司的 Windows 系统也是从 3.0 版本开始商用，之前的 1.0 和 2.0 版本不可用，因此没有市场。Oracle 与微软的故事出自吴军所著《浪潮之巅》。
[②] 周龙骧：《分布式数据库管理系统 C-POREL 研制回顾》，《中国数据库 40 年》，清华大学出版社，2017 年 10 月。

周立柱、王国仁和东北大学郑怀远等人联合研发的异构型分布数据库系统 CIMBASE 通过了鉴定。[1]

此外，由北京大学、中国人民大学、中国软件与技术服务股份有限公司（简称中软总公司）[2]联合开发的 COBASE，由东北大学主导开发的 OpenBASE 等后来国内著名的数据库，也是从 20 世纪 90 年代初开始研发的。

大量专注于数据库领域的研究者开始从深奥的理论中抬起头来，投入更为落地的国产数据库软件研发，1977 年在黄山会议上播下的那颗种子终于萌发出新生的嫩芽。

---

[1] 于戈：《学高为师，德高为范——回忆恩师郑怀远教授》，《中国数据库 40 年》，清华大学出版社，2017 年 10 月。
[2] 本书中的"中软总公司"，全称为"中国计算机软件与技术服务总公司"，成立于 1990 年 7 月。后为了实现整体上市的需要，2004 年，上市公司中软股份（600536）整体收购母公司中软总公司的经营性资产。此后，中软总公司进入注销程序，中软股份更名为现在的"中国软件"。

第三章

走向应用：
国产数据库团队的市场初探

国产数据库首登《新闻联播》

1989年春节还没过完,一列火车缓缓地开进北京站,车上挤下来一个个子不高的中年人。刚刚站到站台上,他下意识地摸了摸背着的帆布包,想确认一下,临行前小心翼翼包好的几张软盘和几张刊载着 CRDS 报道的报纸是否完好。

他就是冯裕才。早在 CRDS 研发出现曙光的时候,他便畅想过很多次自己艰辛开发出的数据库为国人所用的场景。现在他知道,从原型走向应用是有距离的。这段距离究竟有多长,没有人能告诉他答案。事实上,按照国外的科技产业化经验,从原型研究,到产品转化,再到商品化上市,三个阶段间所投入的总资金及人力比应该达到 1∶10∶100。此时,这条道路的长度,冯裕才需要亲自用脚步进行测量。

"冯老师,你不跑北京,是拿不到项目的。"看着冯裕才焦急地守着自己的产品却不知如何是好,时任华中理工大学校长、材料学家黄树槐指出了一条明路。哈军工出身的冯裕才自然也知道政治中心北京的重要意义，黄树槐的话最终让他下定了决心。冯裕才包好存储着 CRDS 原型的软盘，带上媒体报道鉴定会的报纸，匆匆买了一张火车票向北京出发。

上路前，同为哈军工校友的同事为冯裕才写了一封推荐信。这封推荐信起到了很大的作用，帮助在北京没有任何熟人关系的冯裕才迅速找到了对 CRDS 感兴趣的部委。在多方努力下，冯裕才的北京之行落实了三个合作项目：预算 7 万元的预研基金项目、预算 20 万元的嵌入 Ada 语言①的数据库管理系统和预算 35 万元的地图数据库项目，总计 62 万元。

冯裕才飞奔回武汉，匆匆组建课题组。后来与冯裕才一同创办达梦的王臻和吴衡便是在这时加入冯裕才团队的。由此开始，冯裕才的数据库研发正式进入团队合作阶段，他也终于有了自己的机房——南主楼 208 房间。

课题组的研究是循序渐进的。最早的成果是根据 SQL 标准开发出的标准数据库 HDB。HDB 用了当时领先的软件技术和数据处理技术，除了具有关系数据库管理系统的全部功能，还开发了符合中国用户使用习惯的功能，如全汉字界面、自动报表生成、自动汉字输入、自动统计计算、自动维护恢复、文字处理和编辑、动态索引、完整性定义检查等。作为国产 SQL 数据库的原型，HDB 是进一步商品化的产品，理论上存在替代国外数据库软件的可行性。

在 HDB 的基础上，课题组还研发了地图数据库管理系统 MBD。这是机械电子工业部电子科学院主管的"七五"预研项目，也是冯裕才在北京签下的合作项目的一部分。它是以 HDB 为基础，面向

---

① Ada 语言是一种早期程序设计语言，源于美国军方，由 Pascal 等多种语言扩展而成。

地图、图像、文字等复杂对象的多媒体数据库管理系统。MDB 在传统关系模型的基础上进行了改造，扩充了新的数据类型，可以直接描述地理信息中的多种元素，从而实现了图、数、文、表从界面到底层的一体化定义、存储、检索和编辑处理。MDB 在涵盖 HDB 全部功能的基础上，还开发了适用于地图操作的特殊功能，如线性地物分段处理、拓扑信息检索、等高线处理、地图编辑、漫游、特写镜头显示等。从操作界面来看，MDB 类似于一个简易版的电子地图。

知识数据库 KDB 也是由 HDB 延展而生的产品。这是冯裕才在 1986 年申请到的国家自然科学基金支持的"分布式智能数据库"项目的子课题。KDB 实现了对规则和事实的二级存储和分类排序，使规则与事实紧密耦合、推理机制与检索机制紧密耦合，使得系统可以高效处理大量规则和事实。

图形数据库 GDB 同样是国家自然科学基金项目下的子课题，它用数据库的方法将规则的图形和常规数据进行一体化描述、存储、检索、编辑处理，为 CAD（计算机辅助设计）、CAM（计算机辅助制造）和 CIMS（计算机集成制造系统）的应用提供了良好的工具和环境。

1991 年 6 月 11 日至 13 日，国家教委、机电部电子科学院、国家自然科学基金委员会信息科学部在北京中组部招待所召开了项目鉴定会，包括萨师煊教授、罗晓沛教授在内的数据库行业专家参加了这次鉴定会。

当晚，《新闻联播》对此次鉴定会进行了报道。这是国产数据库第一次出现在如此高级别的媒体上。此外，《人民日报》《光明日报》《科技日报》等主要报纸也报道了鉴定会。由于《中华人民共和国著作权法》于 1990 年 9 月 7 日由第七届全国人民代表大会常务委员会第十五次会议通过，《中国计算机报》认为，冯裕才课题组这一系列系统的研制成功是我国著作权法公布后的"第一声礼炮"，对于推动我国国产软件的开发具有积极的现实意义。

科研成果走出象牙塔后应该走向哪里？至少国外数据库行业的发展证实，军方是最早能够接受数据库前沿技术的应用者。不过，1979年，美军选择Oracle早期产品，愿意试水当时技术上更为先进却绝少应用的关系数据库，更多是出于信息管理优化的考虑；而在20世纪80年代末的大背景下，相关部委青睐冯裕才的产品，则是出于信息安全的考量。这是达梦系列产品第一次找到可应用的行业，也从侧面证明了，一款自主可用、有安全保障的数据库是有市场刚性需求的。这次成功坚定了冯裕才坚持自主道路的决心。

产品和项目的成功推进为冯裕才带来了荣誉。1990年，冯裕才晋升为教授；1992年，由冯裕才团队开发的符合SQL标准的关系数据库系统ADB获得了国家教委颁发的科技进步奖一等奖，后又获国家科技进步奖三等奖；军用地图数据库MDB获得国家机械电子工业部颁发的科技进步奖三等奖；同年，冯裕才成为享受国务院政府特殊津贴的专家。

鉴定会后，课题组紧锣密鼓地对几款产品进行优化。按照课题组的计划，鉴定会通过的HDB、MDB、KDB、GDB将适配不同运行环境，兼容当时国内的主流机型8086系列机和VAX系列机，DOS、VMX、UNIX三种操作系统，Pascal、C、Fortran、Ada四种语言，SUN、DEC、SGI三种工作站。实现对不同平台的适配是课题组接下来需要解决的问题。

这时，一名大三的学生因为"第二课堂"活动加入了课题组。"第二课堂"的理念源于华中工学院老校长朱九思。1983年，朱九思在《高等学校管理》一书中提出，"第二课堂"是在教学计划之外，引导和组织学生开展各种有意义、健康的课外活动。通过这项尝试，华中理工大学的许多学生接触到了冯裕才课题组，也了解了数据库。

新来的学生名叫韩朱忠，虽然说起话来轻言轻语，但在计算机软件上却颇具天赋。韩朱忠需要主导将数据库移植到多用户系统XENIX上，这对本科生而言是个不小的挑战，却没有难倒韩朱忠。这一模块后来在达梦数据库的几个早期版本中得到了沿用。韩朱忠的聪明肯干很快博得了老师们的喜爱，冯裕才甚至询问过韩朱忠是否愿意免试就读自己的研究生。

韩朱忠是浙江海宁人。虽然海宁人才辈出，但是浙江多山的地理环境导致海宁通往武汉的交通极为不便。绿皮火车缓慢地开在浙赣线上，想要入楚，还需要到湖南株洲去转车，这使得韩朱忠有意回到杭州或上海等离家近一些的城市，因此谢绝了冯裕才的邀请。大学毕业前，韩朱忠考取了上海交大的研究生。

1992年，韩朱忠从华中理工大学本科毕业，赶赴上海开启新的学业。这时的他还不知道，十年后，冯裕才的再一次邀请会让他无法拒绝。从那时起，他的职业轨迹将与达梦紧紧地缠绕在一起，他最终成了达梦的总架构师。

闯荡市场的收获

数据库与很多科技转化产品不同，"找应用"并不是单纯地去寻找市场需求。数据库是一类需要在实际应用中发现问题、不断打磨的产品。拿着原型寻找应用场景，实际上是需要找到愿意帮助冯裕才试错并且有耐心等待产品完善的使用者。这是一个漫长的过程，也是巨大的考验，冯裕才不敢放弃任何一个可能将自己的数据库投入应用的机会。

1991年，一名华中理工大学的校友找到冯裕才，带给他一则消息。

此时距离原型CRDS的问世已经过去了三年，冯裕才在数据库领域具有了一定的知名度，冯裕才及其团队正在紧锣密鼓地进行全新项目的研发。校友告诉冯裕才，国家某部委正在筹划一个预算约400万元的数据库项目，原本这个项目计划定向给该部委同系统的研究所进行研发。彼时国内数据库软件尚处于起步阶段，像冯裕才的课题组这样有过成熟原型研发经历的团队不多。校友对于技术有所了解，告诉了冯裕才实话，部委下属研究所"没有实力做好这个项目"，他希望冯裕才能够参与到项目之中，即使分得的经费少一点，也要"拿小钱，干大活"。

这是一个专用数据库项目，由于项目巨大，各方十分重视，仅研发后的测试费用，预算就达到了300万元。在项目开始前，官方组织了一个调查组，委托当时的机械电子工业部旗下电子科学研究院和华北计算技术研究所（即十五所）等在京具有一定影响力的科研机构参与其中，对几个候选研发团队进行调查。

巧合的是，同一时间，电子科学研究院一名副院长前来华中理工大学进行一批项目的合作谈判，借此机会实地走访了冯裕才课题组。课题组正在开发地图数据库。在20世纪90年代初，后来为世人广泛所知的地理信息系统（GIS）尚处于原始发展阶段，冯裕才团队研发的地图数据库是国内较早将地图数据与信息管理结合的产品。这个院长恰好有亲戚住在汉口，在产品演示环节，她提出能否按照亲戚的住址，调出汉口的地图。课题组很快地帮她在软件显示的武汉地图上找到了亲戚的住址，地图数据库新鲜的功能给她留下了很好的印象。

在实地走访几个团队后，调查组发现，冯裕才课题组的技术优势较为明显。根据调查结论，调查组以电子科学研究院为主体撰写了一份调查报告，以红头文件的形式呈交上级决策。作为评审专家之一，国防科工委旗下系统研究所的总工程师曾经多次参与冯裕才研发的软件的鉴定，了解冯裕才课题组在数据库应用领域的实力；在项目闭门会上，电子科学研究院总工程师也实事求是地介绍调查情况，坦言冯裕才课题组在技术上领先其他候选机构。在部委内部，支持冯裕才团队的声音渐渐占据上风。

当时，Oracle 公司已经带着产品正式进入中国，自然而然地，使用 Oracle 数据库也成为摆在决策部门面前的一个选项。当时，有军方部门已经使用了第五版 Oracle 数据库软件，但发现体验欠佳：常常抽一根烟的工夫过去了，一张地图还载入不出来。在电子科学研究院从事科研工作的陈咨兮是国内最早一批使用过 Oracle 数据库的技术专家，对于国外软件和国产软件的使用体验更有发言权。他形象地表示："用了国外的软件，如同抽大烟，抽上瘾了就戒不下来；用了国产软件，就好比吃中药，一开始很苦，但苦尽甘来。"可惜的是，后来国内数据库软件的行业格局印证了陈咨兮的这句话——具有先发优势的国外数据库在商用数据库市场实现制霸，市场占有率的缺失客观上影响了一众国产数据库的发展速度。

由于冯裕才课题组的技术能力已经得到了多方证实，最终，相关部委决定将项目交由冯裕才团队研发。近三十年时间过去了，冯裕才回忆，自己当时并没有与部委领导单独交流的经历，也压根不认识对方。作为项目方，该部委完全是秉承着公正的态度，从技术角度出发，将如此大额预算的产品项目交给了冯裕才。

从1986年国家自然科学基金的3万元支持，到1989年国家部委的62万元项目，再到此次拿下的数百万元级预算的产品，每上一个台阶，项目经费都提高一个数量级，冯裕才作为一介学者，既不擅长"潜规则"的运作，也没有深厚的政界背景，拿到的每一个项目都源于团队的技术实力，也来自冯裕才忠于自己的志向所付出的坚持。

"实事求是"是中国共产党的基本思想方法、工作方法和领导方法。正是由于这四个字，像华中理工大学冯裕才课题组这样势单力薄却对国家有益的技术团队，才能够获得宝贵的滋养，赢得成长空间。滴水之恩，涌泉相报，冯裕才经历了中国计算机技术迅猛发展的三十年，在这三十年里，每一个怀揣核心技术的团队，只要他们愿意，总能找到一条光明大道。可是在达梦的发展中，冯裕才和他的同行者甘于缓步、甘于艰苦，放弃了诱惑，沉浸于难度大、收效慢的数据库研发中，其中的情怀便是用自己的蛰伏成就对国家的回报。

在达梦的发展史上，1992年拿到几百万元预算的产品项目具有极大的意义。最直接的影响是，借由这个项目，冯裕才团队终于从课题组升格为研究所，有了更好的科研条件和独立的运营权，这对于达梦未来的发展至关重要。通过如此重大的项目，冯裕才的团队获得了宝贵的软件工程实践机会。

冯裕才进行CRDS研发时，更注重的是技术实现，也就是将他此前学到的数据库设计知识以软件产品的方式呈现出来。如果冯裕才想让自己设计的产品迈向大众数据库市场，软件工程是一项必修课。与科研原型不一样，软件工程是一套规整的体系，它涉及如何以系统化的、规范的、可度量的方法去开发、运行和维护软件，也就是把工程化的思维应用到软件开发上，将原本不可见的软件工程师的思维过程和结果，用文字和图表鲜明地表现出来。这意味着在软件项目一开始，开发人员就要以实际需求为导向，兼顾计划、分析、设计、实现、测试、集成、交付、维护等软件生命周期的所有阶段。

20 世纪 90 年代初的冯裕才团队虽然还没有后来那种专业化的软件工程意识，但对于软件开发中两个重要因素的重视至少走在了国内数据库研发领域的前列：一是开发文档的撰写，二是软件的测试表现。

这两点在后来的项目鉴定中体现得淋漓尽致，也为后续以"DM"为代号的达梦系列数据库管理软件打好了坚实的基础。

成立数据库专项研究所

从 1953 年华中工学院建校开始，这所学校便一直站在科技转化的前沿。按照 20 世纪 90 年代初期的规定，如果一个课题组获得了来自外部的经费支持，经费将会打入学校账户。冯裕才课题组获得的百万级预算项目，产品质量直接关乎国家利益，因此对于这笔经费是否能够完全用于实际开发，有关部委十分关注。

为此，项目方部委建议华中理工大学为冯裕才团队成立一个有独立财务账户的研究所。由于产品的重要性，这个提议获得了学校的支持。

成立研究所、主攻大项目，南主楼 208 房间便显得空间不足，当务之急便是找到新的办公地点。项目的级别高，学校的重视度也高，在校长黄树槐的支持下，学校决定将研究所的办公场地定在南一楼中厅。

任何人只要了解一下华中理工大学的建筑布局，便知道南一楼的中厅是怎样一块"黄金宝地"。南一楼是华中工学院建校后第一批建成的建筑之一，建筑面积近 3.5 万平方米，号称"万人大楼"。由于受到苏联影响，从建筑风格来看，南一楼的规划布局与莫斯科大学主楼[①]极为相似，它如飞鸟展翅一般盘在喻家山下。

登上南一楼主楼顶，东望九峰，南望关南，西望珞珈山和洪山，北望喻家山，方圆数十里景致尽收眼底。南一楼中厅正坐落于华中理工大学的中轴线上，推开中厅正门便能看到主楼正前方的毛泽东像。这里原本是华中理工大学校史馆的所在地，归属校党委宣传部，随着达梦研究所定址于此，校史馆迁往图书馆。

早期的冯裕才团队研发了地图数据库、图形数据库等多媒体与数据库相结合的产品，研究所便定名为"数据库与多媒体技术研究所"。数据库的英文为 database，多媒体的英文为 multimedia，二者首字母缩写是"DM"，冯裕才从英文缩写获得灵感，为研究所起名为"达梦"，寓意"达成梦想"。

为了预算独立、专款专用，研究所采取"一套人马，两块牌子"：在校内，于 1992 年 12 月 19 日成立了隶属于计算机系的数据库与多媒体技术研究所；校外，同步在武汉东湖开发区注册成立"达梦数据库与多媒体技术研究所"，这是独立的法人实体，财务自主。以数据库软件的技术难度，想要以课题组为基础进行研发，

[①] 莫斯科大学主楼是斯大林式风格建筑的代表，也是莫斯科著名的"七姐妹"建筑群中的"老大姐"，至今仍是世界上最高的大学建筑。

生产出足以与欧美一流数据库软件相匹敌的产品，是极为不现实的。将课题组升级为财权自主的研究所，至少缩短了其中的差距，让团队可以更为专注于数据库研发，也有机会吸引更多的人才加入研究所。

三十多年后，虽然经过了部门沿革，但"数据库与多媒体技术研究所"的铜牌依然挂在华中科技大学南一楼中厅，闪耀着点点光辉。透过它，我们依稀可以想见研究所揭幕仪式当天的盛况。时任机电部电科院院长侯一鸣、华中理工大学副校长朱耀庭亲临揭幕现场，研究所由冯裕才担任所长，侯一鸣代表机电部电科院出任第一副所长，王臻担任副所长，吴衡出任总工程师。侯一鸣和朱耀庭还分别担任研究所管委会的正、副主任委员。

对冯裕才和他的团队而言，达梦研究所成立的意义远不止换了一个更加宽敞的办公场所那么简单。前文介绍过，冯裕才早期的数据库探索偏重于"产学研"中的"学"和"研"，而达梦研究所的成立，则标志着团队的工作重心正在有意识地向"产"转型。一项新技术，只有走向市场、被市场接受，才是有意义的，人类所有的前沿技术探索莫不如此。达梦研究所在机构设置上实行校内校外"两块牌子"，就等于将一只脚迈入了市场。

冯裕才在研究所担任所长直至从学校退休，此后一直由沈浩宇担任所长。1992年，沈浩宇还在攻读博士，研究所欢迎全校同学前来参观，其中便有好奇的沈浩宇。沈浩宇现在依然记得研究所重新装修后焕然一新的样子。研究所委托学校后勤部负责施工，考虑到南一楼中厅是学校的门面，整体装修风格在当时看起来大气高档。有了经费的支持，达梦研究所在成立后有能力为研究人员提供更好的办公环境，并且购入了当时较为先进的 SUN 工作站，一改团队过往"无机可用"的窘境。良好的研发环境为研究所吸引了一批优秀的学生。

1993年，冯裕才急需扩大研究队伍，经人介绍，他认识了即将博士毕业的沈浩宇。沈浩宇博士期间的研究方向是生物信息检测与处理，毕业论文得到了优秀评级。沈浩宇的学术能力十分吸引冯裕才，冯裕才了解到，沈浩宇与家人分居两地，为了让沈浩宇能够潜心研究，他帮助沈浩宇共同解决了其家人在武汉的工作问题。由此，沈浩宇也成了当时计算机学院第一个到岗担任教职的博士。除了沈浩宇，如今许多在达梦已经是中流砥柱的核心技术人员和中高层管理者，也是从南一楼中厅的达梦研究所与数据库事业结缘。

20世纪90年代初，正值"八五"期间。根据国民经济和社会发展各领域的重点技术改造和基本建设需要，国家制订了"八五"科技攻关计划，其中，"国产系统软件开发"是攻关计划的一项重要课题，"数据库管理系统开发"是该课题下的一个专题。

专题由北京大学牵头，中国人民大学、中软总公司参与。原定的计划中，没有安排华中理工大学达梦研究所参与，同一时期，达梦正在集中攻关预算几百万元的产品项目。然而主管该项目的工业信息化部软件处对于达梦的技术很有信心，认为达梦有能力将过往数据库原型的开发经验应用于攻关课题；中软总公司方面也十分认可达梦的能力。在两方的推介下，数据库管理系统开发专题将达梦研究所纳入团队。

专题被分解为四个子专题："数据库管理系统核心层Ⅰ"的研发由北京大学承担，著名数据库专家唐世渭教授、杨冬青教授带队；"数据库管理系统核心层Ⅱ"的研发由中国人民大学承担，著名数据库专家王珊教授带队；"数据库管理系统应用开发工具集"

的Ⅰ和Ⅱ子专题的研发则分别由中软总公司和华中理工大学达梦研究所承担。达梦承担的部分预算为 50 万元。

共同参与"八五"科技攻关计划的经历奠定了中软总公司与达梦的合作基础，良好的纽带延续至 16 年后——2008 年，中软以 3027 万元入股达梦，成为达梦第一大股东，双方携手在数据库领域站上更高的平台。

与时间赛跑：中外数据库纷纷入场

就在冯裕才带着 CRDS 软盘奔赴京城找寻项目的同一年，1989 年，香港人冯星君冒着北京 11 月的寒风，骑着自行车在中关村转了一圈。自行车是那个时代内地最常见的交通工具，冯星君入乡随俗。他没有多少那个年代常见的"港商身段"，起步的姿态很低，急于投入这个刚刚开放不久的市场。

不久前，Oracle 亚太区副总裁王一义邀请冯星君在北京成立 Oracle 中国公司。冯星君揣着王一义给的 10 万港元，办完了注册手续，他把 Oracle 的中文名字注册为"甲骨文"。[1] 公司的地址位于中关村的燕山大酒店，冯星君则住在一街之隔的友谊宾馆。

从 1984 年起，Oracle 公司开始国际化策略，进军加拿大、英国、日本、德国等 20 个国家和地区，并在 1986 年成功上市，成为世界第四大软件公司。但这不是 Oracle 的黄金年代，数据库市场早已群狼环伺。

---

[1] 本书以 1989 年冯星君为 Oracle 公司取名"甲骨文"为分界点：在此之前，"Oracle"同时指代该公司名与软件名；在此之后，"Oracle"一词仅用于指代软件名，公司名以"甲骨文"指代。

1983 年，率先发明了"关系数据库"概念的 IBM 终于带着商用关系数据库 DB2 杀入市场，Oracle 的创始人拉里·埃里森一时对"蓝色巨人"无所适从，公司无法正面竞争，便退而与巨人共舞，通过宣扬 Oracle 数据库与 DB2 的兼容性，公司蹭出一丝市场空间。由此可见，在数据库行业，实现对巨头同类产品的兼容，是小厂商一种常见的生存策略。

20 世纪 80 年代中期开始，由安信达公司开发的 dBASE 数据库正在享受称雄市场的高光时刻，其市场占有率在 1988 年达到顶峰。

1980 年，Informix 公司成立，公司的名称取自 information（信息）和 UNIX 操作系统的结合。其旗下产品 Informix SE 一度成为当时 UNIX 环境下主要的数据库产品，也是第一个被移植到 Linux 上的商业数据库。

1984 年，Sybase 公司成立，为了杀出一条血路，Sybase 选择与软件巨头微软合作。

1988 年，Fox Software 公司推出 FoxBase，该产品后来更名为 Visual FoxPro。

国际市场上数据库公司短兵相接，Oracle 率先进入中国的决策却帮助冯星君在这片土地上赢得了长达两年的先发时间。冯星君要考虑的问题是，如何让甲骨文在中国庞大的市场上站住脚。

骑着自行车在中关村转了一圈后，冯星君发现，很多店都在售卖盗版的 Oracle 数据库，2500 元一套，购买者需要自己带着软盘来拷，拷完即走，没有说明书，也没有后续服务。冯星君是计算机专业出身，看起来文质彬彬，但他在 1977 年到 1979 年之间曾经担任香港赤柱监狱的监狱督察，这个经历让他在决断事务时增加了不少江湖气息。市场的硬需求让冯星君迅速定位：价格是数据库软件市场表现的决定因素。他说服了公司高层，将在美国要卖1700美元一套的Oracle DOS版，在中国的售价仅定为500美元。有培训、有服务、有手册，价钱却没比盗版高出多少，只用三个月时间，冯星君就卖出了5000套，挤占了中关村盗版小贩的生存空间。

面对顽固的盗版使用者，冯星君还采取了非常有中国特色的处理手法——拉着工商部、公安部、机械电子工业部的官员联合执法，当面告诉盗版使用者："我们的软件可以便宜点卖给你，但是你用盗版是不对的。"冯星君回忆，在反盗版最频繁的几年，他曾经接到了死亡威胁，上班的路上会随身带一把刀防身。[①]

初入中国的甲骨文公司都不得不通过价格战从盗版拷贝的手中争夺市场，这恰恰反映出20世纪90年代早期中国数据库市场的不成熟。此后经过了三十多年的发展，数据库管理软件的用户越来越意识到，数据库不是那种"一手交钱、一手交货"式的商品，比起软件拷贝和使用许可证，用户更加看重数据库的稳定性、应用适配和后续服务。

数据库软件有着高稳定的使用需求和漫长的生命周期，对这样的产品而言，在市场搏杀中，价格不应该是唯一的竞争手段。成熟的市场环境下，数据库厂商可以留足相对合理的毛利去维持高品质的服务、不断投入研发，这不仅可以为厂商带来更多发展机会，也能为广大用户带来更好的使用体验。

改革开放初期的市场对于Oracle数据库是开放的，对于它的对手亦是如此。

[①] 刘韧：《知识英雄》，中国社会科学出版社，1998年9月。

1991 年 12 月，Sybase 进入中国大陆，后于 1993 年投资 230 万美元正式设立赛贝斯软件公司。

Sybase 是当时甲骨文公司在国际市场上最大的敌人。Oracle 于 1988 年推出的 Oracle 6.0 版本虽然重新改写了核心，改掉了过去版本的部分顽疾，但面对同时期的 Sybase 数据库依然明显落后。这导致市场上的数据库新增业务几乎全部转向 Sybase。冯星君勉力维持着甲骨文（中国）的框架，让自己的员工不要跳槽去 Sybase，老用户不要改用 Sybase 数据库。冯星君向用户保证，下一版软件很快就要推出了，而事实上，Oracle 7 距离原定的发布时间跳票了两年，此间的压力只能由冯星君和他的业务员们自行化解。

子公司日子不好过，就更不要提母公司了。1990 年，甲骨文公司出现账面亏损，裁员 400 余人，占员工比例的 10%[①]，市值暴跌 80%。在一个新兴科技时刻闪耀的时代，每一家公司都有可能成为市值怪兽，也有可能见不到明天的太阳。一向以随性出名的拉里·埃里森选择将公司交给新的掌门人雷·赖恩（Ray Lane）运营，直到 1992 年 Oracle 7 面世，整艘巨轮才回到风平浪静的海面上。

1992 年，IBM 正式进入中国，并启动了"发展中国"的大战略，随之而来的，DB2 进入中国数据库市场。九年后，随着 IBM 的接管，Informix 也被纳入 IBM 的产品线。

1992 年 10 月，微软在北京设立代表处。当年，微软的 SQL Server 发布了 4.2 版本，核心代码部分是与 Sybase 合作的。

国外数据库扎堆涌入中国的数据库蓝海市场，证实了冯裕才对于数据库在中国的发展前景的判断，也证实了他的隐忧：在国外数

---

① Alorie Gilbert："Oracle Cuts Rewards for Last-minute Deals"，CNET Networks，2002 年 6 月 19 日。

据库攻城略地之时，国产数据库在市场上的声音变得日渐微弱。此后虽然国外数据库在中国市场上没有出现一家独大的局面，国产数据库却常年被逼在角落里"罚站"，共同分享只有个位数的市场份额。

让人感到些许欣喜的是，在国产数据库领域里，冯裕才和达梦团队再也不是孤军奋战，国内最早的一批数据库产品经过实验室的孕育，在20世纪90年代初期开始崭露头角。

1989年，日本汽车软件系统公司阿尔派株式会社一行来到东北大学寻求合作，找到了青年教师刘积仁创建的计算机实验室。前一年，33岁的刘积仁刚刚被破格提拔成教授，成为当时中国最年轻的大学教授，他希望能够利用自己所学的技术将学术研究形成的成果转化为企业应用，从而赚一些钱来继续做科研。日方对刘积仁团队青睐有加，希望购买技术，请刘积仁开价，刘积仁咬着牙报了一个自以为的天价——30万美元，没想到对方立刻答应了。这是刘积仁获得的第一桶金。

有了资金支持，刘积仁购买了最新的设备。东北大学将主楼的一层楼腾空，给刘积仁当作实验室。也正是从1989年开始，刘积仁团队开始研制数据库产品OpenBASE，不过，OpenBASE核心技术的知识产权由中国和巴西共享。东北大学的OpenBASE在功能上介于Oracle和Sybase之间，基本能够胜任市面常见的国外数据库产品所承担的工作。科研的高效转化让刘积仁审时度势地修正了自己的目标，1991年，东大开发软件系统股份公司[1]成立，刘积仁的身份变成一名企业家。从后面的发展来看，这个转变无疑是成功的。

---

[1] 现为东软集团股份有限公司，本书均简称"东软"。

公开资料显示，OpenBASE 项目的研发工作从 1989 年一直延续到 2008 年。让人感到些许遗憾的是，OpenBASE 在性能上偏重于多媒体，应用也仅限于公司内部的部分应用和少量多媒体相关的外部应用。虽然东软赶上了 1992 年后的改革春风而发展迅速，1996 年 6 月便登陆上交所，成为我国 A 股市场第一家上市软件公司，但 21 世纪初的一份研究报告显示，OpenBASE 作为公司主力产品一直没能实现对外单独销售。2008 年，东软终止了 OpenBASE 的研发工作。

2018 年末，在改革开放 40 周年之际，刘积仁入选中央统战部、全国工商联"改革开放 40 年百名杰出民营企业家"名单。在参加央视《对话》节目的录制时，刘积仁再次主动聊到了数据库产品 OpenBASE。此时，刘积仁的人生阅历已经足够允许他去评价自己创业历程中的坎坷，他承认没能实现自己研发出中国数据库的梦想，"很多时候的错误就是一开始想错了"，"别人的梦想不一定是你自己的梦想"。从 2011 年，农业部科技信息管理平台项目开始，东软集团与达梦逐步展开了数据库生态领域的全面合作，双方携手进入了社保、工商、信用、电力等多个重要领域，东软成为达梦最重要的生态合作伙伴。从某种角度来看，与达梦的合作让刘积仁心怀多年的"中国数据库之梦"以另一种形式延续了下来。

国产数据库领域的另一个同行者是达梦团队积极参与的"八五"科技攻关计划中其他团队参与研发的 COBASE 数据库。

负责核心层研发的两个团队分别来自北京大学和中国人民大学，在参与项目前，两个团队在数据库领域有了多年的积淀。北京大学在 1978 年成立计算机科学技术系时便设立了数据库教研室，开展数据库的理论研究与调研工作，特别是针对当时加州大学伯克利分校开发的关系数据库 Ingres 的源代码进行过分析。中国人民大学的项目牵头人王珊教授是数据库领域泰斗萨师煊的学生，其团队常年从事数据库研究，具有丰富的理论和应用经验。

COBASE 项目攻关历时七年，从 1991 年延续至 1997 年，包括"八五"计划的五年和"九五"计划的前两年。由国家科技攻关计划组织多学校"兵团"作战、开发国产数据库管理系统，在国内尚属首次。攻关期间，参加人员超过百人，COBASE 使用 C 语言编写，源代码约 20 万行，完全自主研发，详细设计说明书等资料约100 万字。1995 年 9 月，电子工业部对 COBASE 成果召开专家鉴定会，鉴定会认为 COBASE 实现了 SQL89 规定的功能，达到 90 年代初期国际先进水平。

尽管技术上 COBASE 努力追赶国际水平，产品的应用和产品化却一直是个短板。项目总组长唐世渭撰文回忆，数据库管理系统 COBASE 是国产开放式系统软件平台 COSA 的一部分。COSA 在 1996 年申报国家科技进步奖一等奖，但因经济效益不明显而未获通过，团队拒绝接受二等奖，保留两年后再次申报的权利；1998 年第二次申报，项目仍因经济效益不明显而未能获得一等奖。唐世渭认为，虽然 COBASE 未能实现产品化、产业化，但此次科研攻关在技术、人才、队伍组织、研发工作管理等方面为我国数据库管理系统的产业化发展播下了种子。[1]2010 年后，在达梦参与的国家重点项目中，唐世渭教授与达梦再度形成了良好的合作。

可见，从 20 世纪 90 年代初期到中期，中国的数据库研究者已经具备了一定的研发能力，能够开发出完整的、符合 SQL 标准的

---

[1] 唐世渭、杨冬青：《一场开发国产数据库管理系统 COBASE 的攻关战》，《中国数据库 40 年》，清华大学出版社，2017 年 10 月。

数据库原型，不过如何把原型进一步产品化，是每一个团队都需要面对的难题。

数据库产品化之难，不仅在于已经多次强调过的技术难度大。数据库是一个复杂的大系统，却又是计算机软件时刻依赖的基础系统，实现产品化就意味着需要通过大量的应用、试错去不断优化，从而达到能够大规模稳定使用的程度。国外数据库产品也同样走过这一必经之路。国外数据库的早期入华版本虽然仍有简陋之处，但是经历过前期的大量试错，其稳定性较刚刚研发成功的国内产品也具有优势，国内的数据库使用者们宁愿边用边骂"抽一支烟的工夫都加载不出一张地图"的 Oracle 5 和 Oracle 6，也不愿意花费时间成本给国产原型进行试错。

如果不进入市场应用，数据库产品即使开发出来，也依然是迈不出实验室的"娇小姐"。正是实际使用场景的缺失，让起跑线相差不多的中外数据库逐步拉开了差距。

为什么中国的信息科技企业没有机会在自己的土地上试错？单纯地去怪罪用户不够包容显然是不对的。在人类文明史上，信息技术是一项前所未有的发明，它仅仅用了半个世纪，就迅速地在全球普及，并且与人们的日常生活、社会运转高度绑定，这是此前任何一项科技发明都未能达到的成就。

在这样的前提下，信息科技领域的企业，特别是核心技术企业的"先发优势"和"后发劣势"被急剧放大，这也是为什么改革开放后，中国的绝大多数弱势产业都取得了长足进步，可是基础软硬件行业却始终与头部企业保持着一定的距离。

在马克思主义政治经济学中，生产资料指的是人们从事物质资料生产所必需的一切物质条件，包括生产工具、土地、建筑物、交通设施、仓库、机器、设备、厂房等等。一套好的理论体系不仅可以改变旧时代的种种现象，也能根据时代变化不断地做出调整。对于当代的很多核心技术企业，"拥有一定的产品使用或试错场景"已经成了生产资料这一概念范畴内不可或缺的一部分。换句话说，中国政府一直有意推动国产软硬件的发展，也提供了资金与政策的支持。但是，一项科技，研发所需要的资源和它走向产业化所需要的资源是不一样的。

对于这一问题，今天中国的政府和核心技术企业已经有了共识。然而回到三十年前的20世纪90年代初，达梦和国内的同类型企业依然要经历漫长而艰难的探索。

第四章

顽强生长：
不放过任何应用机会

3500 万字奠定软件工程基础

在武汉未来科技大厦的达梦总部18层，一排橱窗展示着冯裕才从事数据库研发以来的诸多文件资料。任何到访的人如果仔细地看过这些资料，很难不被其中红色精装大开本的厚重手册吸引。

这些手册堆叠成几摞，精致的仿皮封面、每本上各不相同的烫金文字，仿佛是武侠小说中在异域的山洞里才能发现的绝世秘籍。这些手册是做什么用的？一共有多少册？这些让人好奇的问题把时间拉回到20世纪90年代。

1992年，以获得预算几百万元的产品项目为契机，华中理工大学达梦数据库与多媒体技术研究所成立。此后，达梦人对于产品开始了进一步的精雕细琢。

1993年10月23日，达梦取得了研究所成立以来的第一个重要成果——DM1在北京通过了由电子工业部主持召开的技术鉴定会。DM1的发布标志着达梦的产品完成了从原型到产品线的过渡。在此之前，无论是1988年冯裕才研发成功的第一个国产数据库管理系统原型 CRDS，还是在 1991 年通过鉴定的包括地图数据库 MDB 在内的多款产品，均属于早期的、定制化的技术尝试。从 1993 年开始至今，达梦数据库历代产品均以"DM"作为产品名，这表明了达梦从研究所成立伊始便确立了最终实现产品化的战略目标。

  DM1 是运行在 UNIX 系统上的多用户版本，也是我国首次推出的多用户数据库管理系统，与甲骨文公司在创立之初的第一版数据库软件一样，DM1 并没有达到正式商用的程度。包括 DM1 在内，冯裕才和达梦研究团队已经积累了 CRDS、ADB、MDB 等十二个数据库管理系统原型的设计经验，在此基础上，达梦研究所汇集这些产品的设计思想，投入新版本 DM2 的研发。

  1994 年 4 月，忙于 DM2 研发的冯裕才和达梦研究所却心系另一项大事——第十二届全国数据库学术会议在武汉召开。这次会议由华中理工大学主办，冯裕才担任组委会主席。从 1985 年全国第四届数据库学术会议开始，冯裕才每次都参加，这是他第一次有机会以东道主的身份参与会议的主办工作，也是华中理工大学第一次独立承办全国数据库学术会议。[①] 本次会议由萨师煊担任程序委员会主席，由罗晓沛、施伯乐担任审稿委员会主任。第十二届全国数据库学术会议录用论文 90 篇，全国数据库学者汇聚一堂，不仅对国内外数据库前沿技术进行了分享，也对市面上常用的数据库系统在特定领域，如电信、证券行业的应用进行了分析，这样的分享对正在进行新版本研发的达梦团队而言是个不可多得的学习机会。

[①] 1988 年的第七届全国数据库学术会议由武汉大学、武汉水运工程学院、武汉测绘科技大学及华中理工大学联合承办。

国内媒体《计算机世界》评论，如果把数据库的成长视为"两条腿走路"，一条"腿"是政府，一条"腿"是市场，那么支撑中国数据库软件成长的第三股重要力量便是数据库学会。从 1977 年以来，以大学和科研单位组成的数据库学会在国内进行了数据库的许多推广和普及工作，可以称得上中国数据库产业的启蒙者。从 1985 年第四届全国数据库学术会议开始，经代表提议举行了全国数据库教学研讨会。研讨会上，各成员单位讨论了国内数据库教育的现状与发展，形成了一套可供高校参考的数据库课程教学文件，这为提高全国数据库教学水平起到了积极的指导作用，也成为数据库领域源源不断地培养研发型人才的知识基础。1991 年，数据库学会还在威海组织了研讨会，主要是讨论如何将科技成果转化成现实生产力的问题。这对于国内任何一家进行数据库研发的机构无疑都具有前瞻意义。

DM2 的研发目标，除了满足项目方的应用需求，还有更重要的一点，就是产出一款可以进行市场化销售的产品。参与 DM2 测试的三家单位，都是隶属于国家重要部委的研究所，为了达到这个目标，他们对产品提出了很高的测试要求。如果按照达梦以往原型产品的鉴定标准，三家测试单位提出的要求无疑是苛刻的，但是达梦的研究人员明白，一款产品既然最终要面对市场，就必须做好迎接市场检验的万全准备。尽管试验环境下的测试无法百分之百地还原出每一个实际使用场景，但测试单位的严格要求，不仅是对项目的决策部委负责，也是对产品的用户乃至国家负责，更是对达梦的技术积累和未来发展负责。

测试历时三年，测试单位不断提出问题，达梦的研究人员不断解决问题，测试用例 2000 多个，测试文档 200 多万字。精细的打磨不仅让 DM2 的产品完成度更高，也让达梦的韧性得到了行业的认可。经过 DM2 的开发，此前许多对达梦团队技术实力存有怀疑的单位，特别是三家测试单位，最终成了达梦密切合作的长期友好伙伴。

1996 年 8 月，国家教委在北京召开 DM2 的鉴定会，中国科学院院士张效祥担任鉴定会组长。中国科学院杨芙清院士，中国工程院李国杰院士、汪成为院士等人参与鉴定。让专家们惊讶的是，达梦研究所从武汉带来的资料装满了 19 辆行李车。这就是本章开头提到的红色精装手册。达梦团队完全按照软件工程规范撰写文档，提供了需求说明、概要设计、详细设计、测试大纲、使用手册等诸多文档，总字数达到 3500 万。人民文学出版社出版的中国传统的四大名著总字数约为 356 万，也就是说，达梦研究所为 DM2 这一项产品撰写的技术文档的字数就相当于十套四大名著。这种做法在当时国内软件行业十分罕见，展现出了达梦扎实的软件工程功底。

DM2 符合 SQL89 标准，由核心系统、预编译系统、数据库应用开发工具集三大部分组成，采用多线程客户机与服务器共同运行的分布式架构，支持本地和远程数据处理、多服务器协同工作，可以在一个操作系统进程中并发处理多个用户的服务请求，大大提高了系统的响应速度和整体效率。

值得注意的是，达梦团队为 DM2 配备了数据库应用开发工具集，这类工具集从 DM1 时代便随软件推出，到了 DM2 更加丰富和具体。DM2 系统共提供 19 个工具，可分为两类：一类是常用工具，一类是多媒体和 GIS 工具。在常用工具中，DM2 提供 FORM、GRAPH、REPORT 三种工具方便用户清晰直观地对数据进行查询管理，同时代的 Oracle 数据库也有类似的工具。这一点可以证明，达梦团队在进行第二代产品开发时，已经具备了早期的数据库外围生态建设的意识。

达梦在数据库生态亦步亦趋的尝试尚处于起步阶段，但作为国产自主产权数据库软件，有一项优势是达梦自诞生伊始就遥遥领先国外数据库的，这就是安全性。从某种程度上讲，为国家提供安全的数据库软件，就是冯裕才坚持自主研发数据库的初心。DM2 采用"三权分立"的机制，即数据库管理员（DBA）、数据库安全员（SSO）、数据库审计员（Auditor）三权分立，交叉控制，各负其责。简单来说，数据库管理员和安全员权责相互独立，特别是 DM2 支持强制存取控制，这一机制让 DM2 按照美国国防部的分级达到了 B1 级安全要求。

国外的数据库厂商并非开发不出拥有高安全级别的数据库，只是根据美国政府的要求，出口至中国的数据库最高只可以达到 C2 级的安全标准，以防中国将高安全级别的数据库用于国防建设。也就是说，DM2 的安全性超过了当时中国市场上的任何一款国外数据库软件。参与 DM2 鉴定的张效祥、杨芙清、汪成为等院士认为，DM2 在总体设计和技术上处于 20 世纪 90 年代国际先进水平。

从产品的设计逻辑来看，DM2 是一款高规格的产品。它不仅"全"，在原有的关系数据库管理系统的基础上还加入了多媒体、地理信息系统模块；它还很"细"，DM2 所采用的分布式细致到了事务的分布，可以将具体的事务划分到不同阶段去处理，这样的颗粒化程度，甚至超过了最近几年"区块链"概念兴起后一些互联网企业推出的分布式数据库。DM2 就像是神话传说里干将莫邪打造出的绝世名剑，达梦研究所希望凭借这柄利剑一举杀入竞争激烈的国内数据库软件市场。

然而，超越时代的设想必然受到所在时代的限制。一个很简单的例子是，既然当代互联网巨头企业在推出含有分布式功能的数据库软件时，都不得不为了系统的流畅性而将分布式功能做得"粗糙"一些，可想而知在 20 世纪 90 年代中期，一款"正儿八经"的分布式数据库软件对于用户的硬件会造成怎样的压力。

现任华中科技大学数据库与多媒体技术研究所所长沈浩宇回忆，在 1996 年前后，常见的计算机机型为 386，在这样的机型上，装一个 UNIX 系统需要使用 90 多张软盘，最顺利的话安装也要耗时一天；一台机器的内存如果能够达到 4 兆，足以让所有的科研工作者侧目；网络环境最高只有 10 兆的以太网。在这样的时代背景下，DM2 就像是一台坦克开入了沼泽，还没能在冷兵器时代大出风头，就已经深陷硬件泥潭、锈蚀了身体。

为 DM2 设计出一款大而全的精细架构，这是冯裕才和达梦人作为科研工作者的执着，只不过，如果以市场作为唯一的检验标准，在科学上精益求精的精神则必须让位于更加务实的商业逻辑。DM2 在硬件上水土不服，使得达梦人开始重新分析市场，他们发现，市场上流行的 Oracle、DB2、SQL Server 等国外数据库都不具备多媒体功能，也不是分布式数据库，从这之后，在进行后面几代产品的设计时，达梦开始对产品做减法，专攻更有市场竞争力的功能。

DM2 依然不是一款足够称霸市场的产品，但是以冯裕才为代表的一群计算机科学家，正在以自己的方式了解商业、适应市场。很快，他们将迎来一场与国外数据库软件的正面对决。

家门口的"国际战争"

时间进入 20 世纪 90 年代中后期，国外数据库在中国市场的搏杀已经进入"分久必合"的阶段。

虽然没有出现一家独大的局面，但是在中国最早进行电子信息化的金融领域和电信领域，分别由 IBM 和甲骨文称雄，呈现二元格局。同时代的 Informix 数据库也是金融领域中有力的竞争者，不过在 2001 年，IBM 通过收购将 Informix 纳入自己的生态体系。

早期的金融行业曾经使用过小型数据库，在 1994 年华中理工大学主办的第十二届全国数据库学术会议上，冯裕才的好友、中国纺织大学[1]的数据库学者乐嘉锦便联合申银证券公司的研究人员分析了 FoxPro 和 FoxBase 等小型数据库在证券行业的应用情况。此时的证券行业中，只有数据量较大的上海证券交易所采用了 Informix 数据库。

搅动数据库企业市场份额变化的时代背景，是中国金融行业的信息化发展。这期间，DB2 数据库凭借其开发企业 IBM 在硬件领域的统治力开始展现出威力。金融行业对于数据安全和系统可用性要求很高，IBM 主机在稳定性上具备优势，同时 IBM 能够提供优质的技术支持和售后服务，大批使用了 IBM 主机的数据库需求者选择生态上更加契合的 DB2 作为数据库管理系统解决方案，自然水到渠成。

在电信领域，国外数据库企业也如饥似渴地吞食着不断涌现的市场需求。如果说，1992 年 Oracle 7 的发布弥补了前代版本的

---

[1] 1999 年更名为东华大学。

种种漏洞，让甲骨文公司重新在全世界范围内回到和竞争者 Sybase 相同的平台，那么，真正帮助甲骨文在中国站稳脚跟的则是标志着中国电信服务网建设开端的"九七工程"。从"九七工程"开始，甲骨文慢慢展现出在电信行业的支配力。

改革开放释放的势能为我国电信行业带来了快速增长，从全国范围来看，电信行业业务量在 20 世纪 90 年代以 45%~50% 的速度逐年递增。"七五"和"八五"期间，我国大规模建设公众通信网络，基础设施为电信业务的进一步增长提供了保障。单以达梦研究所所在的武汉市为例，"八五"期间，全市市话用户从 6 万户增加到 61.62 万户，移动通信用户近 6 万户，无线寻呼用户达到 37.3 万户[①]，数据通信用户近 2000 户，整体高速发展。尽管用户一直在增加，电信职工人数却几乎没有增长。很显然，如果继续以传统全人工的方式应对行业巨大的变化，落后的管理模式必然会成为制约行业发展的最大短板。

为此，1995 年 5 月，国家邮电部电信总局提出开发和建设"市内电话业务计算机综合管理系统"，这一规划也被称为"九七工程"。规划提出，全国县以上的邮电局在 1997 年底前完成这一系统的建设。"九七工程"包含九个子工程，除了对于后台部门提效明显的营业受理、配线配号、订单管理等子系统，对全国电信用户而言，感受最为直观的要数"112"障碍受理、"114"查号、计费管理等面向全体用户的常用子系统。有了这些系统的支持，普通电信用户可以方便地报修、查号、获取消费清单。在"九七工程"实施前，用户想要使用这些在现在看起来稀松平常的基础功能，往往要

---

① 源于《武汉市志》"第四卷 经济（下）"—"第四十六篇 电信"—"第五章 通信业务与服务"，载于武汉市政府官网"武汉地方志数字方志馆"。

经过几天甚至几周的等待。

　　电算化的背后需要数据库管理软件的支持，显然，这样大的工程量，对于任何一家数据库软件企业都是巨大的诱惑。"九七工程"中，甲骨文率先抢下东三省邮电管理局五期工程的大单，挺进电信行业，将竞争对手甩在身后，从而在中国数据库领域站稳了脚跟，成为中国电信行业最大的数据库供应商。由于没有安全便宜的替代品，电信企业不得不忍受着每年上亿元的高额版权费用。1992年计算机专家陈咨兮对于"使用外国软件就像抽大烟"的判断一语成谶。

　　在20世纪90年代惨烈的数据库竞争中，冯星君为甲骨文进入中国所带来的先发优势已经不明显。甲骨文能够在国内市场横扫半壁江山，一大核心竞争力是它对数据库软件生态的重视。如同当代的苹果公司，90年代的甲骨文单凭生态建设就足以聚拢起忠实的拥趸。

　　1996年，后来长期担任达梦公司高级副总的刘天宇度过了一个难忘的夏天。刘天宇在1978年考入华中工学院，大学期间曾经上过达梦公司联合创始人王臻的计算机专业课。大学毕业后，刘天宇留在华中工学院从事计算机软件研发工作，接触了COBOL、dBASE、FoxPro等早期数据库软件，并进行过数据库相关应用的开发。1996年夏天，华中理工大学从湖南省电力局承接了电力系统信息化工程，刘天宇被派往湖南进行数据库应用研发。

　　刘天宇接触到的Oracle系统版本号为7.3.4，在20世纪90年代便接触数据库领域的很多程序员和技术专家看来，Oracle系统告别简陋、真正实现脱胎换骨，正是从7.3.4版本开始。

　　此时的Oracle提倡模块化开发，在当时这是一种超前的编程理念：每一个模块的代码量最好不要超过八十行，编程结束后，再像拼积木一样将各个模块组装起来。一个夏天的项目赶工过后，刘天宇已经成了 Oracle 的"粉丝"。

当老师王臻打电话来询问刘天宇近况时，刘天宇兴奋地向老师分享自己在湖南电力局的所见所闻。听到刘天宇的分享，电话那头的王臻比刘天宇还兴奋，她问刘天宇，愿不愿意加入达梦，开发一款和"Oracle 一样好"的国产数据库管理软件。亲手开发一款足以和自己喜爱的软件相比拟的产品，这是巨大的诱惑。没有过多犹豫，刘天宇便决定加入达梦研究所。

那是一个国外数据库大行其道的时代。对于此后投身国产数据库事业的研发人员而言，他们有了更加明确的职业目标——将市场上的国外产品作为对标对象，希望能够通过自己的努力，开发出一款性能上足以赶超国外产品的国产数据库，抢回国内数据库市场。这样的个体目标与达梦的整体目标是契合的，此时加入达梦研究所的学者们拥有了一个很好的圆梦平台。

"小孩子和大人下棋，输了不丢人"

"1997 年，我深情地呼唤你。"

1997 年 2 月 6 日除夕夜，全国人民围坐在电视机前。1997 年是一个特殊的年份，因为 7 月 1 日将要到来的香港回归，许多人对这一年充满期待。在除夕夜的春节联欢晚会上，由毛阿敏、韩磊等人带来的一曲《公元 1997》成为一个时代的共同回忆。

冯裕才没有心情仔细欣赏电视上的节目，这一晚，他满脑子只有一个问题——怎样才能写好标书。

1995 年，中国软件产业的市场销售额达到 68 亿元，其中约

40%的销售源于数据库及其开发工具软件，这部分"蛋糕"被国外数据库企业瓜分殆尽。这一年，科技部公布了一则消息：国家"863计划"将在"计算机集成制造系统"（CIMS）的主题下针对数据库管理系统项目进行全国范围内的招标。从1986年的国家自然科学基金，到1992年达梦团队获得预算几百万元的产品项目，决定这类高级别、大额度项目的归属，采取的都是评议制，由专家组合议，决定资金或项目交付给哪个团队，并以专家鉴定会的形式进行结项。招标在数据库领域还是一件新鲜事。

尽管如此，招标显然是大势所趋。早在1980年，国务院便颁布了《关于开展和保护社会主义竞争的暂行规定》，其中指出，"对一些适宜于承包的生产建设项目和经营项目，可以试行招标、投标的办法"。这是新中国最早的对于招投标这种模式的政策支持。

1993年，党的十四届三中全会审议通过《中共中央关于建立社会主义市场经济体制若干问题的决定》，把招投标作为了一种合理配置资源的手段。这也就意味着，招投标这种模式即将向全国各行各业推广，自然也包括数据库所在的计算机软件行业。

冯裕才收到科技部的通知后，便开始了紧锣密鼓的准备工作。在他看来，无论是评议制还是招投标制，竞争的核心是数据库产品的技术水平，达梦凭借在数据库领域的多年积淀，即使不说志在必得，至少也不能缺席这次竞争。这时，从华中理工大学借调到科技部的一位老师建议冯裕才，不要参与竞标，因为达梦的对手实在是很强大。

前一章介绍过，国内最早起步的国产数据库，除了来自华中理工大学的达梦数据库，还有脱胎于东北大学的东软集团开发的OpenBASE和由北京大学、中国人民大学、中软总公司参与的

COBASE。1996年，正是东软集团如日中天的时候，这一年的6月18日，东软集团在上海证券交易所挂牌上市，是中国第一家上市的软件企业。而COBASE属于"八五"科技攻关计划的"数据库管理系统开发"课题，不仅是进行核心研发的北大、人大和中软总公司技术实力十分强劲，中软总公司还隶属于电子工业部。①

对手的实力冯裕才都知道，但这不是达梦逃避竞争的理由。冯裕才告诉同事，自己的心态很平和，对达梦来说，参与竞标的成本无非就是购买标书的500元费用。"一个小孩子和大人下棋，输了不丢人；但是，如果赢了呢？"交了底，同事也放心了很多，认为既然如此，倒不妨一试。

"此刻，改革开放的中国正迎接八面来风。北京时间秒针一动，就是大河上下鼓角连营。"赵忠祥的声音在电视里做最后的跨年倒计时。达梦的产品通过了鉴定和验收，得到了专家的肯定，实际运行在了国家部委的机器上，参与了这个国家的经济发展，这是达梦无可比拟的优势。想到这里，冯裕才的心里畅快了许多。

"你听，你听，北京时间的嘀嗒声里，寒雪下面，青草伸展着小手，溪流欢跳着歌唱。"倪萍的声音响起的时候，牛年的奔腾之音更近在眼前。达梦有着稳定的技术团队，并且已经有了清晰的产品化意识，这是达梦的勃勃生机，足以让它迎春而立。冯裕才更加底气十足。

顾不上好好休息，冯裕才把整个春节假期投入标书的撰写。

1997年3月5日，"863计划"数据库管理系统项目招标会在北京八大处虎峰山庄准时举办。按照规则，招标共两次，在两年

---

① 侯继勇：《中软总公司功成身退 软件国家队欲借外包出海》，《21世纪经济报道》，2004年1月3日。

内分别进行，总预算 400 万元。1997 年是第一次招标，按照排名，录取前两名，每家给予 50 万元研发费用。1998 年的第二次招标将在前一年中标的两家中进行，排名第一的团队将会独得余下的 300 万元预算。

由于此次科技部组织的招标规格高、金额大，几家参与竞标的团队都派出精兵强将严阵以待。相比而言，华中理工大学达梦研究所的来京团队显得有些"寒酸"——冯裕才带着当时的达梦研究所技术总架构师阳富民，一行两人匆匆赶往北京。

1996 年 DM2 鉴定后，冯裕才越发地感受到，需要一名年富力强的学术骨干来扛起达梦研究所的技术大梁，为此他邀请到阳富民出任总架构师。从行事风格来看，阳富民与冯裕才有相似之处——他们都更醉心于技术问题，不喜欢出风头，但同样地，他们在北京没有背景、没有人际关系，这让达梦团队在热闹的招标会现场更加显得形单影只。冯裕才还记得，那天，北京料峭的春风吹得他有些冷。

达梦的标书依然是红色精装外皮、烫金字，有了之前的软件工程基础，标书里面的内容也一如既往地规整。上交标书之后，冯裕才和阳富民在评标的专家组面前对达梦的技术做了一番详细的介绍，随后便是漫长的等待。

专家组的评标进行了三天。

本章第一节提到过，国内顶尖的三家计算机研究所对达梦在 1992 年承担的国家重要部委项目的产品进行了长达三年的测试，测试预算高达 300 万元。测试的洗礼，一方面，给了达梦充足的时间修复早期产品的各种问题，使达梦提高了技术水平，另一方面，也让行业内的专家对达梦的技术能力有了足够的了解。正是凭借过硬的技术积累，DM2 数据库以第一名的身份中标，与另一家数据库研发单位携手入围"决赛"，取得了参与 1998 年测试评审的资格。

"863 计划"数据库管理系统项目在策划之初采用公开招标、立项、开展大型国产数据库研发的方式，就体现出这一项目与一般的科研项目有着本质的不同——它不仅仅是一次技术开发，国家还希望通过有力的引导，帮助数据库研发主体实现产品化，发展自己的产业。

事实上，不去讨论国外软件大举攻入中国市场的侵扰，仅将国内软件研发单位作为观察对象，我们也能够很容易地看出它们自身的问题：一方面，从研究成果向产品转化的过程依然需要大量艰巨的工作，这部分跨度要由软件研发单位摸索开拓；另一方面，我国在信息技术产业化过程中，成果向应用市场的产品转化这一环节投入资金严重不足。这恰好印证了张效祥院士在 1996 年 DM2 鉴定会上说过的一段话："我们国家支持了很多研发原型、成果，但是鉴定了就结束了，没有走向市场化。就像生了许多孩子不抚养，大都夭折了。"科技成果最好的归宿就是成为推动社会进步的生产力。

前文提到，国外的研究经费、向产品转化所投入的资金与产品上市流通形成产业化的转化资金，三者比例大概是 1∶10∶100。20 世纪 90 年代中后期的资料显示，国内用于研究开发的经费与向产品转化资金的分配比例只能达到 1∶1~1∶1.5。[①] 为了扭转这个局面，同时兼顾国家层面资金的有限性，国家对于国产数据库软件产品化的开发只能在现有成果上逐步转化，采取扶植、分段加强资金

---

① 华北计算技术研究所、国家 863/CIMS 数据库软件产品化开发项目监理组：《国产数据库软件开始受到用户青睐》，《计算机世界》，1998 年 7 月 13 日。

投入的方式，以保持产品化过程持续进行。对此，在1997年首次招标结束后，相关部门对入围的两家研发团队采取了项目监理式的管理，督促两家团队在开发的同时完善机制建设、提升运作规模、找准应用市场，提高在市场环境下的适应能力。

有了这一大背景，1998年7月初的"863"数据库测试评审更像是对两家数据库机构的综合测试，由清华大学计算机专家周立柱教授出任测试组组长。

测试组首先要考查的是达梦与另一家数据库的性能差异。这其实更像是一次"命题作文"，因为测试题目一年前就已经告诉两家了，相关标准也是按照国际通用标准来执行，因此两家机构都有一年的时间来对产品进行调整。在性能测试中，达梦的DM2表现优于竞争对手。

而另一个重要的评估维度是两家数据库的市场应用情况。说到这里，达梦有一张对方无法比拟的底牌——华中电力集团财务公司管理系统（CWMIS）。这是达梦数据库第一次在商业场景下大规模地进行应用，并取得了良好的效果，获得了用户的称赞。因此综合来看，达梦毫无疑问地取得了这一年评审的胜利，拿到了300万元的数据库专项研究经费。

此前1992年取得的百万元级项目，证明了达梦在国家重要部委应用研发中的技术实力；而1998年赢下"863计划"数据库项目的300万元经费证明了达梦在民用数据库应用领域的技术能力。时任华中理工大学校长周济得知达梦夺魁后十分欣喜。作为一家在学校的注视下逐步成长起来的数据库研究所，达梦能够在全国招标的平台上以黑马的姿态击败实力强劲的对手，让很多人感到意外。

1998年，达梦研究所下设七个部门，员工50人，其中博士

5 人、硕士 15 人，平均年龄还不到 28 岁。达梦这个"小孩子"，又赢下了一盘棋。

拿下商业应用第一单

1980 年 7 月 22 日，邓小平同志在视察湖北期间来到第二汽车制造厂（简称二汽）。视察过程中，时任二汽厂长黄正夏向邓小平提了一个问题：以制造军车起步的二汽，在未来的发展中到底应该以军车为主，还是以民车为主？

邓小平果断地回答："从长远从根本上说，是搞民用产品。"[1]

得到了邓小平的建议，黄正夏下定决心把原来军用、民品 4.5∶5.5 的比重调整为 1∶9。借助改革开放后民用车市场的春风，二汽迅速成长为东风集团。[2]

武汉大学的发展研究学者李光认为，我国改革开放以来科技事业最大的转变来自国家从重视"标志科技"转变为重视"民生科技"。所谓"标志科技"，以"两弹一星"等军事科技为代表，表征着国家科技发展水平和民族志气；"民生科技"则指与人民最关心、最直接、最现实的利益问题相关的科学技术。"民生科技"重视创新，更重视推广，它能够为广大民众带来实惠。

在处理两者关系上，苏联和美国正是一正一反的两个代表：苏联的"标志科技"十分强大，但民生商品极其匮乏；美国虽然在二战后也一度向军事科技倾斜，但逐步协调好了"标志科技"和

---

[1] 黄正夏：《百年小平与世纪东风——回忆邓小平 1980 年视察二汽》，《湖北文史》，2014 年第 1 期。

[2] 同上。

"民生科技"的关系，这为许多前沿科技，包括计算机及互联网技术的创新诞生于美国奠定了基础。

数据库技术是一个国家计算机软件技术开发水平的体现，又可以大规模应用于民生领域，因此是一项横跨"标志科技"和"民生科技"的技术。尽管达梦在早期起步阶段多次从国家部委获得项目，但挺进更为庞大的民用市场，是数据库软件发展的必然之路。

1997年，国内软件产业的销售额达到127亿元，数据库相关的软件贡献了约50亿元。这是一个爆发式扩张的市场，如果用21世纪的概念来概括，这时候的中国数据库市场已经从几年前的"蓝海"变成了"红海"，每一寸市场空间的背后，都是比肩继踵的竞争。这也就意味着，要想实现国家和冯裕才心中的那个国产数据库产业梦，国产数据库的成长之路已经绕不开与国外数据库的正面碰撞。

1996年，电力工业部华中电力集团财务公司计划建设一个电算化的财务信息管理系统，面向社会招标。达梦研究所副所长王臻此前从事过财务软件课题研究，她把这个消息分享到了研究所。

华中电力集团财务公司成立于1993年，从名字看它似乎只是一家集团公司下面的财务子公司，事实上，它是计划经济时代"条块化"发展的大型国有企业向市场经济体制过渡过程中的一个阶段性产物。虽然名头上是一家"财务公司"，但实际上华中电力集团财务公司承担着集团下属湖北、湖南、河南、江西四家省级电力公司之间"内部银行"的职能。在工商系统留存的经营范围里，华中电力集团财务公司要在系统内部提供吸储、放贷、办理同业拆借、承销债券等业务。也就是说，这个财务信息管理系统并不只是一个简单的办公自动化系统，而是一套对稳定性要求极高的银行业核心系统。

从1989年春节独自闯北京开始，冯裕才便尝试为数据库寻找应用场景，他深知每一个机会的不易，特别是华中电力集团财务公司这样在使用上偏向金融属性的大型民用项目。在冯裕才看来，这是一个检验和打磨刚刚通过鉴定的DM2的天赐良机。

对国内的需求企业而言，选用国产数据库还是国外数据库，也是一道难题。虽然国外数据库在技术上更为完备，但是由于国内计算机软硬件都处于起步阶段，即使花了大价钱购买了国外数据库软件，也不能保证软件提供的所有功能都是自己所需的。一个同时代的报道显示，购买了国外数据库软件的企业，其使用的功能只占了软件总功能的30%，但是企业不得不花费100%的价格购买整个软件，这个价钱通常是国产数据库软件价格的3~10倍。[1] 不仅如此，企业购买了国外数据库软件之后不能做到开机即用，还要另外组织人员进行适配项目应用的二次开发。

另一个让国内企业头痛的问题是售后服务，国外数据库软件在中国大举攻城略地，技术支持人员却没有随着业务量同数量级增长，多级代理模式导致售后服务响应时间长，加之外企用人成本高，国内企业用于数据库技术服务的开销几乎也抵得上另购买一份数据库的价格。为了免除招标方的后顾之忧，在参与此次投标的时候，达梦便承诺提供为期五年的免费售后服务。

为了得到这次宝贵的实践机会，达梦研究所将项目总标价压在了100万元，同场竞标的另外两个对手分别以Oracle和Informix作为底层数据库支持方案，它们的标价均在300万元上下。

---

[1] 张玉玲：《开发中国版权的数据管理工具》，《光明日报》，1999年4月7日。

价格优惠、售后到位，达梦团队展现出的两大优势打动了华中电力集团财务公司。更难能可贵的是，在国外数据库大举攻占中国市场的时代背景下，华中电力集团财务公司对待国产数据库展现出了包容态度。最终，达梦研究所以 DM2 数据库作为支持的应用开发方案，中标财务信息管理系统 CWMIS。

二十多年后，冯裕才回忆起这次竞标，还不住地赞叹华中电力集团财务公司领导的魄力。这是达梦系列产品第一次在商业化的市场竞标中击败了以国外数据库为底层支持的方案。

然而项目一开始，问题便不断涌现。

如果和 1988 年冯裕才开发出来的那个数据库原型 CRDS 去比，DM2 经历了太多洗礼，许多明显的产品漏洞已经被修复得差不多了。但过往的测试不是万能的，一旦进入具体应用领域，许多测试软件无法排查出的问题便会在真实的使用场景中一个个暴露出来。如今，这一观点已经成为国内外软件工程师的共识。

眼看着 DM2 的问题不断涌现，财务公司方面对达梦团队的信任度也在下降，这让王臻、吴衡等早期加入达梦的一线研发人员感到了风险。由于 CWMIS 中的金融类业务对于系统的稳定性、精准性要求很高，本着对用户负责的态度，研究所的大多数人开始建议放弃使用 DM2，转而采用国外数据库软件进行表层应用开发；从项目中积累了经验后，团队再进一步完善 DM2，以希望产品最终达到可以商用的标准。

类似的选择题，冯裕才在 1981 年帮助武汉市金属材料公司进行钢材数据库管理系统研发的时候便已经做过一次了。这一次，他的答案还是一样："如果你们坚持要用国外数据库，我会带着我的研究生，在 DM2 上继续开发！"

从事数据库研发近二十年，冯裕才的初衷没有改变过，对于达梦团队的定位也有了不可动摇的清晰认识——达梦团队的最终使命是成为一家通用数据库产品的研发机构，而不是一个计算机软件领域的应用开发商。出于这一目的，冯裕才不忍错失任何一个可以打磨达梦数据库软件的实际使用机会。

在冯裕才的坚持下，团队放弃了其他方案，在1996年到1998年两年多时间里艰难地在项目中完善DM2。由于CWMIS系统的金融属性，研发团队还要学习财务知识、熟悉财务流程。CWMIS系统设计上借鉴了中国工商银行湖北省分行的对公业务系统，参考了《中华人民共和国会计法》《企业财务通则》《企业会计准则》《金融企业会计制度》《金融保险企业财务制度》《现代商业银行会计》等金融财务相关资料，使系统符合相应的金融政策法规。王臻、吴衡带着十几名学生，吃住在财务公司，随时为其提供技术支持。

在一个软件功能上，达梦团队刚刚开发好，财务公司方面就变更了需求。部分团队成员认为，此次需求的变更不仅在逻辑上毫无道理，还会导致前面的工作不得不推倒重来。几名血气方刚的学生找到财务公司的负责人，一开始还是在理论，随着谈话的气氛越来越紧张，争论升级成了争吵。学生们口才好，又懂技术，渐渐占据了上风。

冯裕才知道这次事件后非常生气，严厉地批评了参与争吵的同学。冯裕才认为，软件行业属于服务行业，本质上要遵循服务行业的商业逻辑，这与师生们在大学里遇事一定要辩出个高低对错有本质上的不同。在服务行业的逻辑中，客户需求才是最重要的；与客户争吵，即使一时占了上风，长远来看，失去了客户的信任，依然是失败的。

冯裕才虽然是搞学术出身，但是一直以实现产业化为目的在数据库领域进行探索。在20世纪90年代，能够进入华中理工大学达梦团队的师生是毫无疑问的"天之骄子"，冯裕才必须用他所能体会到的朴素的商业规则去说服同事们，共同形成一套市场化的价值体系。

DM2是严格采用分布式架构的数据库，这使得它在那个时代显得格格不入，很难找到应用的机会。然而华中电力集团财务公司的组织架构天然地需要分布式数据库提供支持。由于业务横跨四个省份，CWMIS系统共设五个节点：位于湖北、湖南、河南、江西四省的公司各设一个节点，采用同样的体系结构组成局域网，建立分布式数据库系统，内部实现快速的信息交换；总公司设立一个核心节点，通过路由器和远程访问服务器扩展为广域网，在需要时实现远程数据传输。整个系统做到数据一致。

随着开发的推进，系统初见雏形；问题越来越少，效能越来越大。分布式结构可以跨地理空间实现财务数据的统一，每月形成报表，这让财务公司方面十分欣喜，一开始的不信任一扫而空。王臻回忆，财务公司对于研究所师生的付出越来越认可，在它们公司的板报上，大标题都是"向华中理工大学的老师和同学们学习！"。

还有一件小事足以证明双方的互相信任。王臻的一名硕士生从达梦研究所毕业后被华中电力集团财务公司录用，专门负责这套系统的运营维护，后升任信息中心主任。二十多年后回顾该项目，当时达梦研究所反对冯裕才"硬上"DM2的老师们也一致同意，长远来看，DM2在CWMIS系统的应用将达梦的技术能力向前推进了一大步。冯裕才则认为，团队在CWMIS项目中的试炼是让达梦从研发团队走向市场化团队、从校园文化走向市场文化的起点。

  1998年9月22日，华中电力集团财务公司CWMIS财务信息管理系统在武汉召开鉴定会。这是国产数据库第一次应用于金融核心领域的案例，让参与鉴定的专家欣慰的是，这套系统的应用"打破了国外数据库软件在中国一统天下的格局"[①]。

  鉴定会过后，DM2支持的CWMIS系统开始在华中电力集团下属的四省七地推广使用。2000年，华中电力集团财务公司改组并入中国电力财务公司，新公司沿用了这套系统；同一年，DM3发布。2001年5月，中国电力财务公司信息化会议决定，在全公司推广以DM3为基础的CWMIS系统，将该系统推广到全国76个同类型的子公司。从1998年开始计算，这套系统运行了长达十年之久，展现出持续的经济效益。

  同一时期，另一个对达梦发展意义重大的项目是智能消防指挥调度系统W119C31。这个系统以公安部消防局《城市消防通讯调度指挥系统总体方案设计导则》为依据设计，最早在DM2版本上开发，DM2自带的地理信息系统十分贴合消防调度指挥的需求，DM3发布后，该系统也升级至DM3版本。如果说华中电力集团财务公司的CWMIS系统对于数据库软件的稳定性要求高，是因为这套系统要经常处理金融核心业务，涉及资金的记录，来不得任何马虎，那么消防指挥调度系统则时刻关系人民的生命财产安全，对整个系统的稳定性要求更高。为了加强整个系统的稳定性，达梦研究所设计了一套方案，将DM数据库作为主库，使用国外数据库作为热备，如果出了问题，两者间可以切换。这一系统首先在荆门市试

[①] 朱汉华：《国产数据库软件打开中国市场缺口》，《长江日报·下午版》，1998年9月23日。

运行，随后成为湖北消防总队，以及武汉、黄石、孝感、鄂州、贵阳、三亚等地使用的消防指挥系统。

与国外数据库以主备库的方式搭配运行，达梦在后面的商业化之路上经常遇到，这也对达梦团队在双库之间进行数据实时同步提出了技术要求。数据实时同步技术如今已经是达梦生态中最为基础的一部分。

达梦研发的这套消防指挥调度系统在短期来看为达梦数据库提供了很多应用机会，其更大的意义在于，从此时开始一直到2014年，消防行业将成为支撑达梦收入的一个支柱行业。

1999年11月，《人民日报》刊载冯裕才专访，在这篇专访中，冯裕才叙述了达梦的目标：达梦数据库如果想要打破国外公司的垄断，"收复失地"，实现"圆梦"，就必须走产业化的道路。整个20世纪90年代，达梦的市场化意识逐步觉醒、深化，这也意味着达梦如果要进一步发展，必然不能受制于"研究所模式"，只能义无反顾地迈向市场。

经历了改革开放的洗礼，中国社会的商业规则逐步建立。校办企业虽然具备特殊性，但从社会层面来看，任何形式的企业如果要成功地在新世纪生存，都必须遵从于商业规则。北大青鸟、清华同方、东软集团等全国知名校办企业已经早早地完成了转型；视线移回华中理工大学校园，1998年，华中数控也率先完成了"走出校园"的转变。

达梦研究所的公司化转制已经箭在弦上。

第五章

创业艰险：
正式走上商业化道路

不能被控股的"金娃娃"

啪的一声，五沓人民币被拍在饭桌上，每一沓是一万元，用白纸条系住。

"冯老师，为了表达诚意，我们先预付一点定金。"对面的老总说道。桌面上的钱是他提前准备好的，他希望能和达梦达成投资合作。

冯裕才早就听朋友介绍，一名广东的老总有意投资达梦，恰好他和王臻来广东出差，接受了老总的宴请。尽管有了心理准备，知道广东商人素以豪爽义气著称，眼前的场景还是让冯裕才有些惊讶，这是双方第一次见面，彼此之间既不了解，也没有讨论过任何投资合作的方式。

冯裕才没有拿走桌上的钱。他已经感觉到，此前他一无所知的资本世界，酝酿着一个大学教授所无法理解的狂热冲动。

20世纪90年代中后期，中国头也不回地昂首走进市场化大潮。当时的流行歌曲唱着"十亿人民九亿商，还有一亿在观望"，仿佛每个人都面对着一个十字路口，每个人都有机会做出选择：要不要跳入商海，拥抱商业。

1998年，华中电力集团财务公司信息管理系统让达梦第一次尝到了在市场化竞争中取得项目的甘甜。从这一年开始，达梦有意识地接触市场。冯裕才在距离学校不远的关东科技园租下一套600平方米的办公室，达梦在运作上已经从研究所更加偏向公司。有一个细节可以证明这一点：1999年，媒体频繁地报道达梦，在接受采访时，冯裕才的身份是"华中达梦数据库公司总经理"，而事实上，此时公司还没有注册成立。

经过了二十多年的改革开放，华中理工大学的"产学研"转化速度明显加快。学校有大量团队同达梦一样，取得项目，为社会需求方提供服务，兑现科技价值。学校也因此制定了相应的资金管理规则：每个团队可以将一定比例的项目款用于市场开拓。冯裕才将这部分钱作为商业化运作的启动资金。

达梦此时获得的项目额度已经达到百万量级，冯裕才回忆，如果把这笔钱在内部分掉，大家虽然成不了大富翁，但生活也足够殷实。然而达梦面临的另一个问题是，一款面向社会的软件商品的销售必然会涉及定价、纳税、售后服务、研发人员招募等诸多环节，这些问题依靠研究所是无法解决的。软件产品需要不断迭代，DM2的体系已经展现出了一些架构上的问题，研发新一代的DM3被提上了日程，这就意味着需要新一轮的研发投入。

商业不同于学校，开门七件事，样样不能少，达梦需要把积累的资金投入扩大再生产。

回顾一下20世纪最后几年的国内外环境，便可以理解当时的资本偏好：从国际市场来看，20世纪末，美国的互联网泡沫正处于迅速膨胀之时；1998年，全国政协九届一次会议上，"中国风险投资之父"成思危代表民建中央提交了《关于尽快发展我国风险投资事业的提案》，这就是后来被认为引发了一场高科技产业新高潮的"一号提案"，风投创投在中国徐徐拉开帷幕。在华尔街的风向标下，国内风投方兴未艾，资本追捧一切与计算机、互联网相关的实体是有理可循的。此时，一些有意向的投资方开始主动接触达梦，包括本节开头的那个广东老总。

如果以投资者的眼光来看达梦，这确实是一个很好的投资目标。达梦的数据库业务，虽然还无法与国外数据库正面对抗，但是在国内部委的大项目竞争中具有一定优势，全国装机量达到1000套，涵盖电力、邮电、公安、消防等行业；GIS功能是从达梦原型时期便一直附带的，虽然这不属于达梦的主营业务，但无心插柳柳成荫，GIS业务已经占据全国25%的市场[1]；在数据库之外，达梦研究所的多媒体技术也具有变现的潜力。对所有的智力密集型行业而言，一个团队最大的竞争力是人才。以华中理工大学为依托，达梦拥有年轻、专业的研发团队，这是团队能够不断实现产出的保证。

诸多的优势让投资者趋之若鹜，达梦却对资本表现得慎之又慎。商业是达梦人刚刚涉足的领域，这片新天地自然美景连连，却也暗礁和陷阱密布。比起学校实验室里"失败是成功之母"的教诲，商业领域里，失败带来的影响会更加苦涩、深远。他们发现自己无法像徜徉学术世界那样游刃有余时，只能把谨慎作为自己唯一的武器。在冯裕才和其他老师眼中，达梦就是一个"金娃娃"，舍不得卖给别人，因此当投资者提出绝对控股时，他们便会本能地抗拒——

---

[1] 陈虎：《梦圆"达梦"》，《计算机世界》，1999年3月22日。

一旦被控股了，如果对方某一天放弃了数据库业务，怎么办？

更深一层地来看，达梦人不敢让出企业的绝对控股权，实际上是不敢让出技术路线的主导权。数据库管理系统的开发是一个漫长的过程，同时，一款国产自主知识产权的通用数据库管理系统对国家信息安全意义重大，达梦人在这个领域探索了将近二十年，对此深有体会，达成了共识。坚守自主研发的路线需要战略定力，达梦人有这种战略定力，但商业规则下，股权是唯一的指挥棒，一旦让出绝对控股权，即使创始团队再锲而不舍，企业的命运也难免为他人所左右。

2000年，由一家投资公司牵头，联合国内著名的校办企业和一家风头正劲的证券公司，三家企业准备一起对达梦进行投资。三家企业涵盖投资、计算机、证券三大板块，这几乎是一个梦幻投资人组合。在投资规划伊始，一条发行上市的道路已经清晰地铺展在眼前。但最大的阻碍依然是，按照投资者的提议，三个投资主体中的那家校办企业将对达梦实现控股。

这家校办企业的创始人和董事长是知名院士，在我国计算机领域是泰斗级的先行者。在20世纪90年代举行的达梦数据库产品发布会上，这名院士还曾经出席并参与鉴定，对达梦给予过高度评价。冯裕才对这位学术界的前辈十分尊重，但在股权问题上，达梦不能让步。为了让双方都有个台阶下，冯裕才主动找到院士，"欲纵故擒"地提出，希望能够邀请其出任达梦的名誉董事长。此时，即使在这家全国闻名的校企内部，院士也处于半退休状态，具体事务交由学生和继任者处理，他听出了冯裕才的弦外之音。作为计算机研究领域最早一批创办企业的学者之一，他更能体谅一个校园出身的科技团队对于股权的重视，这个融资提议随即作罢。

2000年5月26日,同济医科大学、武汉城市建设学院与华中理工大学合并,组建成立华中科技大学。这年夏天,计算机系主管学生工作的分团委书记向达梦引荐了三名投资人。三名投资人都是华中理工大学的校友,一人领投,两人跟投。其中一名跟投者是冯裕才的研究生。由于是校友投资校企,投资人、达梦、学校主管产业的部门很快达成了三方协议,投资人专程来到公司为员工打气。一切谈妥后,冯裕才兴冲冲地前往工商部门注册了公司。[①]

到了原本约定好的时间点,达梦没有等来期盼已久的投资人的注资,而是一条坏消息:由于受到美国互联网泡沫破裂的影响,领投人的境外资产严重缩水,已经无力投资达梦。

美国经济学家托马斯·弗里德曼有一个观点:世界是平的。在全球化的进程里,国家与国家、个体与个体之间的关系正在变得前所未有的紧密。随着改革开放的实施,中国也加入了这个进程。冯裕才此前无法想象,一枚在美国股市中倒下的多米诺骨牌会一路砸到自己的眼前。领投人囊中羞涩,原定的两名跟投人随即也不再出资。

冯裕才自决定从事数据库研发以来,经历过很多困难——缺少资金、缺少项目、市场竞争激烈,但回想起达梦研究所向公司转制过程中遇到的资本难题,冯裕才认为,这是他经历过的最黑暗的时刻。从单枪匹马学习数据库知识,到成立课题组进行原型研发,再到获得大项目、成立研究所,有困难、有坦途,冯裕才都和团队扛下来了,转制成立公司原本应该是达梦的新生,却将达梦推到了悬崖边上。

---

① 达梦依次使用"武汉华工达梦数据库有限公司""武汉达梦数据库有限公司""武汉达梦数据库股份有限公司"为企业名,本书为方便读者阅读,统一以"达梦"指代。应受访者要求,后文中部分当事人使用了化名。

"大家都是老板"

2000年11月，投资人做出的涨薪承诺依然在会议室留有余响，刚刚成立的达梦公司却连眼下的工资都快发不出来了。冯裕才不敢让同事知道公司遭遇了这么大的困难，开始在全国为投资奔走。

上海是中国经济最发达的城市，资本汇聚，冯裕才出生在这座城市，很多亲朋好友依然住在这里。在21世纪初，对于中国任何一个缺少资金的创业者而言，前往上海碰碰运气都是一个好选择。冯裕才也启程赶赴上海。

经别人引荐，冯裕才在上海遇到了一个对达梦感兴趣的企业家，他在河南郑州主持过一家万人国企，声称自己是"高干子弟"，"有军方背景"。谈判阶段，他开出了十分诱人的条件：对达梦投资5000万元，亲自负责拓展军方数据库市场。条件是，他要求控股并担任总经理，同时提出在注资完成后，达梦要将总部迁往上海，以便监管。

冯裕才一直坚持达梦"不能被控股"的原则，但公司危在旦夕，他思前想后，认为只能冒一次风险。对于投资人开的条件，冯裕才全部答应；对于对方的承诺，冯裕才也给予了信任。他告诉自己，这名投资人至少是个年富力强的年轻人，更有机会将达梦的市场做大。

细则敲定后，由学校出面再度签署了三方意向书。根据意向书，5000万元投资将会分两笔打入：第一步，投资方打给达梦2000万元，在五人规模的董事会中，投资方占据两席；第二步，达梦总部迁往上海，投资方将剩下的3000万元打入。

意向书签好，对方回到上海，谁知就在五天后，对方改了口，要求达梦马上迁往上海，此后将 5000 万元一次性打入。冯裕才这才知道，原来意向书不等同于协议，不具备约束力。他开始担心，如果达梦迁址后，对方食言不再注资怎么办。风险就像地平线上漆黑的积雨云，已经在视野可见的范围内压了过来，冯裕才根据直觉判断，立刻终止了此次融资。

多年后，达梦公司已经逐步走向正轨，冯裕才再次听到这名"高干子弟"的消息，是他正陷入严重的财务危机。原来，与当年给达梦开出的条件类似，此人以控股为要求对企业进行投资，在完成工商变更、成为企业的实际控制人后，他便以企业的名义申请银行贷款，并将这笔贷款投入股市，希望从股市中赚取高额收益。一旦股票不能按照其所预计的那样保持高速增长，这种赌博式的资金链就会迅速断裂，不仅他自己会背负债务，他所控股的企业也可能会成为投机的牺牲品。

听到这样的故事，资本市场的诡谲让冯裕才这个学术出身的企业家脊背发凉。祸兮福之所倚，冯裕才警觉地叫停融资的决定救了达梦一命，这也再度印证了冯裕才"不能被控股"这一原则的正确性。

融资虽然再度受阻，但达梦依然受到资本的青睐，四川的一家上市公司和国际著名投资公司 IDG（美国国际数据集团）向达梦抛出了橄榄枝。冯裕才明白，上市公司和外企有自己的财务要求，审计、尽调、融资的流程走下来，没有半年到一年的时间是无法完成的，但冯裕才需要考虑的是，达梦是否能活过下个月。

时间进入 2001 年，从公司成立开始算，冯裕才已经为公司的资金奔走了半年，可是半年下来，并没有新的资本入账。从研究所时代积攒下来的资金已经见底，冯裕才开始借钱给员工发工资。他把压力藏在心里，而达梦就像穷人家砸锅卖铁供养的孩子，在外人眼里依然整洁光鲜。

1992年，上海市在浦东新区的中南部建立了张江高科技园区。这是一个国家级高新技术园区，立志打造成像硅谷一样的高科技基地。到2001年，达梦在每年的"863"数据库评比中都一骑绝尘，已经连续五年之久，又经常承担部委重要的数据库项目，信息产业部科技司支持国产数据库的发展，于是在张江园区为达梦争取到了600平方米三年免租的办公地点。曾经主管全市信息化工作的上海市副市长对达梦有所了解，也希望借此机会顺水推舟、筑巢引凤，将达梦的总部引入上海。

2001年夏天，冯裕才乘飞机前往上海浦东参加座谈会，在飞机上遇到了时任武汉市科委主任。在此之前他们并不相识，这一次，两人乘坐同一航班去参加同一场会议，一来二去便熟络起来。这场座谈会由上海方面主持，上海市副市长对于引入达梦颇具信心，在会上高兴地说："武汉的'金凤凰'飞到我们浦东来了！"

虽然此前武汉市科委与达梦没有太多交集，但上海市副市长称达梦为"金凤凰"，并希望达梦把总部迁到上海，这让科委主任瞬间意识到达梦的价值。回到武汉后，他拉着冯裕才说："你不要到浦东去了，就在武汉干！"冯裕才不避讳公司正在经历资本危机，科委主任提议以科委一家下属企业作为跟投股东，出资400万元投资达梦公司。

火已经烧到了眉毛，冯裕才提出条件：科委下属企业投资的400万元如果能在一周之内到位，按照一元钱一股计算；如果在一周后到位，按两元钱一股计算。武汉市科委积极支持本地高科技企业发展，承诺按时将投资款打到达梦账上。

尽管得到了投资方跟投的承诺，达梦仍然需要筹措近千万元方能补足注册资本。冯裕才尽自己所能，跑遍武汉、上海、北京的亲朋好友，凑到了约 600 万元，剩下的资金缺口超过了他个人筹资的能力范畴。最终冯裕才决定，发动达梦员工一起来补足资金缺口，由所有的员工一起做公司的主投资人、大股东。

融资的难题和未来的希望，此时一并摆在了每一个达梦人的面前。

达梦的资本危机出现了十个月后，冯裕才第一次站在全体员工面前讲述公司所面临的问题。"这时候能救达梦的只有我们自己了。"冯裕才的语气中没有更多的激昂，当他面对同事们说出这句话的时候，就如同身为老师的他向学生们讲述一条原理。这条原理已经被人类发现了许久，冯裕才只是简简单单地把它传递给听者，它能够带来多少创造力，完全在于听到的人能够给予多少回应。冯裕才提出，员工出资上不封顶、下不限底，再多都能接受，再少也不嫌弃。

"商人重利轻别离"，从这一点上看，即使跑下了那么多项目，冯裕才的骨子里依然是一个文人而不是商人。同事很惊讶，在这十个月间，工资从来都没有少发或延发，这让他们找不到一丁点公司一直走在生死存亡的独木桥上的迹象。现在他们知道，原来是冯裕才一个人把问题扛到了现在。

考虑到大家可能需要筹措资金，冯裕才把出资周期定为 2001 年 7 月 6 日至 16 日之间的 11 天。接受前面的教训，冯裕才代表达梦，与投资方科委下属公司、达梦的开户行光大银行签了一个三方协议：达梦的员工和投资方从 7 月 6 日开始向专用账户里打钱，11 天里，资金只许进、不许出，到 16 日为止，如果一方的钱没有到位，另一方有权将资金全部退出。与之前让冯裕才吃亏的意向书不同，这次签订的是具有法律效力的三方协议。

事实上，冯裕才和投资方都不清楚对方能不能按时凑齐款项。特别是对于冯裕才，员工自行出资，足够堵得上资本的缺口吗？他无法预知，这时候只能相信朝夕相处的同事，用大家的力量换来一个如公司名字那样"达成梦想"的机会。

冯裕才对于数据库的坚持打动了同事，在出资中，所有员工倾尽全力。

不需要等到 16 日截止期，仅一天时间，7 月 6 日下午 5 点，员工出资款项达到预定金额。光大银行的工作人员带着验钞机来到达梦公司进行清点。经过清点，员工入股的资金达到了所需额度，达梦创立之初的资本危机得以解除。

这是一个激情燃烧的时刻。冯裕才创办达梦公司的直接目的不是光盈利，而是希望以公司为依托，守住寂寞，慢慢开拓出一片国产数据库春暖花开的市场。冯裕才的这种价值理念，陪伴他创业多年的伙伴们一定了解。创业本身就是一件风险巨大的事，更何况入股一家不知何时才能盈利的公司，然而在此时此刻，大家没有考虑投资的回报，而是发自内心地希望公司可以继续走下去。一个人的价值理念，终于成为一群人共同的价值理念。当时的他们不会想到，这样漫长的等待将会持续超过二十年。

达梦人自己做自己的大股东，冯裕才感慨万千，十个月来的奔波煎熬被他抛诸脑后，他高兴地宣布："从今天开始，达梦没有老板，大家都是老板。"

员工入股的效应很快地体现了出来。一次加班后，公司安排员工在饭店吃饭。冯裕才的一名博士生笑着说："这顿饭可有我的股份在里面。"玩笑之外，员工持股所带来的"主人翁"意识已经深入达梦人的脑海。

成立上海子公司

2002年2月17日，大年初六。平时忙碌的上海地铁正处于一年中难得的空旷时期，韩朱忠在车厢里找到了一个座位。就在这时，手机突然响了起来，一个陌生的号码显示在液晶屏幕上。或许是很久不联系的朋友打来拜年吧，韩朱忠这样想着，接起了电话。电话那头，一个声音自我介绍，十年前华中理工大学的一草一木瞬间涌进了韩朱忠的脑海——电话是冯裕才老师打来的。

本科毕业前，为了距离浙江海宁老家近一点，韩朱忠谢绝了就读冯裕才研究生的邀请，考取了上海交通大学。1995年，韩朱忠研究生毕业后加入了上海计算机软件技术开发中心（简称"上海软件中心"），这是一家事业单位，是国家"863计划"软件专业位于上海的孵化器。

上海软件中心与美国计算机软硬件公司"国家收银机公司"（National Cash Register，简称NCR）有合作项目。NCR旗下有一家提供数据服务的子公司，名叫天睿资讯（Teradata），公司名称中的英文单词"tera"就是在数据存储中表达万亿量级的"太"，terabyte则是"太字节"（TB）。在市面上主流电脑还是486的年代，Teradata的技术已经号称可以处理TB级的数据，这非常不易。Teradata当时为国外的一些证交所以及沃尔玛这样的大型商超提供数据服务。

Teradata自1997年进入中国，直至2023年宣布退出中国市场，在华运营了 26 年，巅峰期占据了中国一半以上的数据仓库市场，也培养了国内最早一批对数据仓库技术熟知的技术人员，堪称中国数据仓库领域的"黄埔军校"。

韩朱忠所在的部门专门为 Teradata 进行编程开发，有了这个机会，韩朱忠可以学习 Teradata 的语言编码风格、产品设计逻辑。工作实践与在校期间学到的理论相结合，让韩朱忠对于数据库的理解加深了许多。

在上海软件中心工作两年后，韩朱忠跳槽到另一家为工业企业提供企业资源计划（ERP）管理软件的外资软件企业担任技术顾问。公司提供的福利让人羡慕，但是由于不能接触核心技术，韩朱忠只能从事事务性的工作，成长空间有限。

这让 31 岁的韩朱忠陷入了迷茫。一次偶然的机会，他出差前往广州，遇到了本科的同班同学，该同学后来在冯裕才门下攻读博士。一番叙旧后，同学要走了韩朱忠的电话号码。

其实早在上海张江为达梦提供 600 平方米免租办公场地之前，冯裕才就已经萌生在上海设立一家子公司的想法。此时的达梦还处在资本危机里，但冯裕才对于这个问题却有着很仔细的考虑。

首先，武汉对于人才的吸引力远远落后于一线城市。改革开放带来的外向型经济让东南沿海获得了快速发展，与之相对的是，到了 21 世纪初，曾经以国有重工业为经济支柱的武汉已经明显跟不上一线城市的发展节奏。单以武汉在全国的城市 GDP 排名来看，自改革开放以来，武汉呈现震荡下行趋势，不仅在大部分时间跌出了全国前十，还几度探及最低位——第 15 名。有几次，冯裕才劝说学生加入达梦，对方谢绝的理由几乎都是更加偏好经济发达的"北上广深"。这让冯裕才意识到，只有在上海成立一个人才"缓冲区"，才能将那些散落在一线城市、有志于从事国产数据库开发的人才重新聚拢起来。

此外，达梦选择从研究所向企业改制，其中的一个原因就是，要想做好软件产品的市场开拓，必须走商业化、市场化运营的道路。虽然位于武汉的达梦公司人员规模已经接近上百，但人员构成依然以华中科技大学的老师和学生为主，他们在学校有教学任务、科研任务和职称评定需求，这就导致他们不可能把全部的时间精力放在公司。从长远来看，达梦需要一支市场化的团队。如果能够在上海成立一家子公司，完全脱离学校体系，从一开始就招募市场化人才，这会是达梦实行人才市场化改革的一个很好的试点。

并不是所有人都赞同冯裕才的提议。老师们知道，上海的人员和企业运营成本远高于武汉，而达梦只是一家初创型企业，开设一家子公司就等于需要负担更高成本，对于早早开设上海子公司的必要性，老师们有所保留。此外，还有老师担心，上海子公司如果成立，会不会非但没能成为"人才缓冲区"，反而成了人才从武汉跳向一线城市科技公司的跳板。

冯裕才安慰一起创业的伙伴，企业的发展不能只看眼前，如果以五年、十年为断代去规划达梦的发展，在一线城市成立分子公司是刻不容缓的，更何况，张江为达梦提供了600平方米免租场地，这是一个绝佳的契机。

2001年12月3日，在解决完公司注册资本危机后的几个月，达梦在上海注册成立了上海达梦数据库有限公司，耗资20万元对办公室进行了装修，准备开拓华东市场。在为上海团队招兵买马之际，冯裕才最先想到的就是韩朱忠。春节期间，冯裕才回到上海过年，他拨通了韩朱忠的电话，约他出来面谈。

韩朱忠很感激冯裕才在多年之后依然记得自己，但最让他感到幸运的是，冯裕才邀请他加入达梦，共同开发自主知识产权的数据库软件。在外企的近五年时间里，韩朱忠发现，从事大型软件的研发工作才是他真正的兴趣所在。因此冯裕才的邀请刚刚提出，韩朱忠就迫不及待地接受了。春节假期一过，韩朱忠开始交接工作，并在2002年3月正式加入达梦。

以上海达梦为基点，冯裕才希望韩朱忠帮忙动员华中科技大学的校友加入达梦，同时，韩朱忠也开始网罗他工作多年来遇到的技术牛人。

在武汉从事研发工作的邓华虽然家在湖北，但由于爱人在江浙一带，上海公司一成立，他便申请调岗前往上海。李明杰是达梦联合创始人王臻的博士研究生，入学不久，他开始犹豫是该继续攻读博士学位，还是立刻走上工作岗位。冯裕才和王臻十分惜才，他们主动联系韩朱忠，建议将李明杰调往上海参与DM4的早期研发，让他体验一下上海子公司完全市场化的运作模式。一年后，李明杰觉得自己很适合这里，便放弃了继续读博的机会，逐步成为上海达梦的核心骨干。

徐阳是韩朱忠过去工作中遇到的甲方代表，两人合作过一年，彼此都很欣赏对方的技术能力。韩朱忠向徐阳发出邀请，希望能够一起进行国产数据库的研发。数据库的研发难度很高，此时的徐阳很难清楚地预知未来将会遇到怎样的困难，但年轻的他热爱挑战，很快放弃了体制内优越的工作，加入达梦。有过应用开发经验的徐阳进入数据库企业，更能够理解客户公司的需求，深受客户信任。

通过招兵买马，上海子公司的员工在2002年底前增加到7人，他们成为上海子公司的第一批技术骨干，带着从华中科技大学前来上海进行技术支援的几名研究生，一起开始了新一代达梦数据库DM4的前期研发。

对于上海团队，冯裕才采取"用人不疑"的原则。韩朱忠出身高薪外企，跳槽来到达梦，冯裕才保持他的收入水平没有下降；考虑到上海消费水平较高，上海达梦的薪资架构也参考同事们的能力，高度比肩一线城市科技企业的水平。这些举措起到了稳定团队、保持团队竞争力的作用，但对于初创期的达梦也意味着高昂的成本。高薪，让上海团队的同事们既感到压力，也充满了动力。

就在冯裕才决定成立上海子公司的同时，发生的另一件事证明，他对于公司该如何拓展、朝哪些方向拓展有着清醒的认识。

2001年12月10日，DM3在北京通过技术鉴定。同月，国家发展计划委员会[①]批准达梦公司实施国产数据库产业化基地示范工程。该项目计划投资8000万元，国家出资10%，即800万元，其余90%的资金需要达梦自筹。

所谓"产业化基地示范工程"，其实就是要求达梦去进行固定资产投资，建设总值8000万元的数据库产业化基地。武汉市对于达梦拿到这一项目很关注，为达梦争取到了在华中科技大学正南6公里、位于汤逊湖东北岸的一块地，拿地价格低至8万元一亩。几年后，华中产业园在汤逊湖畔建成，同样隶属于华科产业集团的华中数控、天喻信息等企业相继在这里盖好了自己的办公场地。

地价8万元一亩，这是一个只能存在于历史记忆里的"白菜价"。但建设产业园和成立上海子公司可大不相同，后者的场地免

[①] 2003年3月，国家发展计划委员会改组为国家发展和改革委员会。

租、人力成本按月支付，以现在的眼光来看，这是标准的"轻资产运营"；而大兴土木建一座产业园，属于"重资产"的范畴。冯裕才还记得，在20世纪90年代，计算机行业最早的创业明星史玉柱，就是因为贸然进入地产领域、建设高达70层的巨人大厦导致资金链断裂。此时此刻，达梦公司的注册资本是东拼西凑将将凑齐的，实际账上资金只有1000多万元，背上高达500%的资产负债率去建产业园，冯裕才本能地嗅到了风险。

无奈之下，冯裕才一度想把800万元退回去，但求助无门，只能硬着头皮将资金投入到了新一代产品的研发中。三年后，项目迎来了验收，此时国家政策已经从原来的"支持固定资产投资"转变为"支持以科研投入为主"。得益于对国家发展方向的理解与判断，更愿意把有限的资源投入研发的冯裕才踩中了政策的节拍，达梦以数据库项目顺利地完成了湖北省发展改革委员会的验收。

这时冯裕才已经明确了达梦的三条核心经营原则：第一，公司不能被外来资本控股；第二，不做自己不熟悉的事；第三，不盲目进行扩张。这三个原则伴随达梦后续十多年的发展，达梦即使步速缓慢，也始终心无旁骛。

就在上海团队成型后不久，2002年8月，达梦又在北京注册成立了子公司。北京市场前景广阔、销售渠道完善、推广活动繁多，立足中关村的北京子公司成了达梦产品推广和企业宣传的前沿阵地。

上海和北京两个子公司的建成构成了达梦全国布局的两个基准点，它们弥补了武汉在城市区位上的不足，加快了达梦数据库产品市场化和商品化的步伐，对达梦公司增强市场竞争力、树立企业品牌起到了巨大的推动作用。

很快，上海达梦就将"受命于败军之际"，并一举奠定其在达梦体系中当之无愧的研发中心地位。

从校园文化到企业文化

上海子公司在达梦内部打造了一个完全市场化运作的样本，吸引了部分外部人才的加入，但从达梦的员工构成来看，公司依然有着很浓重的"学校气息"。一个数字印证了这一点，2002年7月，达梦的员工数量达到了150名，员工中有85%是华中科技大学的师生。反观当时社会上已经发展得很成功的校办企业，如东软集团、清华同方等，外招员工占绝大多数。校园文化突然闯入商业世界，难免会遭遇水土不服，这也成了很多校办企业不得不面对的问题。

随着公司的招聘，达梦的员工陆陆续续变得多了起来。一天中午，销售团队相约一起出去吃午饭。饭吃到一半，冯裕才恰好路过饭店，也进来与大家同坐一桌。冯裕才点了一份饺子，餐毕结账时，冯裕才把自己的饺子买了单，自顾自地朝公司走去。老总的这一举动让销售团队成员大为惊讶。做销售工作需要经常在外奔忙，员工很少有与冯裕才直接交流的机会，而销售又是一家公司进账的最大保障，难得一个团队建设的机会，冯裕才作为公司的老板，即使不慷慨买单，也应该多和员工们叙叙家常，而此时的他却表现得有些"不近人情"。

二十年后，冯裕才已经记不起这次小风波。他分析，自己急急忙忙赶回公司可能是因为常年有午休的习惯。至于在饭桌上人情世故做得不周全，冯裕才坦陈：一来，学校出身的自己确实不了解颇具"江湖气息"的销售文化;二来,凡是生活中遇到吃饭、散步、乘车这类大脑可以在保持清醒的状态下放空的机会,冯裕才便会把时间全部用于思考"产品应该怎样提升""公司应该如何发展"这类战略性的问题。他没有把关注点放在人情交流上,自然也忽视了便餐背后的团建意义。

整个2002年,冯裕才一闲下来,脑子里考虑最多的问题就是:达梦应该如何从校园文化走向企业文化。

他拿出学者的认真精神,将校园文化和企业文化在目标、价值观、人员要求、管理风格等九个维度上的不同一一列了出来。"要想管理好企业,必须建立符合现代企业发展的企业文化,任何不适应企业发展的观念都要摒弃。""学校文化的核心是理论、学术水平、科研成果,而企业文化的核心是实现企业价值最大化,追求盈利和效益,两者是截然不同的两种观念。"2002年华中科技大学科技产业工作会议上,冯裕才在题为"论企业文化与校园文化"的发言中做出了上述表述。

冯裕才用很开放的心态尽量主动地去接纳企业文化。

达梦的高级副总经理林枫还记得一件事。2003年加入达梦后,林枫从事了很长时间的人力资源工作。2005年秋天,达梦在华中科技大学组织了一场招聘会,会上收取了应届生投递的简历,并为应聘者组织了笔试和面试。在一众应聘者中,一名姓曹的学生的笔试和面试成绩都很优异,林枫向他发放了录用通知,邀请他来公司签约。

就在签约当天,曹同学为难地找到林枫,告诉她:"不好意思,有件事情我得跟您说一下,我其实不是华中科技大学的学生。"林枫愣了一下,不过还是示意他说下去。原来,曹同学实际考取的是武汉一所商贸学院的外语专业,他不喜欢这个专业,索性跑到华中科技大学,选择自己最感兴趣的计算机专业旁听了几年。在达梦举行招聘会时,他也报名参加了笔试。在他看来,如果没能通过笔试,是理所应当的,来尝试一下没什么所谓。可是,他偏偏通过了初选。

"现在你们准备录用我,我一定要把实情告诉你们。如果你们还愿意录用我,我就来;如果你们不想要我,我也能接受。"

人力资源部最初的决定是不录用这名应聘者,原因很简单:曹同学放弃了在本校的学业,在华中科技大学的旁听也没有任何手续,此时的他只有高中文凭。对于脱胎于研究所的达梦而言,让高中文凭的应聘者入职,是难以想象的。

冯裕才知道这件事后感到不可理解,他问人力资源部的同事:"这样的学生为什么不录用?"在入职之前坦白了实情,说明这个人人品没有问题;能够旁听华中科技大学的课程,做专门出给计算机学院学生的测试题,并且拿到的分数比很多华中科技大学的学生还要高,说明这个人的头脑、自律性和学习能力都很强。"我们是在做企业,我们需要这样的人。"

学校与企业的社会职能是不同的:学校注重基础化研究,属于"成果上游";企业则注重产品研发、商品销售,是"成果下游"。学校培养的是"人材",偏重于知识的获得;企业要将"人材"锻炼成"人才",偏重于通过创造性劳动对社会做出贡献。一味地按照学校的评价标准去录用员工,反而可能让达梦错失合适的人选。冯裕才亲自去和曹同学交流,将他录用进了公司。

这名员工在入职后的表现可圈可点,薪资也逐渐涨到与达梦硕士文凭的员工处于同一水平线。在达梦工作的近四年时间里,他通过自学取得了本科文凭，并考取了研究生，最终为了读研而从达梦离职。

林枫对于此事印象深刻，尽管那时的她也刚刚入职不久，但她已经能感受到，冯裕才在用一种开放的心态来运营这家企业。

冯裕才在华中科技大学科技产业工作会议上总结的企业文化与校园文化的差异，其正确性已经被诸多管理学家的观点证实。然而，知道一家企业"应该"变成什么样子，并不等于已经找到了让企业变成这样的方法。冯裕才像审视数学模型一样，找到了达梦需要做出调整的一部分"自变量"，但是很显然，这并不足以为达梦装上火箭助推器。

二十多年来，帮助达梦避过或者碾过一个个发展险坑的，不是西方管理学教材上的那些高深理论，而是冯裕才作为学者所擅长的逻辑本能。运营企业可能遇到的种种问题，在冯裕才眼里就好像在国防科技大学恶补数学时摆在他面前的那本《吉米多维奇数学分析习题集》，4000多道数学分析题，看起来无从下手，但只要遵循逻辑和原则，总有机会化繁为简、化险为夷，形成一套达梦的方法论。

就在达梦艰难地实现公司化转型时，2000年前后，脱胎于高校、研究院的数据库团队也纷纷选择成立公司，以一种商业化的姿态迎接奔涌而来的21世纪：1999年6月，人大金仓信息技术股份有限公司成立，主打产品为Kingbase数据库；2000年12月，北京神舟航天软件技术有限公司成立，主打产品为神舟数据库；2004年5月，天津南大通用数据技术有限公司成立，主打产品为GBase数据库。

回顾二十多年的数据库企业化发展历程，中国的数据库企业更多呈现出了一种竞合关系：在少部分项目上，几家国产数据库企业毫无疑问地存在竞争；但放眼整个中国数据库市场，在很长的历史时期内，所有国产数据库的市场占有率加在一起还仅仅是个位数，这也就意味着，面对国外数据库的虎踞龙盘，更多的时候，所有的国产数据库企业都是一个战壕里相濡以沫的战友。

几乎在大家携手迈向市场的同时，国产数据库即将迎来一次影响极为深远的技术路线分蘖。

第六章

分水岭：
一场技术路线的决战

开源数据库来袭：六年冠军突然垫底

1970年，供职于IBM的埃德加·科德发表论文，关系数据库模型为世界所知。三年后，加州大学伯克利分校的两名学者迈克尔·斯通布雷克（Michael Stonebraker）和王佑曾读到了科德的论文，开始了关系数据库的研究工作。他们的项目被命名为交互式图形获取系统（Interactive Graphics and Retrieval System），取每个英文单词的首字母或前两个字母，项目名称被定为Ingres。

Ingres属于学校科研项目，与IBM推进的关系数据库项目System R不同，Ingres的代码是开源的，影响了包括Informix、Sybase、SQL Server在内的诸多知名数据库产品。前文介绍过，北京大学在成立计算机系数据库教研室后，也对Ingres的代码进行过研究，这为北大的数据库科研奠定了基础。

1982年，Ingres创始人之一斯通布雷克离开大学，创办公司专注于推动Ingres的商业化。很快他发现，开发于20世纪70年代末和80年代初的Ingres已经呈现出一些问题。1985年开始，斯通布雷克启动了一个新计划，将新设计的关系数据库系统的代码库与Ingres完全分离。新项目属于Ingres的后续计划，因此在名字上加上了一个表示"后续"的英文前缀"post-"，命名为Post-Ingres，简称Postgres。1988年，Postgres发布了原型版本，并在此后不断迭代，直到在4.0版本终止。

虽然斯通布雷克主导的Postgres项目终止了，但是由于其遵循十分宽松的BSD许可协议（Berkeley Software Distribution License），开发者们有权获取Postgres的源代码进行继续开发。1994年，加州大学伯克利分校的两名研究生将SQL语言解释器加入代码，开发出Postgres95。1996年，该项目被重新命名为PosrgreSQL（简称Postgre），以显示其对于SQL标准的支持。

在PostgreSQL依赖开源协议完成SQL进化获得新生的时候，几名瑞典青年也决定自己开发一个支持SQL语言的数据库软件。1995年，MySQL AB成立。"AB"在瑞典语中代表"有限公司"，公司的名字就在宣称，他们要开发一款"属于自己的"SQL数据库。同年，MySQL原型版本发布。此后，MySQL不断迭代。2000年，MySQL团队决定公布源代码，采用另一个开源协议GPL许可协议（GNU General Public License），进入开源领域。

21世纪初，PostgreSQL和MySQL相继进入中国。

距离达梦公司成立已经过去了三年，但达梦数据库软件实现产品化、产业化销售的梦想依然遥遥无期。一直从事销售工作的孙羽彤在2001年末加入公司，这与达梦第三代数据库产品DM3通过鉴定的时间基本重合，据她回忆，自己并没有售出过DM3。

销售乏力意味着公司收入十分有限。值得庆幸的是，达梦在国家"863计划"的数据库评比中一直表现优异——从1997年初次举办评比以来，达梦连续六年在评比中高居榜首。排名第一就意味着能够获得国家千万级科研经费的支持，虽然每年经费高低不一，但它已经成为达梦维持财务健康的一笔重要现金流入。

2003 年的"863"数据库评比即将开始，这一年，数据库软件评比的方式发生了改变。从 1997 年起，评比就采用招标评标的方式进行排名：专家验收、评议、打分，根据各家数据库团队的得分决定排名。2003 年，国家开始推行"以测代评"。

所谓"以测代评"，就是由专门的团队开发测评软件，让待评数据库运行在测试环境下，根据测试数据得出软件的评分。这样的改变好处是显而易见的：历次参加评比的评委通常是我国计算机领域的专家，但以人来判断软件的好坏，依然是具有主观性的；软件是落地于应用的产品，应用场景考验着软件的各项指标，"以测代评"实际上就是用客观取代主观，最大限度地去还原使用场景，评估软件能力。这对于中国软件的长远发展是十分有益的。

科技部将测评工作交给了中国电子信息产业发展研究院（CCID，简称"赛迪"）下属的中国软件测评中心和清华大学软件学院。对两家单位来讲，第一次从事数据库测试工具的开发也是具有挑战性的。除了对数据库符合 SQL 标准进行测试，测试设计团队还将另一个重要标准纳入了考量，就是 TPC-C。

TPC-C 是国际事务处理性能委员会（Transaction Processing Performance Council，简称 TPC）制定的关于商品销售的订单创建和订单支付等功能的基准测试标准，是数据库联机交易处理（OLTP）系统的权威基准测试标准。它模拟了一个拥有若干个分布在不同区域的商品仓库的大型批发商，每个仓库都要在严格的交易标准下完成订单的生成和记录，最终测试得出的数字，就是指一个数据库管理软件在性能上可以按照相关标准同时处理几个库的交易数据。

TPC-C 并不是一项简单的能够轻轻松松"刷"高"跑分"的测试。它很科学地并没有给出强制的软硬件配置，只是给出测试规范和各种审计检查限制标准。在此之上，所有数据库厂商可以根据自己的特性充分调优来拿到一个最好的性能或性价比。换句话说，TPC-C 测试很考验数据库软件的架构平衡内部资源的能力，成熟与不成熟的数据库在 TPC-C 测试中的表现可能会出现天壤之别。

即使是达梦最新一代产品 DM3，在架构上也依然存在很多问题，这也是冯裕才组建上海团队的一个原因——他希望上海团队能够以完全商业化的管理方式利用市场化的人才，重新为达梦数据库搭建架构，但这项工作需要时间。面对测评方式的改变，让冯裕才比较安心的是，达梦团队的技术在全国范围内依然是具有领先优势的，不出意外的话，这项优势能够帮助达梦再一次取得不错的成绩。

2003 年的"863 计划"数据库测评 4 月 15 日起在北京举行[①]，由于测评方式的改变，测评周期也相应地变长了很多。5 月 31 日，在一个半月的测评终于落下帷幕之时，达梦过往的所有荣耀在成绩揭晓的一刻瞬间破灭：达梦的竞争对手们将 TPC-C 的测试结果提高到了 40 以上，也就是说可以按照测试标准支持大约 40 个仓库的商品交易，而 DM3 的测试结果只有 37 个库。

六年"状元"达梦数据库在 TPC-C 测试中落后，综合排名垫底，总计 3500 万元的经费被分配给了其他三家单位。颗粒无收对达梦而言是一个巨大的打击；更让达梦人百思不得其解的是，为什么几个对手的数据库在这么短的时间里同时获得了巨大的提升。

---

① 杜小勇、王建民：《国产数据库在 21 世纪的进展综述》，《中国数据库 40 年》，清华大学出版社，2017 年 10 月。

就在数据库测评进行的同时，刚刚在华南地区肆虐的 SARS 病毒已经潜入了北京，在这座超大城市的居民体内进行着自我复制。在疫情最为严峻的 4 月，整座城市充满了未知的恐慌，"封城"传闻在民间散布，世界卫生组织将北京列为疫区，原本车水马龙的大街上，如今麻雀可以恣意地落下歇脚。

尽管北京疫情肆虐，夺走了不少生命，达梦人还是放心不下测评结果。组织测评的赛迪提出，如果对评比结果有疑问，可以前来北京进行核实。达梦总工程师吴衡左思右想，决定带领几个技术人员赶赴北京。"那时候我们没有办法，可以说是冒着危险去验证一下。"吴衡说。达梦必须知道到底输在了哪里。

来到北京，吴衡才总算搞清楚对手数据库性能指标爆发的原因。原来，涌入中国的开源数据库已经被其他国产数据库厂商注意到，其中 MySQL 由于功能比较单一，不适用于如此大规模的测试，而发迹于加州大学伯克利分校、有着二十多年技术积淀的 PostgreSQL 成了拿来用于改造的最好选择。虽然 PostgreSQL 在成熟度上无法比拟那些已经在市场上商用的数据库产品，但是由于科研属性，它对于各种标准的支持度非常高，事务并发性能也相当不错，换句话说，PostgreSQL 可以非常好地适配国家测评的"考试大纲"，因此依托 PostgreSQL，不必吃透所有代码，应用了开源系统的国内数据库厂商也可以在测试数据上与达梦迅速拉开差距。

十多年后，已经是达梦总架构师的韩朱忠回忆起 2003 年的那次测评，心态更为平和。他认为，采用 PostgreSQL 参加测评的几家国产数据库公司对于源代码也进行了有效的加工：例如，PostgreSQL 原本是多进程架构，友商将它改成多线程架构，希望这样可以提升软件性能；PostgreSQL 本不支持 Windows 系统，友商将它移植到了 Windows 上。韩朱忠认为，这些工作有其意义，基于开源代码去进行数据库研发是一条捷径，在特定条件下，这是一个合理的选择。

不过，让 2003 年的冯裕才难以理解的是，"863 计划"设立的初衷，就是希望能够通过国家资金为重要的科技领域实现自主技术突破提供支持。对于数据库这样关乎国家信息安全的软件产品，一旦使用了国外开源的数据库核心，就不得不面临一连串的问题：这样的技术路线，安全性能否得到保障？能否帮助国内企业掌握核心技术？能否为我们国家培养出掌握核心技术的人才团队？

这些问题用一句话概括就是，采用开源数据库核心的选择是否符合"863 计划"的初心。冯裕才专门找到一位该领域的权威专家，与他讨论这个问题。对方的答复很干脆："大家都用这个资源，你们不用，活该！"

事实上，国家一直没有政策文件规定基于开源代码开发的软件有悖于"863 计划"的初衷，法无禁止即可行。一个严峻的问题摆在冯裕才面前：如果达梦不能在 2004 年的测评中力挽狂澜，公司将再度面临无米下炊的境地。达梦是否要像其他国产数据库公司那样，拥抱国外开源数据库软件？留给达梦的时间还够吗？

达梦再一次站在了十字路口。

背水一战：性命攸关的一次测评

多年以来，达梦人形成了一种共识：数据库是否要坚持自主原创，这不是一个技术问题，而是一个"主权"问题。"主权"问题是不能被拿出来讨论的。

往大了说，这是一种"产业报国"的情怀：达梦人知道，一个国家需要自主知识产权的数据库，即使这个数据库并不是市场用户的第一选择，但一旦中国的信息安全受到威胁，这个数据库可以迅速站出来，成为为国家信息主权兜底的安全网，让中国企事业单位有可靠的数据库可用。

往小了说，这是一种"护犊情深"：达梦数据库即使在测评中垫底，也是达梦人一行一行代码敲出来的。如果因为被开源打败过，就转而拥抱开源，那么达梦多年的努力坚持、技术积淀都将化为乌有；更何况，研发关系数据库并不是一项无法完成的任务，诸多国外厂商都开发出了产权自主、市场表现优异的数据库软件，这条道路别人走得通，理论上，达梦也有走通的机会。

因此，放弃自主研发、走开源路线的"选项"，没有经过太多的辩论就被达梦抛弃。那么剩下的问题便只有一个，依靠达梦自身技术，如何迅速将新产品研发出来，在测评中打败开源数据库。

2002 年，在韩朱忠加入上海达梦不久，他就前往武汉查阅过 DM3 的源代码。三个星期后，他总结出，DM3 没有脱离早期的架构，有许多局限性。

最大的问题是语言处理能力。DM3 采用人工来编写解释代码，这已经是一种非常低效、原始的方式，市面上已经有自动化的工具，例如通常一起使用的 Flex 和 Bison，可处理这部分工作。

另一个比较严重的问题是，根据关系数据库鼻祖科德提出的准则，关系数据库中的元数据也必须关系化，支持 SQL 语言查询，而这套机制是 DM3 所缺乏的。

此外，DM3 在多 CPU 兼容能力、并发处理能力、事务处理能力、数据持久性等功能属性上也存在无法弥补的问题。用现在的眼光来看这些技术,似乎是很容易达到的,但是在新世纪之初的那几年,攻下每一个技术山头,都耗费着软件工程师的大量心血。换句话说,如果达梦的后续产品在此基础上继续发展,空间十分有限。

从技术角度来看,从 CRDS 原型一路发展至 DM3,这一系列的产品演进有很大的历史意义,例如 SQL 语言标准的支持、接口的支持,都经过了很多尝试,也积累了长久可以借鉴的经验。但是 DM3 依然是一个实验室的研究成果,不具备产品化、商业化、产业化的条件。达梦作为一家公司想要走出校园、走入商业社会,其产品走出实验室、走向商业研发也是必须经历的,归根结底,是要拥有一款工业级可用的数据库管理软件产品。

冯裕才心里也很清楚,DM3 的架构已经相对落后。DM3 通过鉴定后部署了一些试点应用,公司客户服务部门陆续收到了部分试点的反馈,发现有些问题是不动架构无法解决的。这也印证了韩朱忠对于 DM3 的判断。

韩朱忠返回上海后便带着团队开始了新一代数据库 DM4 的设计,新版数据库将原有架构推倒重建。有了 DM3 的前车之鉴,上海团队在搭建 DM4 的底层架构时有意识地规避掉 DM3 呈现出的问题。

一开始,对于 DM4 要在何时面世,冯裕才并没有设置时间表。但韩朱忠比较急切,他希望用两到三年的时间带领团队完成 DM4 的研发,从而实现对 DM3 的替换,尽快帮助达梦在市场上站住脚。上海团队的"求快"心理恰恰反映出市场化团队的好处——韩朱忠和其他几名伙伴很清楚,他们的职业发展已经与达梦公司高度绑定,只有达梦公司能够成功抢滩广大的商业化数据库市场,上海团队的价值才能体现出来。反之,达梦在任何一个时点以任何一种方式倒在了数据库研发的道路上,上海团队都会随之灰飞烟灭。

DM4 采用"搭积木"的方式进行模块化研发,在 2003 年 3 月之前,上海团队已经完成了 DM4 的部分架构设计,包括底层模块、B+ 树、缓冲区管理等程序功能的代码。但是这些零散的模块还不足以凑在一起联动使用。

为了冲刺 2004 年的测评,达梦有两个选择——花时间对 DM3 进行优化,或是全力推进 DM4 的研发。两个选项看起来都有风险:DM3 的天花板在于它的底层架构,如果集中人力全力优化 DM3,却在 2004 年再次输在架构上,达梦的现金流必然断裂;而 DM4 则只是刚刚有一个雏形,性能表现无从预知,未来还有多少开发工作量也难以估量,甚至有可能无法在测评开始前按时完成研发。

2003 年"863"测评刚刚结束的那几个月,这两条路径在达梦内部是并行的。DM3 是以华中科技大学师生为主体研发的,测评落败后,他们便着手 DM3 的优化工作,这一版本被称为"推进版"。与此同时,韩朱忠带着匆匆拼凑在一起的 DM4 原型来到武汉,尝试着运行 TPC-C 测试。最开始的几次测试,DM4 的原型版本还没有跑出结果就已经崩溃了,这让韩朱忠和上海的同事也十分崩溃,他们不断地调试着这款"赶鸭子上架"的产品,终于,第一次跑通了测试。韩朱忠至今记得那个测试结果——9 个库,表现还不到 DM3 垫底成绩的四分之一,更不要说跟竞争对手比了。带着尴尬的成绩,韩朱忠灰溜溜地返回了上海。

此时武汉与上海的两个团队之间已经形成了一种暗暗较劲的氛围:每个人都知道,时间是有限的、人力是有限的,这样武汉、上海分别开发的情形不会持续太久,哪个团队都不希望自己尽心开发的产品最终成为"冲刺跑"中被舍弃的选项。

上海团队对于 DM4 的架构优势十分自信，但想要所有人都认可这一点，他们必须拿出有说服力的 TPC-C 测试成绩。回到上海的韩朱忠购买了一台宝德 2G 内存的 PC 服务器，在这台机器上对 DM4 一点一点地进行调试。随着软件的稳定性被逐步夯实，测试成绩也有了起色，从 9 个库到 15 个库，再到 20 多个库，一路上行……不到两个月的时间，DM4 的 TPC-C 测试成绩已经可以跑到超过 50 个库。这个成绩超过了 2003 年"863"测评中的所有对手，相对于 DM3 的性能表现也提升了 50%。与之相对地，DM3"推进版"的优化工作不尽如人意。DM3 的架构制约了它的表现，在上面修葺再华美的建筑，也难以根本性地改变它的性能。

冯裕才静静地盯着墙上的时钟，秒针嘀嗒作响，提醒着他到了做出抉择的时刻。他闭上眼睛，可以回想起来从 CRDS 到 DM3 每一代数据库产品的研发场景；可当他睁开眼睛，他必须与自己的念旧告别。他是一个企业的管理者，面对企业的生死，没有温情脉脉的选项，他要公正而冷酷地做出决定。如果达梦不能继续存在，过往的坚持与回忆也将变得没有意义。

从人数上来看，上海团队只有不到十人，如果按照"少数服从多数"的绝对民主原则，应当选择优化 DM3 的技术路线，但冯裕才知道，这个选择的后果不是一次简单的技术性能试验，它决定着达梦的生死存亡，这时候是不能讲"民主"的。

2003 年 7 月，我国华中、华东地区持续出现高温天气，武汉的气温最高达到 40 摄氏度。达梦公司的气氛也如外面的天气一样焦灼，冯裕才终于宣布：武汉团队立即停止 DM3 的一切后续研发，全面支援 DM4 的开发工作。

为了让武汉团队接受客观现实，冯裕才委托王臻、吴衡两位联合创始人去和每一名参与过 DM3 研发的老师、学生倾心以谈，说服他们顾全大局支持公司的决定。冯裕才则起身前往上海，他要动员上海团队前往武汉与研发大部队会合，并在项目期内长期驻扎武汉。

掐着指头算起来，此时距离 2004 年的测评只剩下七个月的时间。

突击研发：七个月孕育新版数据库

上海团队的成员有人刚刚结婚、有人孩子还小，在家庭的羁绊下，一下子要出差七个月不是一个让人很容易接受的决定。可是两天后，所有人都开始收拾行李，准备沿江而上，赶赴武汉。

涌动在他们胸中的情绪，一言以蔽之，是一种特属于青年人的侠气。"立谈中，死生同，一诺千金重。"正如古人诗词中刻下的豪迈，青年人意气相投、肝胆相照，蕴藏在他们体内的强大生命力很容易被外在的艰难险阻一股脑儿地激发出来。

这是一种职业精神。达梦和冯裕才从未在待遇上亏待上海团队，因此当公司突然被开源数据库逼到了生存边缘，如果这支小小的技术团队是达梦兵器库里最后的武器，他们应当在交锋与淬火间耗尽全部光热，飞鸣镝。

这也是一种专业精神。正在开发的 DM4 是这个团队所有智慧的结晶，他们笃信的不仅仅是 DM4 可以在 2004 年的测评中击败所有使用开源数据库代码的竞争对手，他们笃信的更是一条道路——只要投入智慧和努力，中国的软件团队与西方的之间并没有天然的技术壁垒。因此，完成 DM4 的研发，不是一道解析题，而是一道证明题。

韩朱忠回忆，当时的研发人员都憋着一口气，首先是对竞争对手的"拿来主义"感到不平，同时也铆足劲儿一定要开发出一款能够与之抗衡的全自主知识产权数据库。为了完善产品，他们不仅研究开源数据库 PostgreSQL、MySQL 的代码，还参考 Oracle、SQL Server 等商用数据库的技术材料和使用表现。

冯裕才在华中科技大学校园内为上海团队租了一套房子作为宿舍，但他们更喜欢打地铺睡在公司的会议室。在上海团队成员的眼里，尽管从公司到宿舍的距离只有一公里，但在研发进入推进期后，每天往返这段距离的时间也宝贵得不能被随意浪费。

上海与武汉的研发团队融合后，上海团队主攻 DM4 的核心研发，武汉团队负责外围接口等客户端的开发及测试、文档记录等其他工作。研发周期紧迫，一旦测试团队测出了涉及软件核心架构的问题，开发团队必须连夜对问题进行调整，否则就会影响第二天的推进。

冯裕才深知团队的辛苦。在炎热的夏天，公司向研发人员提供西瓜、绿豆汤等解暑食品。每天早晨，冯裕才还会赶到办公室，"撵"着年轻人去操场上运动，打篮球、踢足球。他不希望研发人员一头扎进代码而忽视了身体素质的锻炼。

研发虽然在按部就班地进行，但也并非一帆风顺。早在 2003 年 5 月，韩朱忠和他的同事们就将 DM4 在 TPC-C 测试中的表现提高到了 50 个库，然而此后的半年，虽然研发工作在继续推进，测试成绩却没有继续飙升，而是卡在 60 个库久久升不上去。从表现来看，此时的 DM4 还不能很好地支持多 CPU 架构，并发冲突导致测试性能遇到瓶颈，但是研发团队找不出问题具体在哪儿，只能一边查资料，一边提出新的优化方案不断尝试。

2003 年 11 月的一天晚上，几个人围在一起消除了一个 B+ 树并发冲突，工作完成时已经到了晚上 11 点。由于夜色已浓，大家让程序自动进行 TPC-C 测试，便钻进了被窝儿。

韩朱忠躺在清冷的夜色里，脑中回顾着刚刚消除的那个冲突。数据库管理软件由几百万行代码组成，但是在韩朱忠的脑海中，DM4 不仅是密密麻麻的代码，更像是一台有形的、零件精密的巨型机械。之前做过的每一点缝缝补补，都是在为这台机器更换齿轮、矫正系数，而刚刚修复的那个冲突，有可能是一次重大的性能升级。

运行着测试程序的电脑发出咔咔的轻微声响，那是内存和处理器高负荷运行测试程序时发出的声音。此时，韩朱忠脑中的那台机器已经风驰电掣、齿轮呼啸。好奇心驱散了睡意，他越来越兴奋，爬起来看了看时间，已经快要半夜两点了——TPC-C 测试大概是跑完了。韩朱忠披了一件衣服，起身来到电脑旁。他长长地吸了一口气，按开了显示器的开关，那种感觉就像是在拆一封等待多时的来信。他快速地滚动鼠标，找到测试结果——110 个库！这一数字几乎是 DM3 成绩的 3 倍，相当于每秒钟可以处理超过 40 笔交易。

韩朱忠按捺住欣喜，没有摇醒熟睡的伙伴，第二天一早，他们会亲眼见证这个好消息。他知道，这是转折的一夜，DM4 研发中最难的阶段已经过去了。有了这个成绩，DM4 在第二年测评中的表现就有了保障。

纵观整个开发历程，武汉团队的周博明和罗斌在 DM4 研发和测试中投入了大量精力，他们逐步成长，成为达梦重要的技术中坚。来自华中科技大学数据库研究所的许多老师也为 DM4 做出了许多贡献。

然而不可回避的是，即使DM4成果初现，对于很多参与过DM3开发的师生而言，放弃DM3、集中开发DM4的决定依然是他们心中的一块伤疤。DM3的软件生命周期戛然而止，仿佛夺走了他们"孕育"的孩子。在达梦最需要支持的这几个月，他们放下了个人计较，顾全大局，参与DM4的研发工作。但在突击式的开发结束后，一部分老师回到了学校。冯裕才至今认为，这部分老师的流失对达梦而言是一个损失。

对于很多参与了DM4研发的年轻人而言，这是一个不可多得的机会。在成熟的软件大厂，复杂的软件编写被分割成一个个小的单元，程序员如同流水线上的工作者，精专于自己手上的工作，很少有人可以如此完整、宏观、深入地参与到如数据库这样大规模软件的全景式研发中来。回顾整个DM4的研发过程不难发现，即使是上海核心研发团队的成员，也并不是天生的数据库行家，正是在不断发现问题、解决问题的实践中，他们逐步习得了数据库管理软件的精髓。从DM4推出以后，上海达梦不断自我否定，大幅调整产品架构，开发出了分别以DM5.6和DM7为起始的两代新产品。

无须对比国外，21世纪以来，国内许多研发团队比2003年的达梦享有更好的经验、技术和物质条件，但沉下去对高难度的基础软件进行研发，并带着可以商用的产品重新进入大众视野的案例，少之又少。重新梳理达梦的这段经历，我们可以更清楚地剖析出达梦能够不断实现自主研发的一个至关重要的因素：始于校园的那份初心与坚持。

毫无疑问，达梦是一家企业。自注册成立的那天起，冯裕才就在思考达梦的商业化转型之路。但在产品研发，特别是数据库产品研发上，达梦的运作模式更类似于一家学术机构。在上海团队每一次进行架构级的新产品研发时，冯裕才都给予了完全的信任，他让这个团队自主制订工作计划、工作任务，并自主检测工作质量。这样高度宽容的上下级关系，已经很难说是一种企业行为。也就是说，与其说冯裕才是上海达梦的"老板"，倒不如说他是一名"博导"。

在上海达梦团队内部的管理方式上，韩朱忠"继承"了冯裕才的宽容，推行着一种高度平等的团队协作关系，为员工提供广阔的技术发展空间。这样的环境可以让人才快速成长，并且进一步形成创新研发能力。数据库不是那种可以"短平快"地获得收益的软件，投入、耐心、坚持尤为重要。其他的计算机基础软件、基础技术的研发也是如此。

2004年的春节是1月22日。赶在春节前，DM4的研发终于完成。从2003年7月到2004年1月，突击开发整整持续了七个月。没有休息、顶住压力、忍受思念，平心而论，这不是一段让人欣喜的时光，但却是值得达梦人永远记得和自豪的时光。经历过这七个月的达梦人每每回忆起来，总是眼光闪烁、面带笑意，倾诉苦涩岁月里的激情。人们声称的最美好的岁月其实都是痛苦的，但他们事后回忆起来，会有一种不一样的幸福感。

每年的"863"测评都在惊蛰前后，按照传统文化的理解，惊蛰即"万物出乎震，乃生发之象"。2004年的春天，春雷乍动，生机盎然。"名不显时心不朽，再挑灯火看文章"，达梦带着落败后一年的积累，进京"赶考"。

以技术实力回应怀疑

2003年对达梦而言就像经历了一次漫长的日食，黑暗突然袭来，让人找不到方向，可阳光很快重新照耀大地。

2004年2月起，新一年的"863"数据库测评紧锣密鼓地展开。测评人员很快发现，达梦公司参评的新版本数据库DM4在性能表现上较之前一年有了巨大的提升。让很多人疑惑的是，即使使用开源代码参与测评已经不是"863"的禁忌，达梦依然宣称DM4是全自主研发的。自主研发的数据库性能达到如此的水平，这可能吗？

4月，冯裕才启程前往北京参加一个会议，在火车上，他接到了科技部高新技术发展及产业化司副司长的电话，对方在电话里告诉冯裕才："有人说，你们的新系统像是有开源的影子。"

这时，测评成绩还没公布，听了这句话，冯裕才心里反而有了底：别人不相信DM4是自主研发的，那一定说明DM4在测评中的表现非常好。有了这份底气，冯裕才淡定地回答："司长，我如果要写一篇论文，不可能连文字也要重新发明一遍！写文章肯定要参考很多文献，但是参考文献跟抄文献是两个概念。"

虽然还不知道达梦的最终排名，但火车上的冯裕才心情已经变得轻快起来。

果不其然，就像达梦团队所预测的那样，DM4架构的改变使其性能大幅提升，不仅远远超过了DM3、战胜了其他几家数据库公司基于PostgreSQL源代码改进而成的数据库，甚至在前一年遭遇滑铁卢的TPC-C测试上，与微软SQL Server 2000在2003年9月份的测试表现基本相当，明显优于Oracle 9i在2001年至2003年间的多次测试表现。业界都知道，SQL Server 2000与Oracle 9i开发周期约为两年，达梦只用七个月的时间开发出同等性能的产品，这自然引发质疑。

关于DM4，韩朱忠回忆，当时坊间出现了多种传闻。一种声音认为，达梦也应用了诸如 MySQL 和 PostgreSQL 这样的开源数据库代码；另一种则更像是天方夜谭，有人怀疑，达梦依靠多年为国家部委方提供技术服务的优势，从特殊渠道拿到了 Oracle 的源代码。

2005 年春天，国家信息产业部在北京组织召开了一次国产数据库研讨会，国内数据库领域的一些知名学者和国内四家数据库厂商的代表参加了会议，会议的议题是为国产数据库制定未来的测试大纲。席间，针对 DM4 的原创度，一名专家向冯裕才提出了一个尖锐的问题："冯老师，难道达梦的系统真的都是你们自己研发的吗，没有使用开源代码吗？"

自冯裕才从事国产数据库研发以来，外界对达梦的原创度屡屡提出质疑，这既不是第一次，也不会是最后一次。面对大部分的质疑，冯裕才的回答都很淡然，因为他更相信时间可以证明一切，但这一次却略有不同。因为所有针对 DM4 的质疑，指向的都是一年前来自上海和武汉两地的研发人员废寝忘食所付出的心血。冯裕才表面上依然保持着从容风度，可熟悉他的人会从他后面的发言中感受到隐忍的激昂："达梦的代码就摆在各位的面前，大家可以随意检验。如果你们发现，达梦是基于开源数据库研发的，我保证，达梦立即退出这个行业。"

当时国内还没有对大型软件代码进行原创检测的技术，专家们自然不可能用人力去对浩如烟海的 DM4 代码和开源代码进行一一比对。要求软件公司证明代码为自己所写，就如同要求作家证明一本书并不是他人代笔一样，"自证清白"的背后都是基于"有罪推定"。世界上大部分国家的刑事司法都采取"无罪推定"的原则，最大的原因当然是出于保障人权精神的考量，不过从严谨的逻辑学角度，"无罪推定"也具有合理性。20世纪奥地利哲学家卡尔·波普尔最重要的贡献便是提出了"证伪主义"。根据证伪主义，如果一个命题不可被证伪，那么无论这个命题多么宏大，它都是没有讨论意义的。

"达梦的核心代码是自主原创的"，这是一个可以被证伪的命题，只要有人从达梦的核心代码中找到使用开源数据库或其他商用数据库源代码的证据，这个命题便不成立，因此这个命题具有讨论的价值。只不过由于人力和科技能力的制约，这个命题还没有办法被进行完整的检验。

但是，"达梦的核心代码是抄袭的"这个命题不可被证伪。即使冯裕才做出"如果用了开源数据库代码，达梦立即退出行业"这般斩钉截铁的保证，质疑者依然可以不断地提出诸如"达梦从国家部委得到了Oracle的源代码""达梦的源代码是向甲骨文买来的"这样的怀疑论调，把庞大的举证责任丢给达梦。"自证清白"的怀疑论背后，逻辑链条实际不堪一击。

2010年后，随着技术的发展，特别是专业开源代码检测工具的投入使用，国内已经有了可以检测软件系统原创度的工具。达梦公司第一时间主动向中国信息安全测评中心申请对达梦数据库管理系统进行"信息技术产品自主原创测评"。2013年4月，达梦数据库管理系统通过该项测评，成为国内第一个获得信息技术产品"自主原创测评证书"的数据库产品。从2017年至2020年，来自国家四个不同部门的五个专家组相继来到达梦，对达梦的软件原创度进行检测。这是一系列全面的检测，多个专家组不止扫描了达梦的数据库源代码，还检查了达梦团队积累的开发文档等历史资料和服务文档，并对研发团队核心成员进行了创新能力考核。大量证据表明，达梦数据库产品的核心源代码原创率达到100%。至此，达梦的自主原创度毋庸置疑。

比起2000年公司诞生时纯粹的资金危机，2003年至2004年的达梦面对的是一场技术危机，或者说是未来技术路线的抉择。在毅然决然地选择全力投入自主产权的DM4数据库研发后，冯裕才和达梦不得不与部分一路从研究所时代走来的同志告别，同时，还要和此前一直并肩走在国产自研数据库路线上的行业同侪告别。从此之后，在自主知识产权数据库研发的道路上，达梦走得更加孤独、更加坚定，也更加自信。

第七章

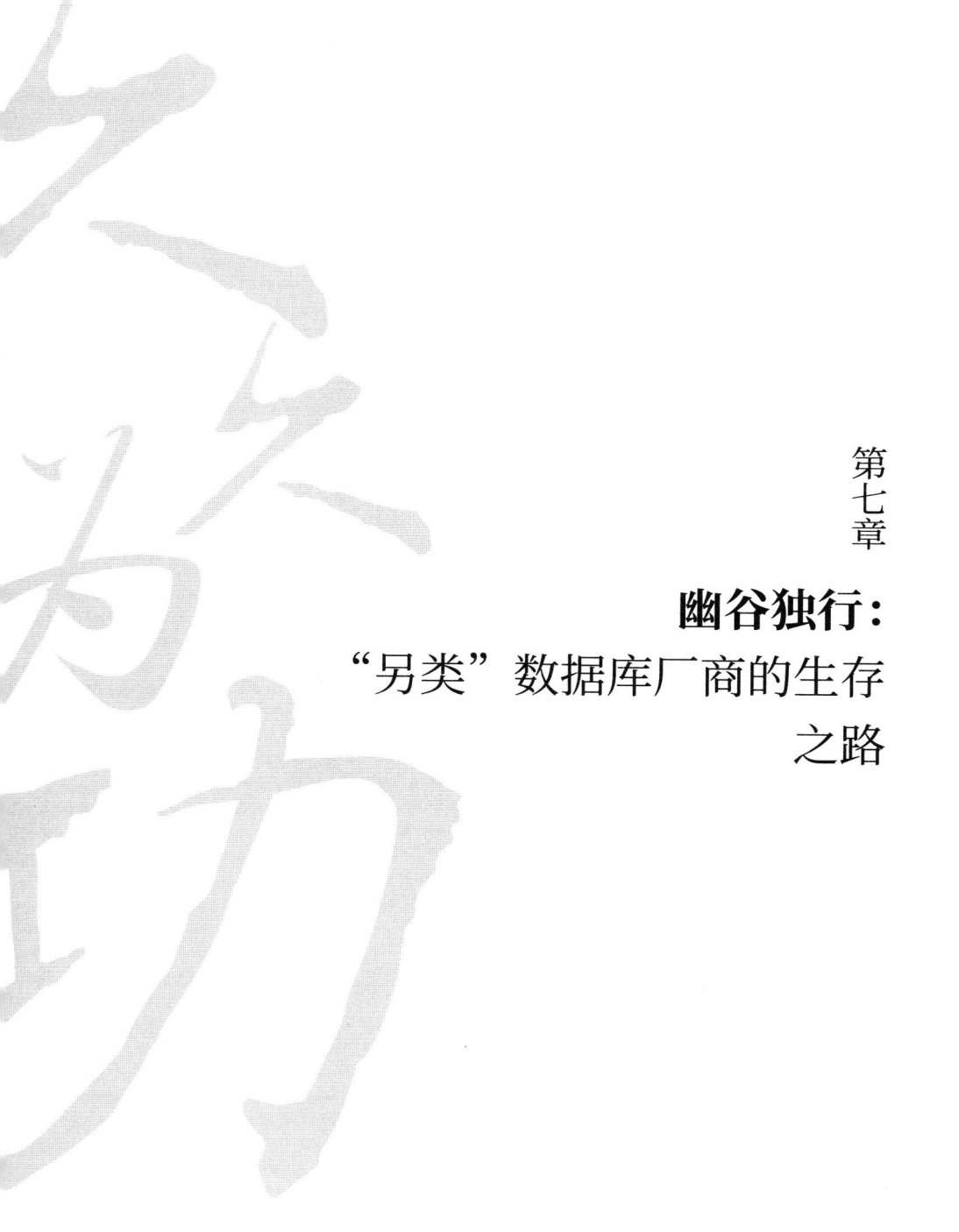

幽谷独行：
"另类"数据库厂商的生存之路

把数据库产品卖出去

2004年9月，武汉还没有从热辣的阳光里透过气来，四个年轻人拖着沉重的行李出现在汉口站。除了他们随身带着的旅行箱包，还有两个巨大的厚纸箱格外显眼。

车站工作人员的目光也被这两个庞然大物吸引住了。自1998年全国铁路第二次提速以来，汉口站就成了我国中部地区的一个重要交通枢纽，这里的工作人员见惯了人来人往。他们不好奇旅客的行李装着什么，但眼睛却像卡尺一般估算着那些大行李的尺寸。检票员拦住了四人，告诉他们这两个箱子体积超标了，不能被随身带上客厢。

胡文博戴着圆圆的眼镜，镜片的厚度会给同事和客户一种莫名的信任感，让人忽略掉他只是一个刚刚硕士毕业两年的技术新人。在炎热的天气里拖拽着巨大的箱子，胡文博已经满头大汗，汗水顺着眼镜的鼻托向下滑。听了检票员的话，胡文博开始和几个同行的伙伴讨论对策。最终，他们接受了工作人员的建议，带着两个箱子走向托运柜台。他们一再地提醒办理托运的工作人员要为箱子进行保价，这另外增加了大约 1000 元的支出。

火车终于开动了。这是一辆绿皮火车，它缓缓地向西北行驶，开向很多人只在古诗里听到过的那个地方——玉门。

自这一年的春节以来，胡文博几乎一直处于奔波之中。2004 年 4 月，那次对达梦而言命运攸关的"863"数据库测评刚刚结束，胡文博就作为技术研发人员从武汉赶往上海，与上海团队共同进一步完善 DM4 的产品形态。在上海出差了一个月，刚返回武汉的胡文博就接到了新的任务——他需要动身前往甘肃玉门进行客户需求调研。

此时的达梦，虽然刚刚推出了新一代架构的数据库管理软件 DM4，在"863"测评中力挽狂澜，获得了国家的研发资金支持，但是在市场认同度上，其处境同几年前别无二致。国外数据库在华的市场表现稳步增长，这让处于同一时代的所有国产数据库都显得名不见经传。客户没有听说过达梦，自然不敢直接采购达梦研发的数据库管理软件产品；集成商没有听说过达梦，也不会将达梦数据库作为整合方案的一部分呈报给客户。

此时的市场上，除了始于 1998 年的华中电力集团财务公司管理系统 CWMIS 和达梦稍显强项的消防领域还在使用着旧版本的达梦数据库，新开发的 DM4 找不到其他的使用机会。因此，想要让 DM4 能够运行在客户的服务器上，达梦只能选择其他道路——自己成为应用项目的集成商，在给用户的打包规划中，把 DM4 列为底层的数据库解决方案。

"外面都没有听说过达梦，这个时候谁最能包容我们的产品？只能是我们自己。"达梦的一名老员工回忆，"我们做集成，就等于是自己做自己的乙方、自己做自己的用户。在这个过程中，我们不断发现问题、完善产品，并且获得市场收入，活下去。"

每一家企业都不得不面临方向与路线选择的问题。在战略层面，冯裕才的坚毅带给达梦的优势是，达梦前行的方向从来都是坚定的，但为了不同阶段的生存需求，达梦的业务结构自然不是一成不变的。此时，中石油旗下玉门油田的物资管理系统有信息化、网络化的需求，达梦对此评估后认为，这一项目与数据库技术高度相关，于是马上派出技术力量，接下了这一系统的从硬件到软件的全套整包方案。

胡文博和他的同事们出差带着的两个神秘大箱子，装的就是他们为此项目采购的两台 IBM 服务器。服务器先被送到武汉，研发人员在上面进行一轮系统安装和调试，试用无误后，再拉到玉门油田的现场进行装机运行。因为担心一路颠簸，达梦的技术人员还要预先把服务器中的硬盘拆下来包装好，放在更为安稳的随身行李里。

一家数据库企业的员工要拖着巨大的服务器赶往用户现场，这就是从事集成开发所不得不经历的尴尬。

到 21 世纪初，中国的信息化管理已经经历了从手工处理到单机计算模式，再到基于局域网的 C/S 计算模式[①]的两轮变革。由于互联网的兴起，公网与企业内网无缝连接已经成为可能，C/S 计算模式正在逐步向 B/S 计算模式[②]转变，这将进一步提高工作效率。

---

① Client/Server 模式，又称为"客户机/服务器"模式，即计算工作分别由服务器和客户机完成。
② Browser/Server 模式，又称为"浏览器/服务器"模式，客户端统一采用 IE 一类的浏览器，通过浏览器向服务器提出请求，由服务器对数据库进行操作，并将结果传回客户端。

也就是说在这一时期，信息化管理模式的迭代改革，必然会在市场上催生一系列的应用开发需求，由此说来，达梦选择应用开发的市场路线在一定程度上迎合了"天时"。

另外，达梦的技术团队还十分年轻，刚刚走出象牙塔不久，活力有余而经验不足，如果只是坐在实验室、办公室里闷头研发，很难真实地理解用户需求。

胡文博记得一件事。当他第一次得知赶赴玉门要开发的是一款物资信息系统时，脑海中自然而然地浮现出一种高效、即时、便捷的使用场景：申请者通过客户端提交物资需求，管理者很快批复，并调拨物资交到申请者手上，同时物资库存量的变动被系统核销，记录在数据库中，而且数字和实际的物资库存量分毫不差。站在广袤的戈壁上，胡文博才发现他之前的想法都是异想天开。办公室、仓库、油田间一般相隔几十公里，一些偏远的油井甚至距离办公室上百公里，因此物资的调配常常是积攒了一大批申请单后统一出库，这也就要求达梦的开发人员考虑用户的实际使用场景，在应用功能上配合相应的需求。

通过总结玉门油田项目的开发流程，达梦的应用研发团队逐步演进、迭代，形成了一套"WM开发框架"。其中的"W"指代"Web"，对应的是B/S计算模式时代下客户终端的载体，"M"指代"MIS"，也就是"管理信息系统"（management information system）的缩写。随着B/S计算模式的大举推进，WM开发框架成为达梦进行终端产品研发的基础框架，并沿用至今。

追本溯源地看，达梦是一家研发软件产品的公司，即使达梦在这期间密集地参与应用开发项目，在项目的选择上也不可能是无所不包的。冯裕才很在意达梦所承接项目的属性，他不希望同事们陷入繁杂的应用开发，从而模糊了达梦的最初定位，因此冯裕才在判断是否要承接一个应用开发项目时，其中的一个标准就是，达梦在这一项目中所扮演的，应该是一个数据库技术的提供商和应用软件产品开发商，而不能仅仅是软件开发的劳动力供应商。

此时，承接应用开发项目能够为达梦带来四个通过其他方式很难得到的生存必需资源：一是通过应用获得检测产品的机会；二是了解用户需求，修正产品的研发方向；三是取得一定的收入，支持达梦的生存；四是通过应用软件的开发形成产品，以便在同类场景中复用。达梦要避免在庞杂的、对主营业务毫无帮助的应用开发项目上浪费精力，尽量从诸多的应用中理出存在共性的产品，这是冯裕才在面对达梦应该走专业化路线还是多元化路线时给出的选择。

即便如此，大量地承担应用开发项目对达梦而言也是充满风险的。从后续发展来看，风险至少来自三个方面。

首先是压款问题。如同在玉门油田项目中扮演的角色一样，达梦在进行应用开发的同时经常承担着集成商的职责，负责帮助客户采购硬件设备。通常，达梦作为项目方要为这样的采购预先垫资，这也就对达梦本不充沛的现金流造成了压力。

其次是利润率的变动。达梦之所以愿意承担现金流风险，涉足硬件领域，一个重要的原因是早期的硬件买卖具有较高的利润率。很多人一定还记得，在个人计算机消费市场刚刚起步的年代，北京中关村、武汉广埠屯均是全国闻名的数码硬件中心，随着 21 世纪前十年硬件利润率从高点慢慢回落，原来人头攒动的数码卖场也风光不再。企业级硬件也是如此。一开始，达梦从硬件中赚到的利润可以很大程度地反哺核心业务数据库的研发，但随着硬件利润率的下降，这种补贴效应显得越来越疲软，也让达梦的业务结构看起来越来越有风险。

最后是人员成本。做应用开发，企业需要根据每一个项目搭配人手。项目的周期通常很长，这也导致并发的项目越来越多，为了解决这一问题，达梦需要不断增加技术人员数量，这也让达梦的成本控制开始变得缺乏弹性。在项目不断涌现的时候，庞大的人力成本不会成为困扰公司的难题，但一旦项目的源头出现断档，公司在几个月内接不到足够多的新项目，达梦的资金链便会被人力成本压垮。

风险就像是南极冰盖上的小小裂纹。如果裂纹一点点变大，最终可能在一声断裂的巨响中，整块冰川会掉落入海，成为漂浮不定的冰山。冰山最终会融化、隐没在蔚蓝的大海中，也消失在所有人的记忆里。几年以后，达梦将不得不正视不断积累的风险，并为之做出改变。

玉门油田项目作为达梦大规模从事数据库相关应用项目研发的起点，充满了宿命般的隐喻。

大约公元前110年，汉武帝开通西域道路，修筑酒泉至玉门的长城，随之设立玉门关。此后的两千余年，在大部分的时间里，对于以中原为主要活动区域的华夏民族而言，玉门关代表的是一片孤悬边疆的荒漠。它存在于王之涣的《凉州词》里、王昌龄的《从军行》里、李白的《关山月》里，但没有人在乎戈壁的风沙将会如何从它身上吹过。只有在外敌来犯之时，中原的人们才想起，原来它也是一座关隘，守卫着中原领土。

此时的达梦，就像是静静伫立在河西走廊西侧的玉门关，中原的人们对它知之甚少。市场风云变幻，如果某一次沙暴让达梦最终风化成了一摊齑粉，人们也不会知道这家公司曾经做了什么。但是在达梦人的心里，在冯裕才的心里，达梦就是一座守卫国家数据安全的卫戍岗，达梦要好好地磨砺，不屈地活下去，市场终有一天能够意识到，原来在他们未曾注目的地方，挺立着一座坚实的边关。

小步快跑中的一次风波

2005年是我国电子政务的实施之年。

在积极推动各地电子政务建设的同时，国务院办公厅下发了41号文件，提出"地市各级人民政府及其各部门需要更换正版软件；凡国内能够生产供应的，要采购使用国产软件"。这一要求，是对刚刚颁布实施两年多的《中华人民共和国政府采购法》中相关规定在电子政务领域的一次明确细化。

从2004年开始，信息产业部下属的软件与集成电路促进中心就邀请了几家国内软硬件企业，尝试研发一套基于国产软硬件技术的完整电子政务解决方案。简单来说，就是打造一款电子政务系统，其中所有能够使用国产软硬件的地方全部使用国产软硬件。

虽然这个时候，部分国产软硬件已经可以实现对国外同类产品的替代，有了一定的性能保障，但是这种替代还停留在"单一替代"上，而不是"整合替代"。所谓的"整合替代"，指的是从芯片，到服务器、中间件、操作系统，再到数据库和办公软件，全部用上国产产品。软件与集成电路促进中心想要做的就是一次"整合替代"的试验。他们邀请的先锋软件、武汉达梦、中科红旗、无锡永中、东方通科技、曙光公司六家国内软硬件企业，都是各自领域的领军企业，而在此之前，这些企业还没有机会坐在一起，进行如此大规模的适配开发。

历时一年，通过协同研发和技术集成，几家企业终于解决了各国产软硬件产品之间的接口、兼容、稳定性等技术难题，在2005年3月首次完整实现了达梦数据库、红旗Linux操作系统、永中Office、东方通中间件和曙光服务器等一系列国产软硬件产品的适配运行。6月29日，在全国政协礼堂举行的"全国产平台电子政务完整解决方案展示会"上，这项整合办公解决方案成果向社会公开发布，并邀请媒体人士前来参观试用。

就在这次发布会上，达梦遭遇了一次风波。此次风波直接影响了未来达梦数据库的产品形态。

一名来自科技媒体的记者在演示机进行试用时，修改了达梦数据库的预设参数，这导致演示机上的DM4出现故障，无法继续运行。发布会结束后，记者在博客上记录了这次事件。由于文章的体例不属于媒体报道，他在撰文时加入了一些个人的主观评价，特别是质疑达梦数据库的可用性。在他看来，达梦连续多年获得国家科技计划的扶持，数据库产品却在一场以"国产电子政务解决方案成功实施"为主题的发布会上"掉链子"，有浪费国家资金的嫌疑。文章随后被推送到了该家媒体的网站首页。

这家科技媒体在计算机领域有一定影响力，活跃用户主要是从事计算机软件研发的程序员。数据库管理软件属于后台软件，不像应用软件、办公软件那样能够直接地与终端用户产生交互，让普通用户能够直观地感受到它的存在，但各行各业的程序员恰恰是数据库管理软件最主要的潜在用户。用现在时髦的话来说，达梦的工程师们辛辛苦苦耕耘了这么多年，第一次在同行面前"出圈"，竟然是因为"出丑"。这让他们十分难以接受。

后来担任达梦高级副总经理的林枫回忆，达梦还没来得及对这次事件做出官方回应，公司的技术人员们已经坐不住了。他们在那条文章下面慷慨激昂地留言，与其他质疑者辩论，介绍达梦数据库研发的不易和性能优势。

　　这群习惯和计算机打交道的技术人员并不知道，他们越是发自内心地维护达梦，在外人眼里，越像是一次有组织却又组织得不够严密的"临场公关"。一个注意到此次事件的网友在个人的技术博客写道："在新闻的回复中出现了太多类似'枪手'的人，张口闭口说达梦怎么怎么好，把问题都归到记者身上。一些内容不顾事实，甚至给人一种气急败坏的感觉。"

　　既然数据库是一门需要积淀的技术，不可一蹴而就，那么就不会有一篇表扬的文章能够让达梦瞬间变得完美无缺这种情况，也不会有一篇批评的文章会让达梦变得一无是处。比起平均年龄还不到30岁的同事，与数据库和社会打了更多交道的冯裕才更清楚这点。他叫停了同事们的"舆论反击战"，告诉他们："达梦数据库诞生在实验室里，走向市场的过程中有人来用、有人质疑，这是一件好事情，要用开放的态度看这件事情。"

　　复盘发布会上记者遭遇的那次故障，直接原因自然是记者的误操作改变了数据库软件的运行参数，导致程序出现了崩溃。但是冯裕才认为，记者做的事，恰恰是每个普通用户都可能做的事，不能因为用户不会用、把产品用崩溃了，就去责备用户，这恰恰说明产品的坚固性不够。在此之前，从 DM1 到 DM4，每一代产品的目标用户都是经过了严格培训的少数专业人士，因此从运行界面上来看，达梦数据库远算不上简洁明了，甚至显得有些粗糙。既然达梦的目标是开发一款市场通用的数据库管理软件，那么它的界面就不能让用户感觉如同置身战斗机驾驶室一样，无从下手，而是应该像家用电器一样，让用户简单地适应后就足以操控。

在这次事件过后，达梦开始有意识地注重用户体验、注重产品的坚固性，从产品界面到操作规范，再到各类别的白皮书和数据库使用手册，等等，都针对用户可能遇到的实际需求，做了实质性的改进。从某种程度来看，这场风波促进了达梦的观念转变。让开发人员站在用户的角度去思考问题，这实际上是达梦公司的产品意识真正走向成熟的标志。

DM4发布后，达梦公司的技术团队开始了产品迭代的"小步快跑"：2006年3月，达梦数据库第五代产品DM5发布；2007年5月，达梦又发布了新一代产品DM5.6。

从DM4开始就负责达梦数据库核心研发的总架构师韩朱忠回忆，虽然从版本号上来看，DM5.6是DM5的延续，但是从产品内核来看，DM5.6应用了一套全新的架构。也就是说，DM5与DM4是同属一个代际的产品，而DM5.6与2008年11月发布的DM6在架构上更为相似。DM5.6展现出了达梦重视用户体验、重视产品化的新研发理念，无论是产品功能还是图形界面都有了很大的优化。在达梦数据库系列产品中，DM5.6完成了从"可用"到"好用"的转变。

在发布DM5.6的这一年，达梦还通过了CMMI三级认证，这项全球通用的软件能力成熟度模型规范了软件开发中的诸多步骤，将科学管理的理念引入软件研发，可以大大提高软件的质量。

改革开放后，在社会面临意识形态的大辩论时，中国几次都能及时地回到"以经济建设为中心"的大方向上，很大一部分仰赖于党内务实者提出的"不争论"。邓小平说："世界上的事情都是干出来的，不干，半点马克思主义都没有。"[①]人类的发展史上，势必要面临一些宏大的发展目标，想要达成这样的目标，需要长时间的勠力投入。因此在某个时间节点上，奋斗者应该认清并且专注于解决这一时期的主要矛盾。

达梦的发展仰赖于改革开放带来的时代红利，冯裕才也恰好是一个目标宏远的务实者。达梦此次面临舆论苛责，主要矛盾在于达梦的拳头产品DM数据库的产品形态还不够好，而不在于外界对于达梦存在认知差。因此想要解决主要矛盾，最有效的办法就是让研发人员专注于产品，根据市场需求快速更新迭代。

DM5.6发布时，距离那场"全国产平台电子政务完整解决方案成功实施发布会"刚好过去了两年。两年间，达梦研发人员把渴望证明自己的冲动倾注在产品上。或许两年前达梦的那些批评者已经记不起这场小风波，但达梦记得，并把它作为推动产品进步的动力。

这次事件再次让达梦确认了，软件是用出来的——一款成熟的产品是在不断使用、不断发现问题又不断解决问题的过程中成熟起来的，这条道路没有捷径。

少有人走的自主创新路

当一个人身处一个复杂的时代，却不知如何描述这种复杂时，他便会引用狄更斯在《双城记》中说的那句话："这是一个最好的时代，也是一个最坏的时代。"如果引用在此终止，其实扭曲了狄

[①] 人民网.世界上的事情都是干出来的，参见：http://cpc.people.com.cn/n1/2016/0823/c69113-28657628.html?eqid=b31f7dff000010a70000000264531cc0。——编者注

更斯的本意，将一个时代的复杂性用哲学上的"二元论"简单地抽象为了"好"与"坏"。

　　实际上狄更斯还写下了后面的话："这是智慧的时代，也是愚蠢的时代；这是信仰的时期，也是怀疑的时期；这是希望之春，这是失望之冬……"智慧与愚蠢、信仰与怀疑、希望与失望，狄更斯的这段知名度稍低一些的话，反而更加形象地描绘出国内科技型企业在21世纪前十年所遭遇的困局。

　　在前文的故事里，有一个细节很耐人寻味：参加了发布会的科技媒体记者发现达梦数据库出现故障、撰文批评，为什么一时间应者云集，甚至文章被顶到了网站的首页？千夫所指的批评背后，恰好反映出时代的焦虑。

　　自中国加入WTO（世界贸易组织）以来，世界一直处于一种高速、不间断地驶向全球化的进程之中。无论是西方现代经济学家的"世界是平的"，还是马克思的"社会化大生产"，似乎都能在这个联系越来越紧密的"地球村"找到落脚点。全球一体化看起来是那样地势不可当，以至于无须有人振臂高呼，国家与国家、经济体与经济体之间就已经越来越紧密地黏合在一起。

　　在这样的时代大背景下，达梦这样依然把自主研发作为技术底线的科技企业在一些人看来是不可理喻的。一个文明拥有了轮子，另一个文明想要使用轮子，竟然要重新发明一次，这似乎是"以邻为壑"的蛮荒时代才会发生的事。在他们看来，经济是一切社会行为的调节器，所有用钱能够融通的问题，都算不上问题。如果顺着这个价值判断向下推导，既然国外有花钱就可以买来的产品级数据库，也有免费开源的科研型数据库代码，达梦的坚持其实是对时间和金钱的双重浪费。

这种观点未必是正确的，金钱是否能买来核心技术和掌握技术的高端人才，这一问题直到十几年后的中美贸易冲突，才会有一个清晰的结论。观点的背后是价值观的冲突——他们否认的是坚持自研的意义。毫无疑问的是，有人反对自主研发，就有人支持自主研发。可是，由于国内自主知识产权软硬件产品迟迟无法展现出足够的市场竞争力，它们的支持者此时也正因为焦急而变得焦虑。

中国的改革开放开始于1978年，这也是很多人印象中中国科研进入新时代的开始。在这一年的初春，第一次全国科学大会召开了，这标志着科学春天的到来。人们耳熟能详的很多外国科技企业正是在中国改革开放的同一时间在世界计算机领域迅速成长、形成制霸的，例如英特尔、微软、甲骨文等。而到了21世纪初，中国的核心软硬件，能够过渡到"好用"阶段的已经是佼佼者，大部分的研发团队还在为了"可用"而努力。

2001年，由于微软在北京市的政府采购谈判中开出了苛刻的条件，北京市做出了一次大胆的尝试。这年年底，时任北京市科委副主任俞慈声决定，在北京市政府当年的采购中，从操作系统到办公软件全部选购国产软件。北京是一座具有风向标意义的城市，此举一出，微软阵脚大乱，他们先是派出公司三号人物克瑞格·蒙迪（Graig Mundie）赶赴北京四处游说；与中国颇有渊源的美国前国务卿基辛格也立即给北京市市长刘淇写信，为微软辩护。[①]

一个商业问题迅速演变成外交问题。

为了保护俞慈声，十余位院士联名上书朱镕基总理，张效祥院士第一个签字，倪光南院士也在信中签了名。翻看达梦的历史，这些力

---

① 肖春江：《俞慈声 无私则无畏》，《中国信息化》，2004年第2期。

挺国内软件的学者专家在达梦每每遭遇困境时都是坚定的支持者。

此后，微软撤换掉了中国区总裁，CEO 史蒂夫·鲍尔默访问中国，加大了政府公关力度；而另一边，大胆吃螃蟹的北京市政府却因为国产操作系统与办公软件的适配问题而头疼不已。

2004 年，又是一轮北京市政府采购。11 月 17 日，北京市政府采购办发布了一则 2925 万元采购微软操作系统和办公套件的公告，国产基础软件榜上无名，这与三年前的那次采购堪称两极反转。此举再度引发了轩然大波。一周后，11 月 24 日，曾经对国产数据库软件发展给予极大支持的科技部高新技术发展及产业化司副司长李武强以个人声明的方式表达了对北京市政府这一决定的不满。① 他认为，《政府采购法》明确规定，政府采购必须首先选用我国的产品，在我国没有该类产品或是产品不达标的前提下，才允许选用国外产品，而在操作系统、办公软件数据库管理系统这几个门类上，国产软件是可以做到满足电子政务需求的。②

在社会舆论的压力下，北京市取消了面向微软的政府采购项目。2004 年 12 月 2 日，包括金山在内的三家国内办公软件厂商与北京市政府签订协议。

即使没有说出口，很多人的脑海中都在追问一个问题：如果每一次国产软件的使用，都要在强大的政府力的推动下方能成行，那这究竟是一种市场行为，还是一种"反市场"行为？他们想要问的下一个问题是，既然国家对从事核心软硬件开发的企业给予了大量的资金支持，这些钱到底花在了哪，花得值吗？

---

① 尹宏群、李国敏：《李武强为何愤然离开会场？》，《科技日报》，2004 年 11 月 26 日。
② 张岚：《北京政府软件采购国产出局　信产部将调查上报》，CNET 科技资讯网，2004 年 11 月 25 日。

因此当2005年6月，达梦数据库在发布会上出现故障，网友们的议论并不完全是对达梦的苛责，更深一层地，他们想知道以上两个问题的答案。

随着2006年的到来，答案不仅没有越来越清晰，反而变得更加扑朔迷离。

2006年1月17日，清华大学BBS上的一则匿名文章在中国科技界掀起了轩然大波。文章题目为《汉芯黑幕》，内容直指"汉芯"系列芯片弄虚作假，骗取国家科研资金。此时距离"汉芯一号"的"横空出世"已经过去了三年。在"汉芯一号"发布的当天，汉芯科技便在新闻通稿中宣称，汉芯系列已"跨入国际市场"，并"获得超百万片的订单"。

随着调查的深入，人们发现，汉芯的造假手法之低劣让人哑然失笑。原来，汉芯芯片的"发明人"从美国购入他的老东家摩托罗拉飞思卡尔（Freescale）的芯片后，雇人将芯片表面的摩托罗拉商标用砂纸磨掉，再印上"汉芯一号"的字样。[①]

"汉芯造假"事件暴露了中国科技界的一个隐秘的角落，正是看准了国家渴望在计算机领域实现技术突破的急迫心情，一些投机者不惜鱼目混珠，利用监管部门和科研工作者之间的信息不对称，用夸大其词、弄虚作假的手法取得国家的研发补贴。

在"汉芯事件"的影响下，国内其他以自主研发为技术路线的计算机软硬件企业都要被放在舆论的放大镜下仔细审查。2006年5月，另一家国产芯片企业方舟科技宣布放弃新一代产品"方舟3号"的研发，该产品一度被国家"863计划"列为重点项目。随

---

① 王琦玲：《"汉芯造假"谜团调查》，《IT时代周刊》，2006年第5期。

后，亦有少量宣称完全自主产权的国产软件被陆续曝出实际使用了开源代码，招致舆论抨击。

即使在严苛审视过后，人们也必须承认，国内计算机领域企业出现诚信问题是零星事件，但这足以透支公众的信任。2006年之后，达梦数据库、龙芯芯片、东方通中间件、金山软件等国产软硬件企业面临的就是这样一个研发环境。

一家企业，归根结底是商业游戏的参与者，只怀有家国情怀而不符合商业逻辑，一定活不下去，当然也没有必要活下去。站在2023年来看达梦的发展，达梦不仅活着，而且近几年活得越来越好。生命力本身未必具有说服力，挖掘隐藏在生命力背后的那些本应不言而喻却又经常为人所忽视的逻辑，才具有说服力。

就在这个时候，达梦即将迎来另一个困难时刻，也即将因所有的坚持而盼得转机。

第八章

激荡之年：
在冬日中触底反弹

凛冬与晚春

2008年1月29日,达梦上海子公司的办公室里,所有人的手机都陆陆续续地亮起了新消息的提示灯。信息是运营商群发的,通知从这一天起,上海南站将只发售当天沪杭、萧甬线的短途车票。很快,电脑桌面右下角的QQ也弹出了新闻窗口,上面的消息更加详细,也更加让人不安:"从即日起,上海全市所有火车票售票窗口停止发售1月29、30日北方及南方长途各次列车车票。"此时距离除夕只有8天了,同事们只能重新计划春节回家的方案。

从1月10日开始,中国就遭遇了大范围的低温、雨雪、冰冻等自然灾害。随着春节的临近,雨雪灾害并没有停歇的迹象,上海方面群发的通知意味着,这场自然灾害已经对春运产生了影响。

湖北也是雪灾的重灾区,在这个中部省份,约有10万人在一周时间里没有饮用水。但是,此刻最为困扰达梦的,不是窗外纷飞的大雪,而是躺在银行户头上的那个数字——公司的现金流再一次出了问题。为此,达梦取消了在春节前例行举办的年会,这也是在达梦转制成立公司的二十年里唯一的一次。

很少有人知道，一个月前，冯裕才专门派人赶赴贵阳，向贵阳市消防支队要回了消防指挥系统开发项目的一笔尾款。这时达梦账户上的流动资金已经不够支付工资了，冯裕才从亲朋好友处借了几十万元，准备随时给公司应急。随着回款的顺利到账，这笔借款可以缓一缓再用了。

如果冯裕才还是个偶尔带着学生接接项目的大学教授，他的生活可能过得惬意又轻松，但自从成立了达梦公司，他就经常要"拆东墙补西墙"，处理紧绷的财务问题。一旦发现公司的现金有不够发工资的危险，他要么去向项目方催回款，要么会压一压应该打给供应商的货款，最无奈的决定就是取消年会、自己借钱发工资。冯裕才还坚持着刚刚创立公司时的那条底线——拖欠员工的工资是不可接受的。

就像达梦刚刚成立、遭遇资本危机时一样，冯裕才依然把公司的财务窘境压在心里，独自盘算下面几个月的员工工资该从哪里来。

一家公司遭遇资金断流，有可能是偶发性的，也有可能是结构性的。很遗憾，达梦此时遭遇的，是结构性的资金危机。上一章提到过，以应用开发带动数据库销售的办法确实有助于在市场认可度不足的情况下实现产品形态的不断完善，但这种模式最大的风险就是会让达梦的财务结构缺乏弹性。

在此前的四年里，像"863"这样的国家级科技扶持项目暂时空缺，虽然还有部委、专项、地方的一些资金支持，但是想要实现收支平衡，达梦还是要依靠市场。此时，总包项目所带来的硬件利润率不断降低，围绕应用开发而配置的人员团队规模却越来越大；前后项目之间不可能实现完美排期，如果这个间隙很短，冗余的劳动力还可以通过内部统筹解决；可这个间隙一旦很大，公司的财务就会遭遇压力。

结构性的资金危机不可能经过一个春节就自然而然地消失无踪，随着春天的到来，达梦的管理层不得不做出那个他们不想做出的决定——缩减团队规模。连拖欠工资都不可容忍的冯裕才，眼看着一些成员只能选择离开公司，内心的苦楚可想而知。

一些老员工还记得，在 2008 年的春天，他们出了一个长差返回公司时，发现一些面孔在办公室消失了。消失的这些面孔里有一个叫帅汉涛的销售人员。

帅汉涛加入达梦的时间不长。在加入达梦之前，他做的是技术领域的售前工作，借着加入达梦的机会，他决定转型做销售。销售是一类需要积累的岗位，帅汉涛还没来得及熟悉这个岗位，达梦便遭遇了财务危机。帅汉涛知道，自己的经验十分浅薄，还不足以为危机中的达梦提供足够的价值，他心平气和地接受了离开公司的命运。但另一方面，在达梦的短短几个月，他十分认可达梦开发国产自研数据库的价值，离开达梦后，他始终关注着老东家的动态。一年以后，他认为达梦已经走出了泥潭，第一时间拨通了老领导孙羽彤的电话，表达了想要重返达梦的意向。此后的十多年里，帅汉涛随着达梦一起快速成长，成为独当一面的销售精英。

对国人而言，2008 年是复杂的一年。在它到来前，人们期盼它，渴望用一场宏大的奥运盛事见证中华民族的伟大复兴。当它走近了，人们才知道，原来在早已确定的北京奥运会之外，还有许多事是我们无法预知的。

首先是经济危机。前一年始于美国的次贷危机终于在全球范围内掀起了金融海啸。尽管这场金融风暴对普通国人的影响有限，但很快，他们迎来了属于自己的风暴——疯狂的股指在2007年迅速地攀升到6000点后高台跳水，2008年上半年跌去了48%，中国在全球主要经济体的资本市场中表现垫底。

然后是自然灾害。正当人们快要从年初雪灾的痛苦中恢复之时，一场8.0级的大地震袭击了天府之国。

时代的河流被猝不及防的意外不断扰动，它的流向将发生怎样的变化，没有人能够知道。

用不了太久，达梦就将得到第一个答案。

星期五晚上的来电

2008年7月4日，星期五。已经是晚上，黄海风还坐在北京达梦办公室的电脑前。

随着达梦的迭代，与数据库相配套的服务体系也开始一点点建立起来，黄海风就是达梦刚刚成立的服务部门的最早一批员工之一。2007年，做软件测试出身的黄海风加入服务部，此时恰好北京达梦的技术服务负责人一职有了空缺，黄海风便接下了这个职位，离开武汉，常驻北京。

北京达梦的办公室是一个大开间，开间旁边的几个小房间便是员工宿舍。北京的房租不菲，将办公和住宿安排在一起，不仅减轻了武汉赴京员工的经济压力，也能保证如果有人打电话来咨询和求助，随时都有人可以接听。

"铃铃铃——"办公室的电话响了起来。

黄海风下意识地看了看电脑桌面右下角的时间，已经过了晚上8点。"谁会在周五晚上8点多打电话过来？"黄海风心里想着。还没有等电话响起第二声,他心里有了个大概的答案:"也许是哪家客户遇到了技术问题。"想到这里,黄海风快步走到了电话前。

"铃——"电话刚刚响第二声,黄海风已经把听筒抄了起来。对方自报家门、说明来意,黄海风感觉既有点意外,又有点惊喜。意外是因为,这样晚打来的一通电话,咨询的竟然不是售后问题,而是售前问题;惊喜是因为,电话那头的公司是国家电网。

此时,无论从达梦的用户结构还是营收构成来看,政府部门都占了大头。一个正常的商用数据库软件,企业用户应该占据更大比重才对。国家电网作为大型国企,专程打电话过来咨询,黄海风很清楚这个电话的分量如何,他斟酌着语气,想要在电话里表现得更有诚意。对方却显得比他急切,他们询问黄海风,能不能在第二天,也就是周六的早上,前往国家电网讲解一下达梦的产品特性和技术功能。黄海风一口答应下来。

这一夜,黄海风很难入眠了。他需要迅速找到自己所能找到的一切现有资料,为第二天的演示做好准备。这就像是用很短的时间去准备一场大考,无论怎样把每分每秒利用好,也没人敢说自己已经准备得十全十美。黄海风的优势是,他了解数据库的用户,而数据库的用户存在一定的共性需求。通过整理好达梦已经积累下的各种技术方案和客户案例,黄海风将国家电网可能关心的问题都列出了详细的答复。

第二天的会议从早上 8 点一直开到了晚上 10 点。在长达 14 个小时的交流中,黄海风渐渐理解了为什么国家电网会找到达梦。最直接的原因是,国家电网希望在即将开始建设的电力备用调度系统中启用国产数据库作为底层支持。

自从手机成为一项生活必备品,每当手机电量见底,大家的第一反应就是把充电器插在手机上，源源不断的电能顺着插座涌入手机，不一会儿，手机就可以"满血复活"。这样稀松平常的现象会让一些人产生误解，以为电网就像一个大的电池，储存着巨量的电能。实际上，电网本身是无法储存电能的[①]，前端发电厂生产出了多少电能，都会瞬时传送到所有接入电网的、正在运转的电器上。初中物理学知识告诉我们，对一个电网来说，如果输入的电能大于输出的电能，这个电网的频率和电压就会上升；反之，电网的频率和电压就会下降。很多成年人都会记得，小时候家里的电灯经常会发出"滋滋"的声音，这就是电压不稳导致的。

进入 21 世纪后，这种情况变得越来越少，这就是电力调度系统在起作用。电力调度系统是电网中的核心系统，它以电网中的频率作为主要调节依据，对发电厂的电力生产进行调节，实现前端与终端的电能供需平衡。

2008 年初，一场雪灾导致全国 14 个省的电网系统受到灾害影响。5 月 12 日，汶川又发生大地震。地震中，国家电网位于四川的主调度系统所在的大楼被震出一道裂痕，调度员不得不在晃动的大楼内坚守工作岗位。如果这座楼在地震中垮塌，由于调度中心缺乏异地容灾的能力，整个四川电网将全部瘫痪，这势必会为抗震救灾工作带来更大的难度。大自然的一次次提醒，让国家电网决定建立备用调度系统，主系统和备用系统双机运行，一旦一方出现问题，另一个系统可以迅速承接电网调度职能。

从地质学上来看，四川省有龙门山地震带、金沙江地震带、理塘地震带等八个主要的地震带，南充市恰好不位于这八条地震带

[①] 随着技术的进步，2017 年 10 月，国家五部委发布了首个国家级产业政策《关于促进我国储能技术与产业发展的指导意见》，对储能行业做出了发展规划。

上，在历史记载中也从未有过地震记录。作为四川省人口第二大城市，南充不仅自身有大量的用电需求，与省会成都的距离也在200公里以上，足以分摊战略风险，是四川省建立电力备用调度系统的理想地点。如果南充的备用调度系统运行平稳，国家电网将在下辖的五大电网、30余个省级调度单位、百余个地级调度单位全面启用备用调度系统。

在此之前，国家电网的调度系统采用的是Oracle数据库，这款数据库是按照系统内处理器核心的数量来进行收费的。也就是说，系统的服务器中如果搭载了一个四核处理器，需要采购四套数据库；搭载了八核处理器就需要采购八套数据库，以此类推。每一套数据库的价格是几十万元，国家电网的工程师们计算了一下，想要在全国建设一套备用调度系统，需要采购大约8000套数据库，这笔支出将是一个天文数字。

此外，高价的国外数据库并不是完美无缺的，有一个技术问题一直困扰着国家电网的工程师们：国家电网经常会遭受信息攻击，一些不法分子甚至采用逻辑炸弹或计算机病毒作为攻击手段。由于Oracle数据库的内部代码对电网工程师而言是一个"黑箱"，如果攻击针对的是数据库，在很多时候，他们无法对攻击溯源，这成了一个很大的风险。2011年，在一次公开活动中，国家电力调度控制中心副主任辛耀中公布了一个数据：2008年奥运期间，北京电网受到外网攻击8939次。[①] 这个冰山一角的数字至少证明，针对国家电网的信息攻击，频率和强度都超乎想象。

为了解决成本难题和信息安全痛点，国产数据库作为一个选项

---

① 2011年6月29日，辛耀中在"中国基础软件产业链整合发展高峰论坛"上的讲话。

第八章 激荡之年：在冬日中触底反弹 183

被摆在了桌面上。这也是为什么国家电网要急匆匆地在周五晚上给达梦打来电话,并且在次日早晨马上召开技术讨论会。

黄海风的汇报对象主要是来自南京的国电南瑞科技有限公司(简称"南京南瑞")和北京科东电力控制系统有限公司(简称"北京科东"),二者分别隶属于国家电网下属的两家研究院——国网电力科学研究院和中国电力科学研究院。[①] 当时,国家电网的调度系统是由两家公司研制的,如果想要上马国产数据库,就需要把这套系统从国外数据库移植到国产数据库上。这也是整个项目最大的技术难点。

在讨论会上,国家电网的工程师们不断提出他们所能想到的实际使用场景,黄海风则构造例子,为与会的专家做出清楚的展示。

交流进行了一整天。到了晚上,国家电力调度通信中心的总工程师也来到现场。了解过交流的情况,他问在场的国家电网工程师对达梦数据库的看法:"你们觉得怎么样,到底能不能用?"黄海风知道这个问题的分量,他捏着一把汗;参加交流的国家电网工程师们也知道这个问题的分量,一时间没有人讲话,现场陷入了沉默。

这时,北京科东的项目负责人第一个发言,他认为,从达梦的技术和现场演示效果来看,它是可以满足国家电网电力调动系统的使用需求的,不妨一试。仿佛有人打破了坚冰,房间里的气氛又恢复了之前的热络。经过一番讨论,专家做出决定,将达梦列入国家电网备用电力调度系统建设项目的候选数据库供应商名单。

黄海风后来回忆起这一幕,很感谢专家组的当机立断。他笑着说,如果交流了一天后,对方只说一句"好的,你先回去吧,我们

[①] 2012 年,国家电网对两家电力科学研究院进行了调整,北京科东电力控制系统有限公司被划归国网电力科学研究院序列下,成为国电南瑞科技股份有限公司的子公司。

再看看",他一定会很崩溃。

十多年后的黄海风回顾这段经历,还笑着说那个星期五晚上接到的来自国家电网的电话是"自己一生中最重要的电话"。很多时候,企业也好、个体也好,都无法预知下一个重大的机遇会在何时出现。抓住了一闪即逝的机会,既会让亲历者如释重负,也是对其实力的重要证明。实际上,确实有一些数据库企业,因为电话响起无人接听,而从一开始就错失了参与国家电网项目的机会。黄海风代表了达梦技术人员的一类普遍特质——他们与达梦一同成长,这种高度的参与感让他们对达梦的技术了如指掌,无论在项目的哪个阶段,他们的长期经验都可以让他们很快地给出一个针对当前问题的合理解决方案。这无疑是一笔财富。

星期六的讨论会一结束,黄海风就向总部汇报了情况。两天后的星期一,达梦已经组织好了一个来自武汉的专项技术团队赶赴北京,团队由武汉的技术负责人罗斌领军。

国家电网正在使用的两个最主要的电力调度系统分别是南京南瑞研发的 OPEN-3000 和北京科东研发的 CC-2000。在接入 Oracle 数据库的过程中,两个系统都采用了 Oracle 生态独有的代码和 OCI(Oracle 调用接口)标准。除了达梦,还有两家国产数据库进入了国家电网的考虑范围。国家电网迅速组织了一个为期三周的测评,测试来自不同国产数据库厂商的产品和技术团队是否有能力实现电力调度系统的平滑移植。由于 OCI 不是通用的标准接口,参与测评的所有企业都没有对 OCI 进行兼容开发的经验。然而国家电网的要求很清楚:数据库企业必须在 14 天之内实现对 Oracle 的替换,并且为了保持系统原有的稳定性,位于系统上层的应用代码一行都不可以更改。

测评主要存在两个难点：一是涉及 50 多万行代码的 PL/SQL 移植[①]；二是要实现国产数据库对 Oracle 数据库专用 OCI 的兼容。黄海风负责 PL/SQL 移植，罗斌负责对 OCI 的兼容开发。

在整个测评中，达梦团队是唯一一家能够在限定的两周之内完成数据迁移的企业，最终仅用了 10 天，完成了 PL/SQL 移植，实现了达梦数据库 DM5.6 对 OCI 的兼容，这使得在原电力调度系统应用不修改代码的前提下，达梦数据库可以和 OPEN-3000、CC-2000 实现对接。为了尽快实现南充备用调度试点的上线，这次测评成了一场"只取头名"的"竞速赛"，达梦数据库成了国家电网第一个备用调度试点的数据库管理系统解决方案。

罗斌还记得，忙完北京测评不久，他马上风尘仆仆地赶往南充，为新系统的实装做技术测试。一直到 2008 年的 8 月 6 日，他才有机会抽身回到武汉，准备同家人一起迎接两天后的北京奥运会开幕式。

在各方的不懈努力下，2008 年 9 月，总投资 5000 多万元的国家电网四川南充备用调度中心进行系统部署，并在 10 月 17 日正式投入运营，成为全国首个电网备用调度中心。

达梦从此进入了一个新行业——能源电力行业。

一夜飞驰

以建设电力备用调度系统为契机，国家电网也在同时进行新一代调度系统的开发。

[①] 即 Oracle 的过程化 SQL 语言——Procedural Language/SQL，简称 PL/SQL，这是一套从属于 Oracle 生态、专门拓展 Oracle 中 SQL 功能的编程语言。

新的电力调度系统被命名为"D5000"。其中,"D"指代的是"调度"一词的英文"dispatching","5000"则是将原有的两个调度系统 OPEN-3000 和 CC-2000 中的数字相加。从这一名字不难看出,D5000 系统是将 OPEN-3000 和 CC-2000 的优势模块强强组合,构建的一套全新系统。

国家电网四川南充备用调度中心的运营标志着 D5000 原型的诞生。尽管达梦数据库运行在南充的 D5000 原型系统上,但这并不意味着达梦已经被确定为国家电网电力调度系统的数据库供应商。有了原型系统,国家电网下一步开始专注于系统性能的提升。为此,国家电网的联合开发组从 2008 年 10 月起又进入了新一轮的攻坚战,国产数据库厂商也将开始新一轮的技术比拼。

这一轮的比拼采取的是各自开发、集中测评的方式。如果说之前的那次测评比的是国产数据库厂商的"短跑冲刺能力",那么这一轮比拼考验的就是国产数据库厂商的"长跑耐力"。国家电网根据使用场景提出需求,数据库厂商负责实现需求,最终的测试环节则统一在北京举行。

由于研发时间明显充裕了很多,参与其中的各家数据库厂商都完成了国家电网在功能上提出的"命题作文"。例如,Oracle 数据库一个很有名的弊端是最大列数不能超过 1000,而在数据实时更新的电力行业,如果每一分钟形成一列数据,每天就要形成 1440 列。[1] 提高列数"天花板"的需求被国家电网提出后,几家国内厂商相继通过开发实现了这一功能,这让数据库的存取和管理变得非常方便,能够帮助国家电网在调度工作中实现高效的模型导入和导

---

[1] 李伟:《电力行业应用国产数据库案例分享》,IT168,2011 年 6 月 30 日。

出,使用效率远远超过 Oracle 数据库。

但"长跑"也是有门道的。要想胜出,数据库厂商不仅要有优秀的软件开发能力,还要有强力的软件优化技巧。

再次来到北京的罗斌志得意满。这次他带来的数据库不是前一年的 DM5.6,而是达梦在 2009 年推出的新版本数据库 DM6。产品的迭代一定伴随着性能的提升,罗斌对测评比拼充满期待。

达梦数据库的测评被安排在一天上午举行。罗斌看了看测评排期安排表,发现两家友商的测评被安排在了前一天下午,由于测评采取公平公开的原则,对内是互相开放的,他决定去"围观"竞争对手的表现。

除了 2003 年的那次折戟,达梦在各种国产数据库的测评中没少拿到好成绩,罗斌很清楚这一点,他的心情有些轻松。可是对手的测试成绩刚刚在荧幕上显示出来,罗斌的好心情就没了一半。对手的成绩虽然不及达梦,但达梦的优势远没有罗斌一开始想的那么大。

他皱了皱眉头,悄悄起身,推门离开了房间。

第二天,轮到达梦与实力最为接近的数据库对手进行一对一测评比拼。从 20 世纪 90 年代开始,两家就是测评场上的老相识。

房间里摆着长长的会议桌,两家企业分坐在桌子两边,看起来像是在进行郑重的外交谈判。对方的公司来了七八个人,达梦这边只有罗斌一人。

如果此时有人仔细观察罗斌,一定会发现,他的眼中还留着一些血丝,证明他前一夜并没有好好休息。但是他的心情又回到前一天的那种轻快,全然没有被对面人多势众的气势影响。他静静地看着对手的数据库跑完了测试,然后运行起达梦数据库。毫无意外,测试成绩显示，达梦数据库在性能上超越了对手十余倍。

对国家电网的工程师们来说，对供应商的产品性能进行测试，自然测出的结果越优秀越好，但达梦的测试结果显然在量级上超出了他们的预期，他们的脸上也浮现出难以置信的神情。此刻，在整间屋子里，只有罗斌一个人是不惊讶的。其他人迅速聚拢在罗斌四周，紧紧地盯着屏幕上的结果。

"会不会有造假呀？"屋子里不知道谁说了一句，这句话点破了很多人心中的怀疑。

罗斌马上回应："没关系，没关系，你们觉得哪里有问题，我可以再演示一遍给大家看。"他又运行起测试流程，这一次，他操作得比刚才慢了很多。系统演示、功能操作、数据库标准支持，每一个步骤都被仔细审视，最终的结果还是一样的。达梦的成绩无懈可击。

测评结束后，罗斌在走廊里遇到了来自刚刚对手公司的一名负责销售的女士。虽然产品在性能上落败于达梦，女士却没有丧失风度，她主动来和罗斌打招呼，问道："您是不是达梦的韩总呀？"

"韩总"指的是韩朱忠，从2004年领导研发DM4，韩朱忠在国内数据库行业一战成名，已经是公认的技术能人。也许是达梦的测试成绩太过耀眼，这位女士以为代表达梦"单刀赴会"的一定就是韩朱忠本人。罗斌听了这句话也笑了，打趣道："我们韩总在上海坐镇，怎么可能出来呢？我就是一个搞技术服务的小兵。"

从罗斌前一天离开对手的测评现场，到第二天一早又重新回到会议桌前，这短短的一夜到底发生了什么，让达梦数据库的性能实现了质的提升？

时间回到前一天下午。

罗斌在看到对手的测试成绩、起身向会议室的门口走时，已经从兜里摸出了手机。走出会议室后，他第一时间把电话打给了上海达梦的研发架构师邓华。

邓华是在 2003 年 DM4 突击研发中从上海赶往武汉的 7 名开发人员之一，与罗斌有过紧密合作。他们喜欢将这段经历形容为"在一个战壕里打过仗"。同袍同泽，让他们彼此非常了解，也相互信任。

罗斌在电话里叙述了对手的表现。听到对手的表现，邓华也觉得达梦现在的产品还有点问题。

从某种程度来说，计算机软件的研发也是一门"遗憾的艺术"。越是大型软件，这种特点就越明显。无论是怎样努力的团队，经过了多么严谨的开发流程，软件工程师们也不敢拍着胸脯说自己的软件在性能表现上可以达到尽善尽美。一款软件的稳定运行仅仅是它漫长生命周期的一个开端，当代码如瀑布一般运行流淌时，优秀的软件工程师一定能从中找出值得优化的"水滴"，进一步"压榨"软件的性能。

常年沉浸在数据库研发之中，邓华和罗斌既对自家的数据库了如指掌，也对国内外的其他数据库与同时期达梦数据库的性能对比有个大致预估。如果达梦的测试成绩与国内友商的产品比起来领先优势不够大，一定说明有什么地方优化不足，没能把达梦数据库的"功力"调动起来。

经过仔细排查，他们把问题点锁定在了达梦数据库的大表更新功能——这项功能的性能缺乏调教，因此影响了系统的整体表现。

前文讲过，电力系统每天会生成 1440 列数据，这些数据以表格记录，也要求数据库频繁地进行大表运算。如果这个运算流程不够简洁，数据库就会重复地执行冗杂的步骤，牺牲掉整个数据库和调度系统的运算性能。数据库进行大表更新流程，通常需要经过网络通信，词法、语法、语义分析，并发控制，事务处理，存储等几十个步骤，邓华和罗斌要做的就是为大表更新找一个捷径，快刀斩乱麻。

发现了这团"乱麻"的所在，对邓华和罗斌来说，对它进行优化算不上是一个技术难题。只用了一晚上时间，邓华负责更新代码，罗斌配合做开发测试。曙光东升的时候，全新封装好的达梦数据库已经准备好了迎接几个小时后的测试。

"大表更新的算法，开源数据库理论上也可以做到。只不过达梦的核心代码都是我们自己研发的，我们调用起来很快，可以一晚上实现优化。可能是由于开源数据库的技术团队对代码的熟悉程度不够，所以他们要么是一开始想不到这个方法，要么是想到了却没法在短时间内开发出来。"罗斌在回忆完那突击研发的一夜后这样说道。

这套优化算法后来被应用到达梦的历代数据库中，直到今天。

人们常常会觉得理工男以"木讷"著称、缺少生活的乐趣。其实，理工男也有他们享受的高光时刻。信心满满地运行达梦数据库测试程序的那个上午，就是罗斌的快乐时光。他坐在电脑前一步一步地拆解操作步骤给在场的人看，那种感觉就像是一个音乐家在弹奏他挚爱的钢琴。

代码和软件是冰冷的吗？至少在那一刻不是的。手中的达梦数据库对罗斌来说，既像一个从小看着长大的孩子，又像是一个认识多年的老朋友，仿佛你永远可以信任它，而它也不会辜负你。达梦数据库的性能有能力实现一夜飞驰，正是仰赖于独立自主研发这一厚重的基石。

2012年，在中国数据库技术大会（DTCC）上，达梦决定将大表更新算法的技术细节向同行业公布和分享。

凭借测试中的出色表现，达梦成功成为国家电网新一代电力调度系统D5000的数据库供应商之一。因为一通电话与国家电网结缘的黄海风，在国家电网与达梦展开进一步合作后带队完成最早上线的两个网调主调——华中电网D5000和华东电网D5000。随着国家电网将备用调度系统推广至全国，在上线以来的十余年间，达梦在国家电网中的贡献度稳步上升。目前在已上线的D5000系统中，九成以上采用了达梦数据库。

国家电网与达梦的合作，跑通了一条国内企事业单位在核心系统中实现国产软硬件替换的全新道路——柔性替换。所谓"柔性替换"，就是像国家电网一样，在核心系统上布设主备系统，双线运作，先在备用系统使用国产核心技术，试用无虞后，再对主系统进行替换。

回过头来看，达梦有机会在国家电网备用调度系统建设中大显身手，似乎有偶然因素——如果国家电网没有在地震后当机立断启动备用调度系统建设，如果甲骨文在面对国家电网时愿意在Oracle数据库的价格上做出让步，如果在那个星期五的晚上黄海风没有接起那通电话，达梦和国家电网是否会在2008年就早早地牵手，犹未可知。

但偶然的背后也充满着必然。从达梦的视角来看，在国家电网的两轮开发测试竞赛中都有优异的表现，这是冯裕才一直坚持数据库自主原创、推崇技术掌握度所带来的长期效益。从数据库行业来看，随着国产数据库厂商完成了早期技术积累，产品逐步完善，国外数据库在中国市场上垄断般的占比势必将在达到峰值后进入一个缓慢的下行通道。这既是市场高密度竞争的结果，也是国内数据库需求方越发重视数据安全和企业成本后所做出的必然选择。

2008年，国家电网首先在电力调度系统中启用国产数据库，打开了我国能源行业核心系统拥抱国产自主技术的全新局面。这是一个漫长时代的开始，直到今天我们依然身处其中。

2020年，全国政协经济委员会副主任曹培玺在"两会"发言中透露，国家电网公司收到的攻击警报相对于上一年度有较大增长，未来能源电力领域关键信息基础设施遭到攻击的风险将进一步增加。对此他提出的建议是，加快国产化替代和新型基础设施建设，保障能源网络安全。[1]十二年前的筚路蓝缕如今已成行业共识。

对达梦而言，拿下国家电网项目的意义是非凡的。从此之后，电力行业成为达梦的一大支柱性业务；而电力行业核心系统要求"7×24"小时高强度运行、全年停机时间不能超过2小时，达梦数据库能够适应如此严苛的环境，展现出了强大的稳定性。

数据库行业的市场推广素来具有"滚雪球"效应——越是拥有重量级案例的企业越容易得到客户的信赖，拿下新的订单。国家电网项目是达梦"简历"上漂亮的一笔，随着国家对国产核心软件越来越重视、企业级用户对国产技术越来越信任，达梦终于走出漫长寒冬，迎来了一缕春色。

---

[1] 曹培玺：《国家电网收到攻击警报大增　需加快设备国产化》，中国经营网，2020年5月26日。

携手"中软",入选"国家队"

1991 年,距离国家"863 计划"刚好过去了五年。

这一年的 4 月 23 日,国家科委召开"863 计划"工作会议和高新技术产业开发区工作会议。曾经对"863 计划"的实施起到了巨大推动作用的邓小平为会议题词:"发展高科技,实现产业化。"[1] 邓小平已经敏锐地认识到,高科技领域的一个突破可以带动一批产业的发展。

如同在经济领域、社会领域的改革一样,中国在科研领域的探索也是"摸着石头过河"。如果说"863 计划"针对的是"发展高科技",那么晚"863 计划"两年开始实施的"火炬计划",主要职能就是"实现产业化"。"火炬计划"延续至今,在助推产业化方面,它通过完善资本市场、建设高新技术开发区、建设科技企业孵化器等手段帮助一些科研成果成功走向市场,但在更广阔的层面上,"火炬计划"没有办法"手把手"地帮助每一个科研项目找到市场价值。

以计算机领域为例,很多基础研究得到了国家的资金支持,但是在完成了特定的科研成果后,课题便可以收尾,止步于"发展高科技"。有圈内人士形象地评价这种现象——"鉴定会就是'追悼会'","评奖时你好我好大家好,但最后成果都没用"[2]。

进入 21 世纪之后,国家在科技扶持政策上一个显著的变化就是开始加大对"实现产业化"的重视。2004 年的"863 计划"数据

---

[1] 中共中央编辑委员会:《邓小平文选》(第三卷),人民文学出版社,1995 年 9 月。——编者注
[2] 张瑜、李慧、岳家琛:《"核高基"黎明之前》,《瞭望东方周刊》,2013 年第 19 期。

库测评是该计划在数据库领域组织的最后一次测评；2005年12月底，国务院印发了《国家中长期科学和技术发展规划纲要（2006—2020年）》（以下简称《规划纲要》），一个月后，国务院再度发布《中共中央　国务院关于实施科技规划纲要增强自主创新能力的决定》，指出："中央确定，全面实施《规划纲要》，经过15年努力，到2020年使我国进入创新型国家行列。建设创新型国家，核心就是把增强自主创新能力作为发展科学技术的战略基点，走出中国特色自主创新道路。"

《规划纲要》确定了16个属于重大战略产品、关键共性技术或重大工程的重大专项，希望"充分发挥社会主义制度集中力量办大事的优势和市场机制的作用，力争取得突破，努力实现以科技发展的局部跃升带动生产力的跨越发展，并填补国家战略空白"。在《规划纲要》中，"核心电子器件、高端通用芯片及基础软件"（以下简称"科技专项"）被列在了第一位。

2008年，"科技专项"经过两年的筹备到了落地实施之年，与此前"863计划""973计划"[①]这样侧重基础研究的国家重大科技专项不同，此次科技专项的一个重要特征就是由企业牵头主导。显然，经过"863"和"973"的积累，国家需要科研成果走出实验室，打通产学研链条，最终实现产业化。此前，科研类项目基本由科研院所和大专院校承担。

为了达到目标，"科技专项"计划投入超过100亿元人民币，

[①] 1997年6月，国家科技领导小组第三次会议决定要制定和实施《国家重点基础研究发展规划》，随后由科技部组织实施了"国家重点基础研究发展计划"，简称"973计划"。2015年，科技部将"863计划"、"973计划"、国家科技支撑计划、国际科技合作与交流专项、产业技术研究与开发基金和公益性行业科研专项等整合为"国家重点研发计划"。

发展国内自主产权的计算机核心软硬件,其中分配到数据库领域的支持额度大约为 5 亿元。这样的支持力度是空前的。由于"科技专项"关乎国家战略,持续周期长且未来投资巨大,考虑到单一的企业容易受到短期市场波动的影响,主管"科技专项"的工信部提出,参与专项的主导企业应该具有国资大行业背景作为支撑。

国内的数据库企业大多以校园起家,学者出身的企业创办者和管理者往往长于技术钻研、弱于资本运作,此前极少主动寻求融资。以达梦为例,达梦的前身是华中理工大学达梦数据库与多媒体技术研究所,在转制成立公司时,华中理工大学以研究所相关资产及计算机软件著作权作价出资,持有达梦公司股份,达梦也成了后来华中科技大学产业集团旗下的一员。同一时期,为了解决早期注册资本危机,冯裕才多方奔走,引入武汉科委下属公司作为投资方。除此之外,达梦的股份均由员工股东和管理层持有。此后的七年间,即使达梦多次经历经营资金紧张,公司依然以"盈亏自负"的古典方式运营着一家科技企业。放到几年后的创投时代,这样的选择几乎是不可想象的。随着"科技专项"即将进入实施阶段,达梦需要引入新的国资股东。

达梦在业界积累的良好口碑让它并不缺乏潜在投资者,第一时间提出入股的是中国电子科技集团(英文缩写"CETC")。2002 年,CETC 以信息产业部直属的 46 家研究院所和 26 家企业为基础组建而成。1992 年,达梦研究所创立时,研究所的第一副所长便由来自机电部电子科学研究院的领导担任。当年的电子科学研究院,如今是 CETC 的一部分。也是基于这层了解,CETC 率先向达梦抛出了橄榄枝。让冯裕才十分为难的是,CETC 一方面提出了持股 50% 以上从而实现控股的要求,另一方面提出希望达梦剥离应用研发业务，只做数据库软件。希望持有更高的股份自然足以表明 CETC 对达梦的看好，但是冯裕才早在创业初期就确立了原则——达梦不能被控股。而应用开发部门作为带动达梦数据库市场销售的重要部门，也是不能被割舍的。CETC 为了入股达梦，曾经三次与达梦展开深入交流，但在这两个问题上，双方一直未能达成共识。

创始团队不希望因为股权的稀释，导致公司的控制权旁落，这是很多科技型企业都会面临的问题。国外的一些企业以及部分在境外上市的中国民营企业选择搭建双层股权结构，即打破同股同权的制度，让部分股权拥有更高的投票权，从而实现少部分股东在决策上对公司的控制。但是这条路径并不适用于即将进入国资体系的达梦，因此想要在战略上保持达梦的初心不动摇，除了让创始团队掌握控股权，别无他法。

另一家对达梦十分有意向的企业是中国软件，中国软件是中国电子信息产业集团（英文缩写"CEC"）控股的大型高科技上市软件企业。达梦与中国软件的合作可以追溯到 1991 年。国家"八五"计划期间，冯裕才曾经带领团队参与北京大学、中国人民大学、中国软件共同承担的国产数据库管理系统 COBASE 的攻关战。中国软件并不要求绝对控股，并且支持达梦未来独立上市，这个条件对达梦而言十分有吸引力，双方也愿意将合作向前推进一步。

2008 年 11 月，中国软件对达梦投资 3027.12 万元，成为达梦公司第一大股东。中国软件对于达梦的使命愿景和战略决策都非常支持。入股达梦后，中国软件授权达梦公司使用现有销售和服务体系，并承诺所有应用将全部使用达梦产品。中国软件的母公司 CEC 也要求下属的 40 余家企业逐步地全面使用达梦数据库。

同一年，国内的其他几家大型数据库企业也获得了国资支持：

10月，CETC通过旗下一级子公司普华基础软件股份有限公司投资控股人大金仓，将人大金仓纳入CETC集团；11月，北京神舟航天软件技术有限公司、天津南大通用数据技术有限公司、天津东软软件技术有限公司与有浙江大学背景的一家杭州公司共同投资组建神舟通用数据技术有限公司，隶属于中国航天科技集团公司，从发起方不难看出，新成立的公司有意博采神舟OSCAR数据库、南大通用GBase数据库、东软集团OpenBASE数据库及浙江大学数据库研发团队四家技术之长。

有了中国软件的支持，同样在2008年11月，达梦以牵头单位的身份申报"科技专项"，计划总投资3.7亿元。项目计划联合多家国内计算机领域的大型企业和投资公司，中联部等国家重要部门，以及北京大学、华中科技大学、东华大学等高校共同参与。

由于为了申报专项，国产数据库行业经历了一轮大规模重组，达梦并没有一下子就顺利地被纳入专项，其间经历了一段焦虑的等待时期。好在，最终结果是让达梦欣喜的。2009年2月，经过复审答辩，武汉达梦、人大金仓、神舟通用三家公司入选"科技专项"下的"大型通用数据库管理系统与套件研发及产业化"课题。

值得一提的是，工信部在组织实施专项时，第一次明确提出除国产关系数据库产业化之外，要及时部署对非结构化数据库管理系统的研制。北京航空航天大学、清华大学和浙江大学入选了这一课题。[①]

几个月后，在一次"科技专项"相关的远程会议上，身在北京的一名专家向冯裕才发问："如果当时，国家专项没有选择支持达

---

① 杜小勇、王建民：《国产数据库在21世纪的进展综述》，《中国数据库40年》，清华大学出版社，2017年10月。

梦，你会怎么办？"

这个问题是在申请受阻时，冯裕才也曾不断想到的。他很快就给出了那个一直埋在心底的答案："如果没有国家专项的支持，我们会干得很辛苦，但是不会放弃。无论是否有国家的资金支持，我都会一直在数据库这个领域做下去。"专家很满意冯裕才的回答。

这样的坚持，正是国家在遴选专项成员企业时所看重的。

2008年结束前，还有两件事深刻影响了未来中国基础软件行业的走势。

其中的一件始于微软公司的一个决定。2008年10月，微软公布了被外界称为"黑屏行动"的正版验证增值计划。根据该计划，从当年的10月20日起，使用了盗版Windows XP操作系统的用户，其桌面背景每隔一小时就会被系统调为纯黑色。尽管微软方面的解释是，黑色的桌面背景不会影响计算机的功能使用，只是有些用户不知道自己使用了盗版，桌面的视觉变化可以起到告知的作用，但此举还是引发了争议。

10月27日，中国计算机学会发表公开声明，呼吁消费者使用正版软件，但同时表示反对微软黑屏举措。在发出这个声明之前，计算机学会曾召集国内计算机界知名的专家学者召开了座谈会，到会的九成专家认为微软反盗版的此举"做得有点过"——盗版的使用者自然理亏，但微软作为知识产权的受害方，并没有权力漠视法律、自己惩罚"小偷"。中国工程院院士倪光南在会上表示："我们认为这种方式，从某种意义上来讲，很类似于黑客的行为。"[1]

微软"黑屏事件"以一种极端的方式提高了社会对于重视软件

---

[1] 中央电视台：《再看"微软黑屏事件"》，《经济与法》，2008年11月7日。

知识产权的意识,但也引发了公众对于软件安全的忧虑——这一次微软只是把电脑桌面变成了黑色,但是谁知道这家美国公司在系统中还留了多少"后招"呢?对此最为忧虑的是一些政府部门,政府部门的公务电脑上存储有大量保密信息,很显然,为了保护信息的安全,最稳妥的办法不是使用正版的 Windows 操作系统,而是使用国产软件进行替代。

微软"黑屏事件"对国产基础软件厂商来说是一次"集结号"。它再次体现出,通过实施"科技专项"发展国产基础软件的重要性。

第二件事则来自风头正盛的阿里巴巴集团。

2008 年 9 月,阿里巴巴将微软亚洲研究院原常务副院长王坚招至麾下,让其担任首席架构师。王坚到任后在阿里巴巴内部大举推行"去 IOE"。所谓"IOE",指的是 IBM 的小型机、Oracle 数据库及 EMC 的存储设备。2013 年,阿里巴巴集团下线了最后一台 IBM 小型机、所有的 EMC 存储设备,并且将 Oracle 数据库"请出"了淘宝核心的广告系统。

"去 IOE"的大潮从此蔓延开来。数据库,作为"IOE"中唯一的软件产品,成为各大厂商争先攻略的对象。阿里巴巴的 PolarDB、蚂蚁金服的 OceanBase、华为的 GaussDB、腾讯的 TDSQL 等,均是国内巨头企业在数据库技术上探索的成果。

有了国家政策的支持、有了大厂的蜂拥而入,国产数据库行业不再是几年前的"学院派"孤芳自赏,而是迎来了"百花次第争先出"的火爆场面。

在市场认可度逐渐提升的环境中,达梦有机会去梳理好另一个困扰企业发展多年的问题。

第九章

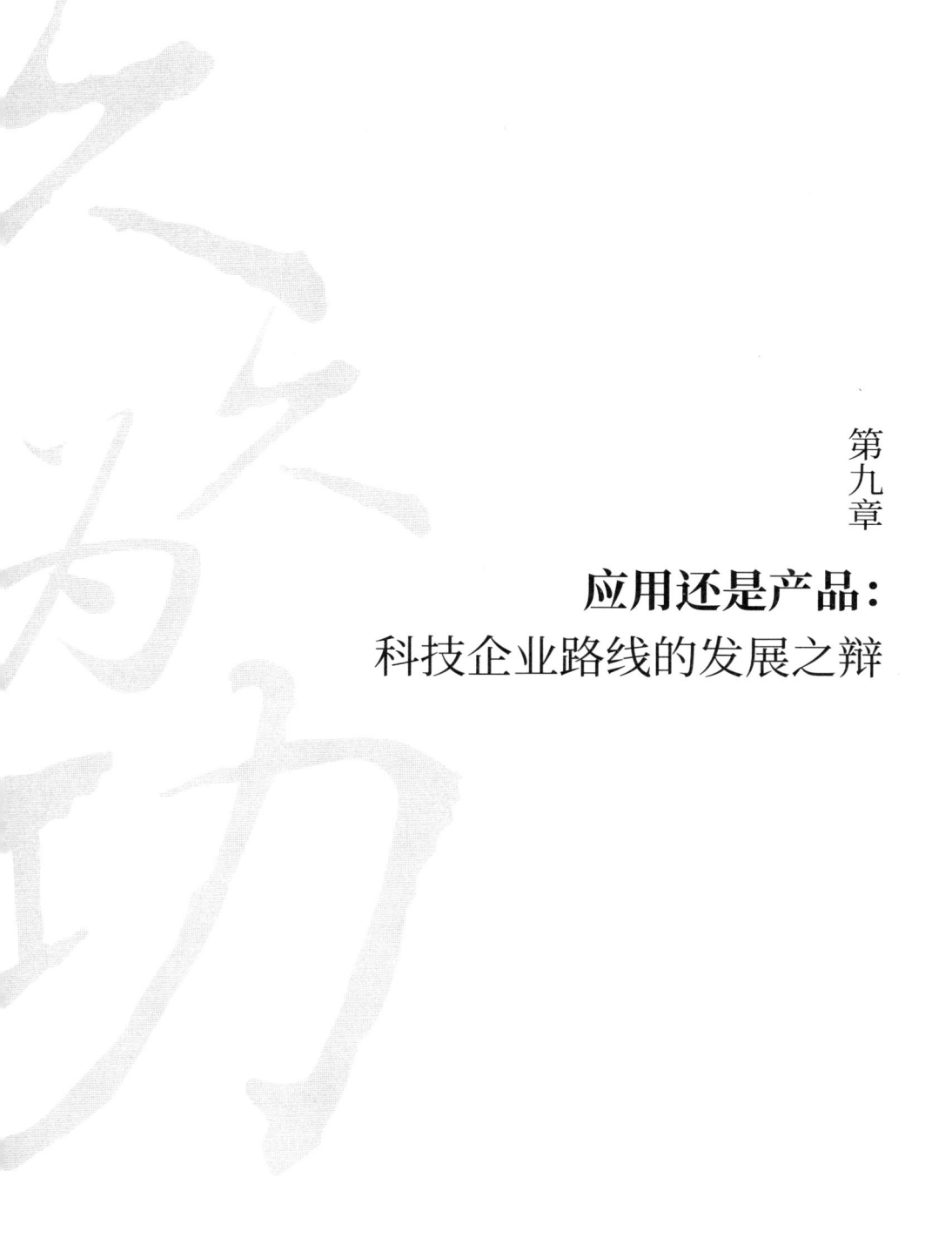

应用还是产品：
科技企业路线的发展之辩

从三峡到浦东

2007年7月，后来成为达梦副总经理的张凌睿和七名同事搬到了位于宜昌市的一座复式楼里。

这年年初，达梦签下了宜昌市消防指挥系统开发项目。对于需要短期冲刺开发的项目，把开发人员聚在一个同时满足吃、住、工作条件的地方可以显著地提高效率，这是从2003年DM4的开发中留下的一项"传统"。为此，应用开发团队特地在宜昌租用了一栋复式楼。通过多年的积累，达梦的开发团队对消防业务和用户需求已经非常熟悉。两个月后，他们完成了工作；2007年底，宜昌消防指挥系统迎来了验收。

时隔十几年，张凌睿依然对达梦在消防指挥系统中的技术优势十分自信。首先，从架构上来看，在当时同类开发商还在采用C/S架构进行应用开发的时候，达梦的产品已经将C/S与B/S相结合，这种架构更适合消防指挥系统所面对的分布式场景。其次，此时的达梦已经有了几年的用户体验探索基础，因此整个系统软件界面的易用性和美观性比同行业竞争者的产品领先很多。再次，消防指挥系统有其复杂性，常常需要集成类似呼叫中心、GPS、GIS、联动控制、语音引擎等第三方软硬件，达梦开发的系统展现出了很好的集成能力。

这些技术特点，业内人士是可以感知到的。在项目验收会上，一名参与评审的专家仔细地翻看达梦提交的工程文档，对达梦表现出了高度的兴趣。这名专家是在全国地质灾害防治信息化领域十分有名的谭照华。谭照华此前并不知道在湖北省内还有这样一家数据库企业，通过验收，他发现达梦不仅能够在技术上保持数据的一致性和传递性，同时有能力围绕数据库开发出一套好用的综合集成系统。

众所周知，世界上最大的水电站三峡水电站位于湖北宜昌境内，它是我国重要的水利枢纽工程。从广义上来看，"三峡工程"是由三部分组成的：一是三峡库区移民工程；二是大众所知的三峡水利枢纽工程；三是三峡库区的地质灾害防治。驻扎在宜昌的三峡库区地质灾害防治工作指挥部，是一个专门负责三峡库区地质灾害防治的部门，他们的一项重要工作就是在地质灾害发生前及时地发出预警。三峡工程是国之重器，库区地质灾害预警的重要性不言而喻。

但是，三峡库区的地质灾害预警工作中一直存在一个痛点。在2008年之前，三峡库区有38个系统分别记录不同的地质灾害数据，这38个系统之间，数据的结构、标准大多是互不相通的。这种情况反映了早期信息化的一个特点：在以往的地质灾害项目中，项目方更加关注业务流程、地理信息的处理、信息的图像化处理，却忽视了系统的融合和数据的一致性。这些历史遗留问题带来的直接影响是，一旦预警系统需要远程会商和指挥调度，指挥部不得不从下面的 38 个不同的子系统中调取数据。想要在很短的时间内把来自不同系统的数据融汇成一个图表，几乎是不可能的。

地质灾害预警关系到人民的生命财产安全，每一秒都很珍贵。因此，三峡库区地质灾害防治工作指挥部一直在寻找一个好用的解决方案，能够实现异构数据的打通、实现系统的标准化，这是湖北地质灾害防治信息系统内部很多专家都知道的一个急迫需求。

谭照华早年从事地质工作，1974 年起转到计算机领域，从事数字地质的研究，也就是利用数学的方法、以计算机为工具研究解决地质问题，因此在地质和计算机两个领域，他都有着丰富的经验。2008 年时，谭照华正担任三峡库区地质灾害防治工作指挥部的技术负责人。为了让整套预警系统能够实现从业务管理到决策分析运营的一体化功能，谭照华曾经在北京、武汉找了一圈，都没有发现能够满足指挥部需求的合适企业。如果专门组织人员针对这项需求从头开发一套系统，可能需要几年时间。因此，谭照华在宜昌消防指挥系统的验收中看到达梦的表现时，喜出望外，原来在他的视野之外，竟然真的存在一家已经有了良好数据技术积淀的数据库企业。

谭照华雷厉风行，他马上联系达梦，组织了一次对达梦的实地走访。走访中，谭照华与同行的地质学者专家同达梦的数据库研发人员当面讨论技术细节。

中国的政务管理信息化始于 20 世纪 80 年代。三峡库区地质灾害预警系统所面临的难题，恰好是中国政务信息化过程中很具有代表性的一个共性问题——受制于信息化之初的技术水平，不同部门的各个系统往往优先实现信息化，而忽视了彼此之间的联动性，这些"各自为战"的系统形成了一个个"信息孤岛"。随着 21 世纪大数据时代的到来,中国的政务信息化系统面临着一场革命,需要打破"孤岛",让数据实现平台化运转,进而挖掘其内含的更大价值。

达梦从 1989 年起便从事数据库相关的政务应用软件研发,冯裕才很早就意识到市场上隐藏着一种对于大数据平台的需求,谭照华的到来将这种需求真切地摆在达梦面前。两人一见如故。

中国自 1999 年起开始建立计算机信息系统集成资质管理制度,制定并发布了《计算机信息系统集成资质管理办法》。根据这项办法,特定规模以上的大型计算机项目的集成商需要拥有对应的集成资质。[1] 此时,达梦在过往的应用开发中已经申领到了三级集成资质,符合系统建设的要求。在这一轮预警系统的建设中共有十多个开发团队参与,达梦担任的角色是,将几十个项目集成为一套大系统。从 2008 年 6 月开始,达梦投入三峡库区地质灾害预警项目建设。

工程一旦进入实施阶段,进度便没有了前期交流时的顺畅,最大的阻碍是专业知识壁垒。对达梦的工程师而言,地质灾害是一个全新的领域,它不像普通的政务系统那样可以在简单了解后迅速上手,三峡库区地质灾害防治工作指挥部需要从零开始为达梦的开发人员"开地质课"。

虽然都是工科出身,程序代码和地质灾害隔行如隔山。滑坡立方、滑坡概率、雨量与地质灾害的关系,这些在地质工程师听起来已经十分熟悉的概念,达梦的研发工程师只能认认真真地记录在笔

---

[1] 国家关于计算机信息系统集成资质的要求属于特定历史时期的特定现象。2014 年 1 月,根据《国务院关于取消和下放一批行政审批项目的决定》第 6 项的规定,"计算机信息系统集成企业资质认定"被取消。

记本上，像好学生一样认真复习才能熟练掌握。负责项目建设的达梦工程师傅宇轩还记得，自己和同事们每个月都要参加项目的技术交流会。在一间大会议室里，负责开发的技术人员和地质专家们坐在一起，互相提问题。这样边开发、边学习的状态持续了超过一年，但收效也是可观的，度过了知识的磨合期，达梦的项目工程师们可以很快地按照需求将一个全新的平台数据系统开发出来。

在以往的应用开发项目中，达梦的工作可以大致归纳为两类：要么是将客户原有系统中的数据管理功能从国外数据库搬运到达梦数据库上，例如国家电网的电力调度系统项目；要么是根据客户的信息化需求，以达梦数据库为支持，研发出一套解决特定问题的全新系统，如早期的华中电力集团财务公司财务管理系统、玉门油田物资信息系统。三峡库区地质灾害预警指挥系统赋予了达梦一个新角色——"指挥家"。

三峡库区地质灾害预警指挥系统原有的 38 个子系统就如同 38 名乐器爱好者，它们各自都可以演奏出一支曲子，但要把它们凑在一起组成一个乐团，声音却缺乏和谐性。在项目一开始，三峡库区地质灾害预警指挥系统依然沿用了国外数据库，以保证系统的稳定性。不同的数据库有着不同的数据标准，想要将 38 个子系统筹到一个大系统下运作，达梦就要对不同标准下的异构数据进行抽取，并且按照统一的标准筛选，并写入全新的大系统。

想要做到这一点，达梦过往的开发项目为其提供了灵感和经验。

2006 年，达梦承担湖北省人口库的数据建设项目，其中就涉及打通来自不同系统的异构数据。在那之前，达梦数据库自带的工具仅可以实现从其他数据库抽取数据，而不能做到对数据进行统一化的处理。借着湖北省人口库的开发，达梦的项目工程师进一步优化数据迁移功能，增加了数据处理步骤。那次项目后，考虑到在未来的几年，达梦可能还会面对大量的异构数据处理的市场需求，开发人员便将人口库项目中的相关代码整理出来，做成了一个工具原型，取名达梦数据交换平台软件 DMETL[①]。

在三峡项目中，达梦再度启用了 DMETL，通过这一工具，遍布于三峡库区的 38 名"乐手"可以以相同的标准进行"日常训练"，在保证各自技艺依然精湛的前提下，也能奏出交响乐一样的和谐乐章。

时任国土资源部[②]部长徐绍史高度评价了这套三峡库区地质灾害防治信息和预警指挥系统。2011 年 7 月，在北京国家博物馆举行的"国土资源调查评价成果展"上，该系统成为展览中最吸引人的展品：三峡库区的 4664 个地质灾害隐患点全部显示在一个三维的航遥地图上，人们触摸屏幕就可以查看任意隐患点的情况，甚至监测人的手机号都一目了然。在地质灾害监测预警领域，这套系统是当时世界上最先进的。[③]

为了实现系统的统一，傅宇轩和同事们在开发过程中进行了包括名称定义、代码体系在内的大量标准化推动工作，形成了《地质灾害防治信息化应用系统开发规范》和《地质灾害防治信息系统集成规范》，并将其作为项目成果的一部分交付客户。2016 年，中国地质环境监测院编著、达梦参与编写的《地质灾害防治信息化建设理论与技术方法》一书由地质出版社出版。这标志着由达梦参与建

---

① 2023 年，DMETL 升级为"达梦数据集成软件 DMDIS"。
② 2018 年，国土资源部作为一部分被整合入中华人民共和国自然资源部。——编者注
③ 冯会玲：《国土部：已初步建立重点区地质灾害监测预警体系》，中国广播网，2011 年 7 月 24 日。

立的地质灾害防治信息化相关标准已经取得了行业内专家的普遍认可，地质灾害防治也成为达梦的一个优势行业。

从功能来看，三峡库区地质灾害防治信息和预警指挥系统已经超出了一般"指挥系统"的范畴，是达梦成功实施的第一个数据中心体量级的应用项目。既然市场上存在打破"孤岛"的信息管理需求，达梦就要积极发掘更多的类似项目。

2007年，上海浦东新区计划建设数据中心。在论证阶段，达梦多次派人前往上海，与浦东新区负责信息化的部门沟通。当时的项目负责人胡文博还记得，当客户完整地描述完需求时，他感觉，技术方面的一些难度达梦是可以克服的，但是客户的一些观念在管理上有些超前，胡文博担心系统能不能真的物尽其用。对方领导告诉他，大数据是一个趋势，"所有管理理念的问题，一定是可以随着时间推进而逐步解决的"。

在该项目实施之前，客户所遭遇的问题，与此前困扰三峡库区地质灾害防治指挥部的难题是一样的：浦东新区在不同时间为各委办局等下属单位建立的信息化系统，由于缺乏统一的数据管理，成为一个个"信息孤岛"。达梦相继于2009年和2012年中标了两期上海浦东新区数据中心项目的建设，完成了包括数据中心平台和资源目录平台等基础功能在内的框架搭建，但是，经过了两期建设，整个项目还有一个重要的问题没能解决——浦东新区下辖的78家管理单位的数据还没有完全打通。

数据中心的建设不仅仅是一个技术问题，同时也是一个行政问题。即使"政务信息共享"是大势所趋，真正让一体化的数字政务管理落地还需要行业认知的共同提升。这个问题，只能留给时间去解决。

长江两头的拉力赛

2010年春节刚过，韩朱忠将上海达梦的核心骨干聚在一起。他向同事们宣布：要马上开启新一代达梦关系数据库产品 DM7 的研发；新一代数据库要摆脱 DM6 的原有架构，从底层重新搭建产品体系。

上海的天气已经回暖，韩朱忠的脸色却依然冷峻。熟悉他的人会知道，当一贯随和的韩朱忠露出这样的表情，那么藏在这个表情下的那个决定，他一定已经思考了好久，异常坚定。

对于这一决定，大部分人是难以理解的。

一般人判断一款软件产品的性能是否优良，是看它的市场表现。以这一标准来看 DM6，它还身处壮年，不至于被"后浪"取代。自 2008 年成为国家电网四川南充电力备用调度试点的数据库供应商以来，达梦历次的开发测试都是在 DM6 的基础上完成的。在头部国产数据库厂商中，DM6 的性能毋庸置疑。按照预期，就在 2010 年，国家电网有望大规模采购 DM6 作为电力调度系统的核心数据库。

但韩朱忠是达梦的总架构师，他需要站在更高的维度去判断软件的生命周期。从 2002 年初接受冯裕才的邀请开始组建上海达梦团队，他从事达梦数据库的研发已经过去了八年，从 DM4 到 DM6，每一版本产品的性能特点他都熟稔于心。其中，在 DM4 和 DM5.6 的研发中，韩朱忠和同事们两次更新产品架构，好让达梦数据库更能符合当时市场的需要。但是受制于环境的紧迫，这些产品在研发中多少都对性能有所舍弃，走了一些捷径。例如，DM6 在衡量数据库管理软件事务性表现的 TPC-C 指标上表现尚可，但是体现分析能力的TPC-H指标相对落后。韩朱忠和李明杰等核心研发人员曾尝试过对DM6进行修补，但是因为架构缺陷，DM6的分析型事务处理能力始终无法提高。随着时代的发展，达梦数据库想要支撑起更繁茂的树冠，根系不牢的弊端就越发显现。

韩朱忠经常听到销售团队带来的客户反馈：希望达梦的产品能够"长得"更像国外顶尖数据库，这样用户就可以在替代后更加平滑地上手。当然，也有很多像国家电网这样的客户，他们知道达梦数据库与国际顶尖的数据库比起来有差距，但从支持国产技术发展的战略层面考虑，他们愿意接纳这种差距。

让用户向产品妥协，这在韩朱忠看来是不对的，想要在性能上接力国外数据库，就需要达梦对数据库的底层架构做出调整。"科技专项"为基础软件研发带来了关注度，此时的达梦拥有了更多的经费和人力，韩朱忠认为，立刻开启新一代架构数据库的研发十分有必要，如果DM7顺利研发成功，它面世的时候，恰好是国产数据库在市场上大举反攻的重要时点。

当上海达梦全力研发DM7时，谁来为市面上采用了DM6的用户们提供技术服务就成了一个新问题。

韩朱忠思考之后的解决方案是，从2010年3月开始，达梦的上海技术团队开始逐步向武汉移交DM6的开发源代码。除了保证DM7的研发人力，这一行为还多了一层"破釜沉舟"的色彩。韩朱忠告诉同事们："开发DM7就是上海团队的'二次创业'。DM6的运维已经移交给武汉，如果DM7没能开发出来，那么我们上海团队也没有存在的必要了。"韩朱忠上一次这么严肃地谈到上海子公司的"存亡问题"，还是在DM4的冲刺研发中。感受到韩朱忠的坚决，上海达梦的技术人员全力投入DM7的研发。

对武汉技术团队来说，接受约千万行的 DM6 源代码，挑战与机遇并存。只有压缩学习代码的时间，他们才能尽快为市场上使用 DM6 的大量客户继续提供高品质的原厂服务。在此之前，虽然武汉达梦也会提供技术服务，但由于缺乏源代码，这种技术服务其实是在"黑箱"的状态下进行的，涉及关系数据库核心的问题需要上海团队配合；有了 DM6 的源代码之后，武汉团队则可以提供"白箱"下的技术服务。

虽然 DM6 有一些底层弊端，但它依然是国内团队研发出的顶尖数据库软件，研究 DM6 的代码对于提高武汉团队的技术能力大有裨益。测试部门出身的达梦副总经理陈璋回忆，DM6 源代码的移交为达梦培养了一大批技术服务专家，武汉研发团队的技术实力上了一个大台阶。

就这样，长江两头的两支团队同时开始了与时间的赛跑。

想要让 DM7 做到平滑替代 Oracle，从过往的经验中，韩朱忠的团队制定了两个需要攻克的目标：一是要兼容 Oracle 的过程化 SQL 语言 PL/SQL；二是要开发出可媲美 Oracle 数据库的查询优化器。有了这两点，达梦的新一代产品有机会像用户期望的那样，"长得更像" Oracle 数据库。

2012 年，DM7 按照韩朱忠的规划按时发布。此后，上海达梦团队每三个月更新一次版本，每年代码提交量达到数千次。另一家国产数据库公司的技术服务负责人几年后加盟达梦，他告诉韩朱忠，在 DM7 刚刚发布时，他们团队就下载测试，测试后发现，DM7 在性能、稳定性、对 Oracle 的兼容性上都有了质的飞跃。这家企业专门安排了团队研究 DM7，但不久后，随着 DM7 的版本迭代，产品形态更加成熟，他们发现想要追赶达梦几乎成了不可能的任务，这让团队信心受挫，很多技术骨干外流。

这样的市场影响力是韩朱忠在研发 DM7 的时候就希望达到的——通过一款里程碑式的产品，一举拉近与国际顶级数据库的距离，同时拉开与国内同行业竞争者的距离。

研发"拉力赛"对于武汉技术团队的影响也是巨大的。有了对数据库产品的全盘了解，武汉团队可以更好地优化脱胎于诸多应用开发项目的数据库工具达梦数据交换平台软件 DMETL，同时为几年后开发数据实时同步软件 DMHS[①] 积攒下技术积淀。

达梦的产品此时已经经过大量应用项目的历练，至少有四个方面在国产数据库领域是领先的：一是能够实现在数据层面对 Oracle 数据库的高度兼容，二是自身的关系数据库产品可以稳定地运行，三是达梦已经积累下满足多样需求的数据集群工具，四是达梦团队可以提供优质的原厂服务。

为了将这四项优势与客户多样化的需求适配起来，在这一时期的项目开发中，达梦原厂工程师常常需要不断进行调优，客户也愿意给予达梦很大耐心。

华东区一个政府信息化项目的负责人告诉负责销售工作的帅汉涛："其实我不怕你这个系统一开始有问题。当你发现了问题，迅速定位问题，最后解决问题，哪怕需要三个月、四个月、五个月的时间调试，它最终一定是可以成熟的。然后我们就可以永远地享受它带来的便捷，我们的公众服务也可以做得更好。"

客户是挑剔的，也是理性的。当达梦在部分性能上悄悄地实现对国外数据库的赶超时，客户能够感知到，也愿意给予达梦以包容。

---

① 2023 年，DMHS 升级为"达梦数据复制软件 DMDRS"。

达梦并不是中国数据库市场红利的第一批享有者，正因为闯入的是一个群雄纷争的市场，只有处理好异构数据的迁移、同步、管理，达梦才有机会从竞争对手那里赢得客户。因此，相比于达梦产品矩阵中的其他数据库工具，DMETL 和 DMHS 承载着更多"雪中送炭"的功能。正是有了这两样工具的加持，达梦才有可能在未来国产化大潮来临时，迅速从国外数据库手中接盘市场份额。

然而就在 DM7 所引发的研发"拉力赛"告一段落的时候，关于应该如何平衡应用开发和产品研发的关系，达梦内部爆发了有史以来最大的一次争论，这次争论险些将公司推向歧途。

看待应用开发的两种视角

2012 年，冯裕才第一次来到美国加利福尼亚州红木滩，这里是世界第一的数据库企业甲骨文公司的总部。

在对甲骨文总部的造访中，他很认真地近距离审视着这家数据库巨头，研究着一家依靠数据库独步天下的企业应该如何运作。达梦是一家习惯于谦虚的企业，但无论它多么谦虚，都不得不承认，达梦希望达成的那个"梦想"里，有着甲骨文公司的影子。

冯裕才了解到，这家在全球拥有超过 10 万名员工的企业，仅有 1% 的员工从事着核心数据库的研发，更多的技术人员从事外围工具、应用的研发。这也可以解释为什么甲骨文印度公司拥有 3 万名员工，是除美国以外拥有员工最多的分支机构。甲骨文强大的生态链支撑着 Oracle 数据库的市场表现。

参观结束后，冯裕才与同行的韩朱忠需要一起赶到北京，参加科技部召开的一场会议。两人从夏威夷取道韩国，再直飞北京。从首尔到北京，算上换乘时间与飞行时间，差不多需要 8 个小时。

冯裕才和韩朱忠的关系，很久以前是老师与学生，现在是上级与下级，但更多时候，两个人更像是信仰国产数据库道路的同行者。在很多人还不看好国产数据库的时候，正是由于他们的坚持推动，达梦才能推出并不断完善自己的产品，达到可以与国外数据库同台竞技的标准。

从韩朱忠加入达梦，已经过去了十年，这十年里充满了忙碌，似乎一刻都没能停歇。冯裕才已经很久都没能有这么长的时间与韩朱忠独处了。很自然地，在前往北京的这 8 小时里，两人的话题落在了为数不多的分歧点上——达梦应该如何看待应用开发与产品研发的关系。

韩朱忠是典型的研究型软件工程师，他有着很强的成本意识，崇尚技术至上。从 2004 年达梦一开始从事与数据相关的应用项目研发，韩朱忠就不赞同走这条路线，他更希望公司将为数不多的资源尽可能多地投入关系数据库的研发，在每一代产品的研发中少留遗憾。然而当时的实际情况是，如果不依托应用开发，市场很难单独接受一套系统解决方案采用达梦数据库作为底层支持。没有了客户，就意味着没有收入、缺乏使用场景，这样的话，完善产品反而更加遥遥无期。韩朱忠也理解这点，在很长的时间里，他没有对此提出过激烈的反对意见，默默地进行着达梦的核心产品 DM 系列关系数据库的研发。

冯裕才打心底也从来都没有觉得达梦应该是一家从事应用开发的公司。在迫于生存压力、接下一些开发项目时，他是知道韩朱忠持有反对意见的。冯裕才的应对方法是，一方面将应用开发的工作交给武汉团队来做，保持上海团队可以独立地进行核心技术的研发；另一方面，他从一开始就试图从不同的应用项目中发现共性，提取可复用的成果，开辟出一个新的业务模式。对于成熟的软件企业而言，通过抓取共性、形成产品，可以大量复用已有的成果，仅仅约有 15% 的工作是需要个性开发的。例如，Oracle ERP 就是甲骨文公司从应用开发中形成的产品。而这一时期，达梦在全国各地陆续接到的数据中心类业务，正符合冯裕才对于产品化的期待，他认为数据中心将会在未来几年里为达梦带来广阔的商业前景。

可是，即使对于冯裕才寄予厚望的数据中心类业务，韩朱忠也持保留态度。在他看来，数据中心需要投入大量的技术人员，依然属于一种劳动密集型业务模式，而一家公司的收入结构过于依赖劳动密集型业务是具有风险的。

从商业角度去审视韩朱忠的观点，他的担忧是具有一定道理的。经济学中一个基本的规律是"边际成本递减"——当企业到达一定的生产规模后，每增加一份产值，所需要的成本应该越来越低。无论是达梦进行的应用开发业务，还是核心数据库产品所带来的收入，都遵循边际成本递减的规律。然而两者相比，虽然技术人员的经验提高、复用过往项目的代码等因素可以让应用开发业务的边际成本递减，但是无论如何，应用开发的边际成本都不可能像软件产品那样压缩到一个极低的标准。

很多经济学教材都喜欢用软件企业的例子去帮助初学者理解"边际成本"的概念：当软件企业可以在市场上大量地销售某种软件产品时，边际成本几乎是零，因为多制作一份软件拷贝或是多生成一个软件激活码的成本几乎可以忽略不计。

韩朱忠强烈的成本意识促使他站在达梦公司发展的角度去思考应用与产品之间的平衡问题；另一方面，刚刚诞生的 DM7 是韩朱忠与上海团队开发出的有史以来他们自己最为满意的一代产品，他们更希望，在瞬息万变的市场环境下，达梦公司能够把握住 DM7 的优势期，尽可能地举公司之资源，夺回被国外数据库占据的市场。

这场发生在黄海上空的讨论很难形成一个共识。当飞机缓缓降落在北京首都国际机场，韩朱忠平静地为这 8 个小时做了一个总结："冯老师，您也没能说服我，我也没能说服您，您是领导，我听您的。"

虽然讨论被搁置了，但是分歧依然存在。达梦的管理层再一次不得不面对这一问题，是在一年以后。

2013 年 7 月，达梦的年中高管会在武汉光谷软件园举行。2002 年加入达梦的孙羽彤因为业绩出色，已成为主管销售的公司副总经理，开始出席高管会。

这一年，始于 2008 年的国家重大科技扶持计划"科技专项"已经执行了五年，即将迎来第一期的结束。因为计划的执行出现了种种问题，从效果上来看，很多一开始定下的目标并未能达成，因此国家进入一个政策反思的间歇期，相应地，对于基础软件企业的补贴也减少了很多。韩朱忠感受到了这种变化。在他看来，达梦以往的现金流健康过于依赖国家和地方的补贴支持，但是想要成为一家正常的软件企业，财政给予的补贴应该是锦上添花的，而不是雪中送炭的。眼看着 DM7 越发成熟，他再度萌生了应该让公司集中优势资源全力推广数据库产品的念头。他在起身离开上海、前往武汉参会时已经决定，这一问题要在高管会上好好讨论出一个结果。

孙羽彤既不知道在公司的应用开发业务上，冯裕才与韩朱忠的

第九章 应用还是产品：科技企业路线的发展之辩

观点存在分歧，也不知道年中高管会将要讨论这一议题。第一次出席高管会的她只是感觉会议的气氛有些紧张。"我们这种企业是不可能吵起来的，当时那个氛围就是一种很'艺术化'的争执。"孙羽彤回忆。

一家公司的运营中，将会遇到种类多样的矛盾，可是并不是所有的矛盾都会浮上水面。大部分矛盾只是为公司带来一些小小的颠簸，在隐忍之下，企业可以很容易地适应或者忽视它们；还有一些矛盾会随着公司的发展而化解。但是，达梦的应用和产品之辩，已经隐隐地持续了多年，它像一头大象一样闯入了高管会，成了一个无法避而不谈的问题。

韩朱忠希望砍掉应用开发业务，冯裕才则希望将其保留，一个双方都能接受的折中方案是，应用开发部门成立独立核算的事业部，自负盈亏，用市场表现去检验其存在的意义。同时，这样也能保证由数据库产品带来的营收可以进入一个"留存、再研发"的循环，不会被其他业务分流。不过，韩朱忠对于应用事业部还有一个要求：他希望应用事业部的领导者可以心无旁骛地投入应用开发，不要同时从事数据库相关的业务，否则所谓的"独立核算"将有可能因为"独立"的缺失，而变成无法兑现的一纸空谈。

正是这一要求让应用开发部门的存废再度被推上风口浪尖。原因很简单，达梦现有的高管，无论是最早一同创业的冯裕才、王臻、吴衡，还是较早加入公司的刘天宇、周博明、罗斌，在数据库领域，他们有着完备的技术和人脉积累，但是一旦放弃数据库研发、全面转向应用开发，他们的职业生涯将不得不面临一次归零重启。更重要的问题是，这些高管无一不是从研究所时代就加入达梦的老员工，他们很清楚，达梦的应用开发业务是紧密地围绕着达梦的数据库产品而展开的,这时候选择贸然接手应用事业部,不但没有化解原有的矛盾,反而容易在表面的一片祥和下,将原有的矛盾越养越大。

如果会议不能为应用事业部选出一个合适的领导者,那么只能执行另一个方案——将应用开发部门砍掉。

孙羽彤自知不是技术出身,在前面的讨论中发言很少。在谈到将要成立单独的应用事业部时,孙羽彤曾经站出来,表示愿意把应用事业部涉及的回款等事务性工作揽下来,将这部分业绩指标划归销售部门来承担。在她看来,这些工作本来就是销售部门应该做的,与是否成立事业部没什么关系。可是讨论一圈下来,议题再度退回到"是否要砍掉应用开发部门",这让孙羽彤不由得皱起了眉头。

达梦通过应用开发项目带动数据库的销售,这样的模式让销售部和应用开发部成为业务链条上两个合作紧密的部门。孙羽彤作为销售部的负责人,竟然要眼睁睁地看着应用开发部被砍掉,武汉女孩性格底层的直率与江湖气一下子涌了上来。她气愤地从座位上弹起,强调多年以来应用开发部门对于达梦不断拓展业务的意义。最后,她还是没有忍住,提高了声音向在场的人发问:"大家一起共事这么久,竟然说砍就砍,你们到底有没有感情?!"

话一出口,孙羽彤脑子里闪过了一个念头:"自己是不是太僭越了?"孙羽彤既不是出身华中科技大学达梦研究所的"老臣",又是第一次参加高管会,从身份来讲,她似乎并不适合做出如此激烈的表态。可是,在加入达梦的十多年里,这家公司即使有种种不成熟的地方,她都愿意留下一同成长,因为达梦不存在那种让她最为厌恶的企业特质——层级感和压迫感。

这是达梦的一个优点。正是因为它把每一个员工都看作一个理智的、独立思考的个体,所以它不会粗暴地认定员工的愤怒是毫无来由的胡搅蛮缠,而是倾向于去深挖这种愤怒的来由,好去找到一个治标治本的解决方案。这样的思考方式来自达梦的学校基因,又在此时此刻为化解眼下的尴尬留下了一丝转机。

王臻一直以来都是孙羽彤的直管领导,对孙羽彤十分了解,她从孙羽彤的气愤中看到了另一种可能性:应用开发事业部需要一个可以独当一面的部门领导者,这个人要熟悉应用开发的业务细节,同时又不能背负数据库研发的过往包袱,这些特质都指向了怒气未消的孙羽彤。尽管孙羽彤不是技术出身,可是在这样一个节骨眼上,没有比她更好的人选了。

在达梦的三位创始人中,比起直率的冯裕才和内敛的吴衡,王臻显得细腻而开朗,常常在公司事务中承担起"平衡者"的角色。她先接下了孙羽彤的话茬,左右安抚两方意见,让会场气氛缓和下来,随后她旁敲侧击地试探孙羽彤,如果没有合适的人接手应用事业部,孙羽彤愿不愿意出面,保留住公司的这部分业务和朝夕相处的同事。

有那么一瞬间,会场的气氛被孙羽彤的盛怒搞得有些僵硬,可是在王臻的斡旋下,这种冷峻的气氛就像是滚烫锅板上的一片薄冰,很快融化了。在漫长的合作生涯里,冯裕才、王臻、吴衡三人彼此已经默契非常。当王臻给出了新的提议,推举孙羽彤担任应用事业部负责人时,三个人甚至无须眼神交流,就可以默默地隔空形成共识。

没有高管对这一提议提出反对。

孙羽彤没想到事态会向这个方向发展。所有专业的销售人才必备的一项技能就是察言观色,听到王臻提议后的孙羽彤看了看冯裕才和吴衡的表情,她意识到,在是否保留应用开发业务这一问题上，三位创始人的意见是一致的。她便不再推脱，一口答应了下来。

孙羽彤虽然并非技术出身，在刚刚接手应用事业部时还需适应，但是她对于这一职位有自己的理解："这一岗位要求的不是我的销售能力，而是资源调配能力。资源调配对我来说从来不是问题。"既来之，则安之，孙羽彤信心满满地走马上任。

应用事业部的同事们也知道，公司架构的变化，对于他们是一种考验。因此在日后的工作中，他们更是铆足了劲儿，想要向公司证明自己。

2013年，孙羽彤领导的应用事业部不仅养活了自己，实现回款7737万元，还创造出了超过900万元的毛利。

没人能够在这次高管会召开前预知它的走向，但孙羽彤同时主管销售和应用开发两块业务的决定在高管会上能得到一致通过，很大程度上源于她工作多年所展现出的能力与冲劲。作为一种商业模式，此时达梦公司的应用开发业务尚在演进之中。孙羽彤担下了这份业务，是要求她在别人不知道怎么做、不敢去做的时候，在市场上摸索出一套适合达梦的商业路径。

"宝塔"上的"五角星"

2011年12月，湖北省公安厅计划搭建一个"公安云"。在规划阶段，他们邀请冯裕才和华中科技大学计算机学院的沈浩宇前去为处级以上的干部们做一个演讲，介绍云计算相关的知识。

沈浩宇认真地整理了国外云计算行业的很多前沿资料，从技术原理开始解释云计算的概念，讲了大概一个小时。冯裕才看了看下面听讲者的表情，觉得他们并没有听懂。于是，他决定花几分钟的时间举个浅显的例子来进一步解释一下。

"比如现在我们 10 个人要出去旅游，有人带了照相机，有人带了摄像机，有人带了潜水镜，有人带了望远镜，等等，每个人带的东西不一样，但是这些东西大家又都可能用得到。现在我们来做个整合，把大家的设备登记一下，每个设备属于谁、价格是多少、想要租用的单价是多少。然后大家排队按照自己的需求来租用、付钱。这就是一个典型的'云'的概念。

"用三个词概括一下就可以理解'云'的原理：第一个是'整合'，把资源进行整合；第二个是'共享'，整合是为了实现共享；第三个是'服务'，'云'的最终目的是提供服务。"冯裕才通俗的解释帮助湖北省公安厅的干部们大致了解了"云"的意义。

达梦后来顺利承接了湖北省"公安云"项目，以这次项目为契机，达梦开始梳理云计算的架构。

在大部分人的认知里，云计算有三层架构，从上到下依次为 SaaS（软件即服务）、PaaS（平台即服务）、IaaS（基础设施即服务）。达梦在实施了湖北省"公安云"项目后，实现了 DaaS（数据即服务）概念。这是达梦为云架构的落地所搭建的第四层架构，冯裕才认为，只有 DaaS 才能让上面的 SaaS 层和下面的 IaaS 层联动，使整个系统联通起来。

如果去问冯裕才和韩朱忠同一个问题："达梦应该先做大还是先做强？"两个人的答案一定是一致的："达梦应该先做强，后做大。"

但是，对于承接数据类应用开发项目的定性，两个人却有了分歧。韩朱忠认为，应用开发类项目让达梦的基本盘铺得更大，已经偏离"先做强后做大"的初衷；冯裕才则认为，这类项目有助于优化现有产品、孕育新的产品，是达梦实现"做强"的一个手段。

两个人的分歧没有对错之分，只不过因为各自的视角不同，对同一件事的认知产生了偏差。

本章的开头介绍过，2008 年，达梦能够拿下三峡库区地质灾害预警项目，得益于在宜昌市消防指挥系统中的良好表现。事实上，这件事也成了达梦改变业务构成的一个契机。正是从这时开始，一直到 2014 年，达梦逐步放弃了曾经每年为公司带来一半以上收入的消防类项目。其中的最大原因是，达梦即将进入一个新的发展阶段，消防类项目对数据库产品的依赖已经显得不够典型，能够带来的产品功能优化也微乎其微。

达梦承接应用开发类项目的原则，并不是哪里有钱赚就冲向哪里。随着公司在数据中心类项目上的拓展，冯裕才越发明确，达梦未来承接的项目，一定要具备数据平台属性。

2014 年 10 月起，美国电商巨头亚马逊开始在自家的云计算平台 AWS 上提供云端关系数据库服务——Aurora。亚马逊本来同阿里巴巴集团一样，出于成本考虑想将 Oracle 数据库从自身的核心业务上剥离，而现在，亚马逊已经开始反攻甲骨文公司的关系数据库"大本营"。同一年，达梦也在云计算上迈出了直接的一步，将原来的应用开发事业部改组为云平台软件事业部。冯裕才希望这次改组可以再度表明自己对于应用项目的态度，从某种程度上说服韩朱忠。

在 2013 年的年中高管会上，孙雨彤接下了应用开发事业部总经理一职，她立刻发现，想要按照韩朱忠期望的那样，让应用开发事业部完全不去销售关系数据库产品 DM7，是做不到的。应用项目与 DM7 之间已经形成了高度融合的共生关系，相互带动销售是常有的事。孙雨彤不在乎那些条条框框，做了再说。

2014年，随着云平台软件事业部的改组成立，孙雨彤不再兼任事业部负责人，而是将这一职位移交给了技术出身、逐步成长起来的张凌睿。孙羽彤对于商务拓展、成本控制、市场研判的敏感度深深影响了张凌睿，这帮助张凌睿从一名出色的技术人员成长为全面的管理者。

2015年，达梦希望启动上市流程，利用资本市场的优势提高知名度，实现快速发展。为此，达梦邀请了专业人士加入，专门负责上市工作。融资和上市都考验企业的财务指标，以这个标准来看，达梦的云平台软件事业部成本高、利润低，似乎成了上市的拖累，负责上市的同事提出建议：达梦应该剥离云平台软件事业部。

这名同事的建议与韩朱忠的想法殊途同归，再度引发了达梦的"应用与产品之辩"。财务部门做出了一套整体方案，将达梦公司一分为二，保留数据库业务单独上市，云平台软件事业部也将成立公司独立发展。

会计学是商业社会通用的一门语言，基于财务状况而做出的商业规划在逻辑上是自洽的，因此很容易得到支持。达梦的几家股东在阅读过方案后均没有提出反对意见。

2015年12月17日，达梦注册成立了武汉达梦曙天数据技术有限公司，达梦对其持股30%。从股权上看，达梦依然是新公司的大股东，又因为持股比例不超半数，新公司的报表不必被合并进母公司。这样，两者保持了一种既有关联，又相对存在距离的关系。按照方案，云平台软件事业部将整体挪入这家公司，从达梦的原有主体剥离。

一切准备就绪，只等冯裕才签字确认。

因为达梦在上市之前还希望进行一轮融资，冯裕才去见了不少潜在的投资人，其中一家公司是位于广东的私募基金。介绍达梦的情况时，冯裕才提到了正在进行的"分家"计划，没想到，原本极为热络的投资人听罢语气突然凝重了起来。他告诉冯裕才："冯老师，你这个'分家'是有问题的。你们本来规模就不大，还要分成两块，达梦这么一分，就等于瓦解了，谁还敢投？"

冯裕才本来就在心里暗暗觉得"分家"一事有些问题，可是股东、上市负责人、部分员工都赞同这一决定。此时，投资人的一番话敲响了冯裕才的警钟。

会计学确实是一门语言，但是它就像汉语一样，同样的字写在纸上，可能会表达出不同的含义。冯裕才意识到了危险，最终决定坚持己见，否决了"分家"提议。他用一个比喻向那些主张"分家"的同事解释云平台软件事业部的意义："假定达梦是一座宝塔，关系数据库产品就是宝塔顶上的红五角星，很闪耀，人们老远就能看到；云平台软件事业部就是宝塔的塔身。把宝塔上面的红五角星拿走，光秃秃的一座塔看上去什么也不是；直接把红五角星放到地上，也没人能看得见。只有红五角星加上宝塔，才是一个整体。"

在冯裕才研发数据库的不同阶段，应用开发所代表的意义是不同的。在 20 世纪 80 年代研发数据库原型时期，冯裕才所面临的是做应用与做产品的问题，这是对战略方向的选择。冯裕才必须做产品，所以他毅然放弃参与武汉市金属材料公司的钢材数据库管理系统应用层面的开发，转而花时间去啃艰涩的英文大部头数据库资料。随着达梦的原型 CRDS 和早期 DM 系列数据库产品的诞生，冯裕才需要通过应用来验证产品的可用性，特别是在始于 1997 年的华中电力集团财务公司管理系统的开发中，冯裕才坚持采用分布式的 DM2 数据库。韩朱忠领导团队开发出 DM4 后，达梦数据库的产品形态逐步完备，这时需要通过应用开发的带动，让市场检验产品，帮助产品进入不同的行业。归根结底，达梦承接应用的历史，就是通过应用开发检验和拓展产品，并接触市场需求，通过需求完善产品形态的过程。

软件产品应该是具有复用性的，而不是一次性的。达梦所进行的应用开发，是一次次发现可复用代码、检验可复用代码的不断尝试。冯裕才认为，一次应用开发得到的软件代码，复用了两次、三次还不足以称为产品，只有复用了五次以上，它才能基本定型成一个产品。这个"复用五次"的过程，只能通过应用开发来实现。

多年后，冯裕才依然十分庆幸于自己在"分家"关键时刻的悬崖勒马。在《红楼梦》著名的"抄检大观园"情节里，曹雪芹借探春之口讲出了一个道理：像贾府这样的大族人家，有着很强的抵御外部侵袭的能力，但是，自内部而起的分化最终会导致一个整体的一败涂地。这个道理放到今天，依然适用于大多数企业的实际管理。达梦在体量上虽算不上科技企业里的"大族人家"，但它核心技术过硬、团队稳定，正处于业务爆发增长的起点，积蓄了很强的发展势能。冯裕才认为，如果当时真的将公司一分为二，最终的结果有可能是产品与应用两摊业务都没有做起来，反而浪费了大好的发展时机。

就在冯裕才否决"分家"提议后不久，他所看好的数据中心类项目就为达梦送来了一个巨大的果实。

2009年，当达梦第一次介入上海浦东新区数据中心项目时，国内对于"大数据"这一概念的认知才刚刚起步。一个新的概念需要有足够的技术积累和范例的带动，才能够得到社会的广泛认可，这是浦东新区数据中心的建设在完成了初期架构搭建却没能进一步落地实施的一个重要原因。此后几年，大数据概念及其所能带来的势能已经得到了有识之士的公认，上海市浦东新区数字政务建设进入一个快速发展的阶段。

2016年春天，浦东新区启动了浦东数据中心三期工程的前期技术论证工作，这项工程旨在推进浦东新区政务信息资源动态共享交换体系的建设，让整个数据中心持续运营起来，项目意义重大。

作为上海本地著名的数据库专家，东华大学的乐嘉锦教授十分了解并看好达梦，他的专业建议，为达梦在政务市场的发展和产品优化改进发挥了重大作用。

达梦派出了张凌睿等技术骨干领衔这一项目的实施。在张凌睿看来，无论是前期在技术论证中的投入，还是在达梦中标后的系统开发工作，都不存在明显的技术难点，因为2008年三峡库区地质灾害防治信息和预警指挥系统开发之后，达梦还将类似的数据中心类产品应用于湖北省"公安云"，以及长沙、扬州、襄阳等地级的数据中心平台。从冯裕才倡导的"复用五次以上，形成产品"这一产品逻辑链条来看，达梦在数据中心类项目中的经验实际上已经基本完成了产品化。真正的难点在于，如何说服浦东新区的78家下属单位主动将可共享数据接入数据中心，从而完成跨部门信息共享。

领导的大力推动固然有利于这一过程的实施，但是更为快捷有效的方法是，每一个单位都能意识到提交数据统一管理能够为他们带来怎样的好处。项目组与新区领导不断地探索研究，同时多次组织邀请领域内资深专家、各职能部门信息化专员等开展研讨会，共同制定信息共享管理办法和工作实施方案。以数据管理和应用协同为出发点；以多方共同参与，深入街镇社区，贴身技术服务，数据归集绩效排名等为主要推进手段，最终数据接入在短短半年内实现全覆盖，同时它们也收集了大量信息共享需求和平台功能改进建议。这个始于 2009 年的庞大系统完成了最后的研发收尾工作。

截至 2019 年 8 月项目验收，浦东新区数据中心平台实际归集 78 家下属单位的超过 6300 个事项、71000 项数据，数据量达到 11.2 亿，为浦东新区事中事后综合监管平台、公共信用信息服务平台、网上政务大厅等系统以及各种行政许可、行政审批事项，提供数据查询、比对、分析等服务，有效支撑了浦东新区城运中心、市场监管局"六个双"、信用浦东等多个重点工程项目的信息共享交换业务。

浦东新区在国内的影响力巨大，特别是它肩负着党中央要求的改革开放先行先试的引领责任。项目周期内，负责浦东新区信息化工作的领导大力支持国产数据库，支持民族科技产业，为项目成功实施提供了有力保障。

达梦能够从大量的应用开发项目中提炼出数据中心服务，得益于对过往工作中研发成果的复用和产品化。数据中心业务线的诞生，既来自冯裕才具有前瞻性的数据市场判断，也来自多年应用开发的智慧凝结。从商业模式上看，这条路径具备商业前景，代表了一个解决"应用与产品之辩"的思路。

抛开了"分""合"之争，达梦保留住了"宝塔"的完整性。一旦市场成熟，聚焦于数据服务的多条产品线既有助于针对不同客户的不同需求实现业务上的多点开花，也可以在面对单一大客户的复杂需求时给出完整的、自生态下的成套数据服务。

专精的达梦有机会变得更加耀眼。

第十章

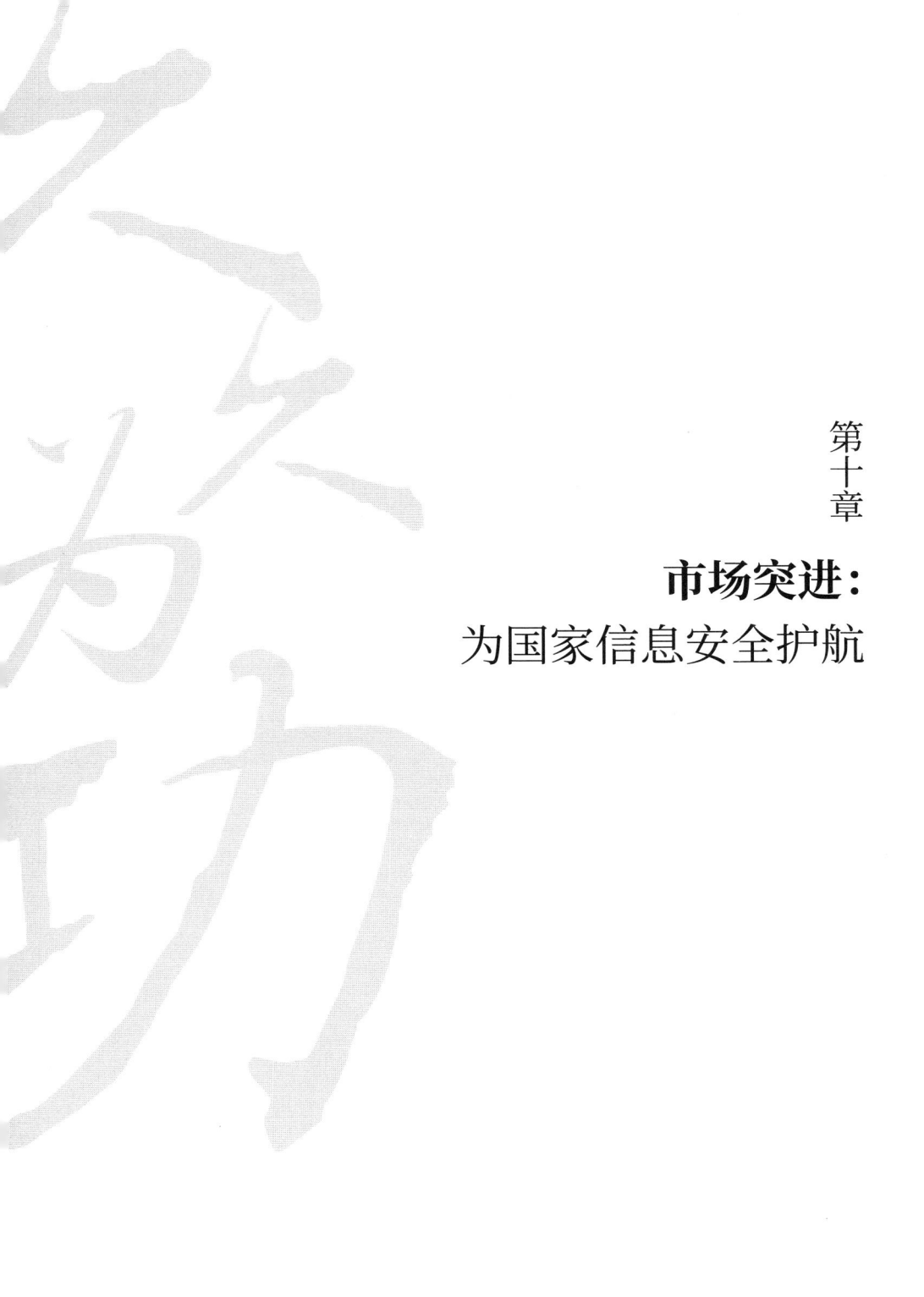

市场突进：
为国家信息安全护航

进军"中国航信"

2006年10月10日13时30分刚过,北京首都机场候机大厅内的旅客就从广播中听到了一条他们不希望听到的消息:所有的离港航班被迫延误。[①]

透过候机大厅的玻璃,旅客们甚至可以看到,几架原定起飞的客机已经停在几十米外登机廊桥的另一头。他们不明白,到底有什么障碍物挡在了这几十米之间,把他们困在了候机大厅。

航班无法正常起飞的原因是航班离港系统故障。[②] 首都机场的故障持续了50分钟,其间33个出港航班延误,近1000名旅客滞留。同一时间,同样的故障还席卷上海虹桥机场、广州白云机场、成都双流机场、长沙黄花机场、香港国际机场等全国多个机场。

离港系统是现代化机场必备的核心信息系统之一,负责提供航

[①] 林红梅:《首都机场离港系统恢复正常 所延误的航班已离港》,新华社,2006年10月10日。
[②] 《民航总局主机故障致京港穗深机场系统瘫痪》,《南方日报》,2006年10月11日。

班值机、班机载重平衡、数据传输和综合信息服务等功能。我国绝大部分民航机场使用的都是中国民航信息网络有限公司（简称"中国航信"）提供的离港系统。

事后查明，2006年两次离港系统故障的直接原因是系统内作为底层支持的国外软件出现了故障。通过此次教训，中国航信意识到，花费了高价购买的国外软硬件并非万无一失。进一步来看，如果连系统的稳定性都无法保证，国外软硬件的性价比更显得毫无吸引力。

中国航信副总经理黄源昌曾常年分管研发工作，他分享过一组数据：在20世纪90年代，每订一张民航客票的人机对话次数是13次；而随着行业规模的增长，到了21世纪第一个十年，每张电子客票的人机对话次数超过1000次。"这意味着中国民航的电子客票交易系统对软件平台的使用量大增，成本越来越高，依赖程度越来越高。"黄源昌说。国外的同类型公司每销售一张机票要从航空公司抽取数美元作为服务费，中国航信的服务价格只是国外同行的1/5~1/3，如果不能摆脱国外软硬件系统的高昂成本和使用风险，这些成本与风险最终都将转嫁到消费者头上。

2008年，中国航信董事会决定，开始投资建设新一代旅客服务系统。此举被认为是中国航信谋求摆脱对国外软件依赖的第一步。可是，一家企业的能力注定是有限的，中国航信很早就意识到，全部使用国外软件，昂贵的使用费会成为负担；与之相对的，如果所有的信息化系统全部依靠中国航信自身的力量从底层开始研发，巨大的科研投入也是中国航信无法扛住的。

为此，2012年，黄源昌主动找到"科技专项"评审组，希望专项能够把中国航信作为试点单位，动用全国顶尖的科研力量，建立起一套普惠大众的自主系统。中国航信拿出作为试点的，是自身体系内最核心的实时交易系统——电子客票系统。[①]

伴随着始于 2008 年的"科技专项"，2010 年，国家在计算机领域的科研扶持政策上又进行了一次改革，将原有的"以测代评"升级为"以用代评"。所谓的"以用代评"，指国家科技主管部门将原本补贴给科研单位、科研企业的预算转而补贴给市场上的终端消费主体，由他们根据实际需要自主选定科技解决方案的供应商。例如，一家终端企业申请到了国家数据库专项补贴，他们会比较市场上现存的国产数据库企业，并且购买最适合的产品。随着购买行为的发生，国家的科技补贴就流转到了国产数据库企业。

与始于 2003 年的"以测代评"最大的不同是，"以用代评"政策为国家科研补贴经费的分配制度加入了一个市场选择机制，确保那些具有市场竞争力的科技企业获得更高补贴，以达到科技成果"实现产业化"的最终目的。

为了让基于国产技术的民航客票交易系统成为"科技专项"的示范工程项目，中国航信在此次申请中，联合中国国航作为试点航空公司，与中国电子（CEC）阵营下的达梦数据库、中软安人、中标软件等企业达成技术合作，组成了一支国产化示范的"生力军"。

成为试点单位，也就意味着旗下航班的客票将逐步切换到国产技术支持的系统上运行，这当中难免会有风险。为了表明决心，中国国航向工信部实施"科技专项"的管理办公室发出特急函件，承诺愿意与中国航信合作开展国产化迁移项目。"国航此举体现了作

[①] 郝帅：《中国航信：经济下行语境中的央企转型路径》，《中国企业报》，2016 年 9 月 30 日 G03 版。

为中国载旗航空公司的责任担当和对中国航信团队技术能力的信心。"中国航信副总工程师、示范项目技术负责人彭明田说。[1]

2014年初，中国航信在同期十几个申报"科技专项"的项目中取得答辩成绩第一名，公司三位执行董事联名签署了国产化项目承诺书，中国航信股份公司总经理肖殷洪亲赴科技部重大专项办公室，表明公司将全力支持项目的决心。该项目最终获得了工信部、科技部的批准。

从功能上，中国航信的电子客票系统类似于大家熟知的用来购买火车票的"12306"平台。国内九成以上的客票系统均由中国航信研发，也就是说，无论旅客是从什么途径购买机票，交易信息都会汇聚到后台的中国航信交易系统进行费用结算和权益交割。与中国铁路12306平台不同的是，12306的线上售票服务只在每天6点到23点之间提供，每天23点到次日6点之间的几个小时，12306系统会进行数据整理和维护；但是机票的销售却没有"下班"时间，中国航信和其所服务的各家国内航空公司均是国际航空运输协会（IATA）会员，根据协会的要求，中国航信需要每天24小时、全年365天，无间断地为全球的旅行者提供国内大型航空公司的机票销售服务。

在实时交易系统中，数据库扮演的角色至关重要。为了满足中国航信客票系统的需要，在项目启动的一年多时间里，达梦的数据库技术服务团队参与了中国航信组织的6次全量测试和多次回归测试，长期驻扎在中国航信现场，随时进行技术支持。

根据测算，如果中国航信负担的所有票务交易全部移植到以达

---

[1] 李芳芳:《中国航信电子客票系统国产化投产成功》，中国民航网，2016年6月15日。

梦为底层技术支持的数据库上,每秒事务处理量(TPS)将会达到400次。为了保证系统运行的稳定,在测试中,中国航信用十倍于实际量的高频交易对系统进行压力测试。

"由大家共同推动,完善一个通用产品,这就实现了'科技专项'立项的目标和意义。中国航信和合作单位中,不乏数据库高手、业界大咖,通过他们的视角来看达梦数据库,有时候比我们看得还清楚。"参与这一项目的达梦高管表示。在与中国航信的合作中,达梦数据库产品优化了100余个程序漏洞,形态更加完善。

到了2015年底,基于达梦数据库的中国航信民航新一代信息服务系统的四个子系统——统一消息服务平台、电子杂费单系统、应用管控管理平台、电子客票系统全部搭建完毕。下一步,就是最为重要的上线运行。

2016年初,中国国航旗下的西藏航空成为新一代电子客票系统的第一个试点。此时,西藏航空刚刚成立六年,平均每天的出票量约5000张,这在全国每日以百万计的出票量中算是零头,它是一个理想的试点单位。系统在西藏航空运行平稳后,中国国航又将试点扩大到了日出票量在6万张左右的首都航空。

按照"科技专项"的要求,新的客票系统能够服务西藏航空和首都航空两个试点,中国航信申请的"基于安全可靠基础软件的民航客票交易系统应用研究与示范工程"课题就已经可以收官。但新系统稳定的表现让中国航信的领导充满信心,他们按照几年前就定下的规划,决心将系统进一步推开、普及。

"我们确实想真干,我们不是为了钱,国产化是我们长期以来的目标。航信作为企业,我们想控制成本;航信作为央企,我们要自主可控。"2013年6月,中国航信在申请"科技专项"时,总经理肖殷洪在面对科技部组织的业务交流时曾经说过这样一段话。①

2016年4月15日凌晨2点,国家会议中心依然灯火通明。这一晚,中国国航旗下所有航空公司原有的电子客票系统将统一切换到以达梦数据库为基础的国产化平台之上。中国航信、中国国航、达梦数据库的项目负责人全部聚集在位于国家会议中心的指挥部内,等待着历史性一刻的到来。从统计数据上看,如果中国国航的电子客票系统切换成功,将意味着我国科研人员自主研发的国产化平台已经可以承载中国民航业30%以上的电子客票交易。

比起这件事的历史意义,整个切换过程平静得甚至有些平凡。就像一列火车行驶在铁轨上,总控室远程扳动了一下道岔,列车便向另一个方向呼啸而去。

在这个春天的夜晚,如果有人深夜无眠,正在规划着一次航空旅程,他买到的那张机票或许就是国产系统在完成切换后售出的第一批机票。仅从购票体验来看,那个坐在电脑前或者拿着手机的买票人不会感觉到这张票和他以往买的机票有什么不同。"和以往买机票的体验没什么不同",在用户体验上正是为了做到这一点,一个来自多家单位、近千人的庞大团队已经奋斗了两年。

作为中国民航系统的领头军,中国国航为行业带来了巨大的示范效应。2017年5月18日,随着天津航空、成都航空等最后11家航空公司上线完毕,中国航信旗下24家航空公司电子客票系统的数据库替换全部完成,新系统平均每天处理电子客票150万张。

国产服务器、中标麒麟操作系统、航信TODE中间件和达梦数据库构成的软硬件平台最终替换掉了原来运行在惠普UNIX服务器

---

① 郝帅:《中国航信:经济下行语境中的央企转型路径》,《中国企业报》,2016年9月30日G03版。

和 Oracle 数据库上的电子客票应用。根据估算，中国航信系统全部完成国产化后，每年可节省成本 3 亿元至 5 亿元。[①] 在 2017 年 9 月举行的民航电子客票课题验收会上，与会专家一致同意，在一个高度信息化的时代，民航、金融、电信等重要信息系统关系着国家安全和民生福祉，亟须摆脱对国外厂商的依赖，提升中国企业核心竞争力，做到自主掌控。

全年"超长待机"的中国航信电子客票系统是达梦承接的第一个大规模互联网级实时交易项目，这一系统的大规模推广印证了达梦数据库在高频交易数据处理中具备了高可靠、高性能、高可用的"三高"能力，是达梦的一个重要战略案例。

同样以"科技专项"为契机，2014 年，达梦与国家发改委信息中心合作开启了信息化信用体系系统的建设，这也是后来为公众所熟知的失信被执行人公开查询及多部门联合惩戒的基础。此后，随着李克强总理提出"大众创业、万众创新"政策，推进工商注册便利化、工商执照管理电子化成为国家工商总局的重点工作之一。在国家企业信用信息公示系统升级改造的过程中，达梦成为该系统的核心生产库，向全国约 1.82 亿户经营主体提供登记、变更及查询等服务，日均访问量达到 1.3 亿次[②]，服务于大量投资者、媒体、监管机构及社会公众。现在公众更为熟悉的企查查、天眼查等企业信用查询工具，便是从国家工商总局企业信用信息公示系统中抓取数据展示给用户。

对不善于营销的达梦来说，这些应用场景是达梦最好的广告。从

[①] 张汉青：《民航电子客票系统国产化获重大突破》，《经济参考报》，2017 年 9 月 7 日。
[②] 林丽鹏：《企业信用"一本账" 数据管理"一张网"（消费视窗）》，《人民日报》，2023 年 12 月 13 日第 17 版。

技术积淀上看，达梦已经足以承担高强度的工业级应用。与早期依靠国家科技项目和政策扶持才能获得补贴与订单的情况不同，冯裕才感觉到，逐渐壮大的达梦已经完全具备在高度竞争的国内数据库市场进行商业搏杀的能力。

信息安全海啸下的挑战

2013年6月，曾经服务于美国国家安全局的30岁电脑技术人员爱德华·斯诺登在香港约见了49岁的女导演劳拉·珀特拉斯（Laura Poitras）和英国《卫报》记者格兰·格林沃德（Glenn Greenwald）。一系列的采访后，三人合力将美国政府对民众的大规模网络监控丑闻"棱镜计划"（PRISM）曝光于世。

棱镜计划允许美国情报机构有能力对实时通信和存储在服务器上的信息进行深入监视，这一行为绕过了法院授权的流程。斯诺登持有的资料显示，微软、雅虎、谷歌［包括旗下的视频网站优兔（YouTube）］、脸书（Facebook）①、Skype、美国在线及苹果公司都加入了棱镜计划，成为情报机构的信息源；英国的情报机构可以共享美国盟友在棱镜计划中获取的数据；在监听名单上，甚至有德国总理默克尔、巴西总统罗塞夫这样的政府首脑。

从"9·11"事件之后，美国政府就不断以"国家安全"为名扩大情报工作所涉及的范围。让普通民众尤为不安的是，加入棱镜计划的企业向社会公众提供的全部是信息时代高频使用的产品或服务，这也从一个侧面印证了"美国式监控"的无孔不入。

---

① 2021年10月，Facebook公司将名称更改为"Meta"。

如果说，2008年的"微软黑屏"事件已经展现了美国科技巨头的远程操控能力，它们是否会秉承应有的原则、使用好这一能力已经让人充满疑虑，那么2013年曝光的"棱镜门"送来的就是板上钉钉的负面证据。

斯诺登在邮件里告诉劳拉："我们（美国公民）所受的监视，比起美国对于其他国家的所作所为，已经算是最高优待了。"最早参与报道"斯诺登事件"的格林沃德，在2013年8月出席巴西参议院听证会时也表示："自'9·11'恐怖袭击以来，美国对其行为辩护的理由就是'以国家安全的名义，保护民众'。事实恰恰相反，（曝光的）很多文件和恐怖主义、国家安全并无联系，却和国家间的竞争，以及企业的产业、财政、经济问题相关。"[1] 显然，唾手可得的数据随时可以被美国政府用作进攻他国的武器。

斯诺登曝光的证据显示，中国是美国非法窃听的主要目标之一，窃听范围涵盖国家领导人、科研机构、大学、企业，等等。其中，斯诺登向德国《明镜》周刊提供的文件表明：美国针对中国进行大规模网络进攻，并把中国领导人和华为公司列为目标。攻击的目标包括商务部、外交部、银行和电信公司等。《纽约时报》指出，为了追踪中国军方，美国国家安全局入侵了中国两家大型移动通信网络公司。《南华早报》的报道称，美国国家安全局还对清华大学的主干网络发起过大规模的黑客攻击。[2]

在"棱镜门"被曝光的2013年，中国始于2008年的科技扶持项目"科技专项"已经进行了五年。按照中国中长期计划以五年为

---

[1] 纪录片《第四公民》（*Citizenfour*），劳拉·珀特拉斯导演作品，2014年10月10日首映。该片获得第87届奥斯卡金像奖最佳纪录长片奖项。
[2] 《美国全球监听行动纪录》，国家网信办互联网新闻研究中心，2014年5月26日。

一期的传统，"科技专项"的第一个"五年计划"已经结束。有些遗憾的是，五年里，"科技专项"取得的成绩没能达到最初定好的目标。

由于"科技专项"旨在推动中国计算机软硬件企业攻下核心技术、尽快实现产业化，因此在最初的三年里，"科技专项"在多个细分领域定下了很高的目标——技术上对标国外同行业的顶尖产品，同时要求企业最终在市场上获得一定的接纳度，能够落地使用。然而计算机行业的特点是，一个产品从掌握技术到实现产业化，中间需要大量的实践积累，修复漏洞、提升稳定性，这个过程很难实现一蹴而就的跨越式发展。

这是一个"超越别人"还是"超越自己"的问题。

在我国大部分"科技专项"产品涉及的使用场景中，对于基础功能的使用是最多的，这是从20世纪90年代延续至今的现象。达梦的发展路径也顺应了这样的市场特点——开发出满足基础功能使用的产品，完善产品形态的同时，利用市场收入反哺技术研发，进一步缩小与国外顶尖产品的差距。

但是，为了达到更高的标准、在"科技专项"的测试中有更好的表现，有业内人士透露，一些企业不得不开发两个版本的产品：一个版本冲刺性能，专门用于在专项中测试验收；另一个版本则是日常版本，用于市场销售，服务普通用户。由于两个版本牵扯了研发人员的精力，性能上出现了断层，导致花费经费研发出的"测试验收版本"成了"温室版本"，因为缺乏实践的检测，稳定性不足，反而无法拿到市场上进行销售。这让产业化变得更加遥不可及，背离了"科技专项"的初衷。

"这就像我们设计了一个人，我做头，你做胳膊，他做腿，任务都分派下去了,然后大家关起门来自顾自地做,做完之后再拼在一起搞个示范应用。但是这些零件没有内在联系,所以这个人的血脉就打不通。尤其是,这些承担单位还存在大量的重复劳动。"[1]时任浪潮集团高级副总裁、"科技专项"专家组成员王恩东在谈到各个单位研发定位不合理的现象时这样比喻。

此时,社会上对于参与专项的企业也出现了一些负面声音,认为专项未能取得理想效果,国家大规模的科技补贴被浪费了。国家在此时选择暂停科技扶持政策。正是在这样的背景下,从2013年开始,冯裕才多次在员工大会上提到一句话——"没有小孩子会一直喝奶",鼓励"断奶"和"长大成人"的达梦勇于闯荡市场,特别是向高技术含量、高净值的行业大胆挺进。

冯裕才也认为,推进了五年的"科技专项"虽没能达到原定目标,但也不能否认"科技专项"对行业所带来的积极意义。虽然"科技专项"定的指标比较高,没有达到实用的程度,很多参与单位还是借此机会让产品趋于成熟。

依靠"科技专项"实施以来的技术和市场突破,2014年,达梦的市场销售收入首次突破1亿元大关。

"棱镜门"的曝光,凸显出了中国实现计算机核心技术自主研发的紧迫性;而"科技专项"在推进中的不尽如人意,则要求国家科技主管部门迅速找到中国计算机科技产业化的"命门",准确制定出下一个更加行之有效的政策。

"集中力量办大事"向来是中国的体制优势,而中国能够自改革开放以来维持住这一优势,背后还有一个重要的动力,就是迅速

---

[1] 张瑜、李慧、岳家琛:《核高基》黎明之前》,《瞭望东方周刊》,2013年第19期。

自我纠错、自我反思、自我修正的能力。正是得益于这样的能力，中国这艘巨大的航船才不会严重偏航，始终航行在实现伟大复兴的航路上。事实上，在"科技专项"的第一个"五年计划"进行期间，中国科技主管部门就已经定位到了计算机行业自主技术产业化的那个短板——产业集群化不足。

前文介绍过，2005年6月，达梦曾经参加了在全国政协礼堂举行的"全国产平台电子政务完整解决方案展示会"。这次展会上，展出了由达梦数据库、红旗Linux操作系统、永中Office、东方通中间件和曙光服务器等一系列国产软硬件产品相互适配的一套电子政务系统，这是中国第一个全国产平台电子政务完整解决方案。这套系统被试用在了全国政协办公厅机关服务局，这里成为国产软硬件在中直机关的第一个全系列应用示范点。

2007年12月，由信息产业部电子信息产品管理司和国务院信息化工作办公室电子政务组指导，信息产业部软件与集成电路促进中心（CSIP）在北京主办了区县级国产电子政务解决方案推介大会。本次大会上，达梦为湖北省荆门市掇刀区开发的电子政务系统成为区县级电子政务国产化的一个应用实例。

尽管看起来，在国家的大力推动下，电子政务与国产软硬件的"牵手"已经势不可当、欣欣向荣，但实际上，电子政务的国产化进程，特别是在一些核心系统上实现国产化，一直未能大规模推广开来。

究其原因，由于国产软硬件厂商相较于同行业国外对手呈现后发劣势，为了进入激烈竞争的市场，国产软硬件不约而同地采取了"向外兼容"的产品策略。也就是说，在其他运行环境不变的情况下，国产软硬件大多可以实现对国外同类产品的平滑替换，而一旦系统内使用了多款国产软硬件，为了实现整个系统的兼容，就需要进行大量的适配工作。不仅如此，服务器、操作系统、中间件、数据库、办公软件，这一个链条上，一旦哪一环更换了厂商，那么适配工作就要大面积推倒重来，一案一例，缺乏复用性。这也导致，本来产业链上各个产品之间应该像是"拼积木"一样可灵活替换，但由于它们彼此之间排列组合兼容性的缺失，一旦一套完整的解决方案系统被开发出来，它便只能以"捆绑"的模式被打包推出。这便是前文提到的"产业集群化不足"最直接的表现。

达梦亲身经历的另一个案例发生在上海。

2006年，上海市卫生局采购数据库，甲骨文的Oracle和微软的SQL Server前来竞标。虽然是同台竞标，但在价格上，两家谁也不愿意让步。由于预算有限，上海市卫生局信息中心主任找到东华大学的计算机软件教授、数据库专家乐嘉锦，询问是否有性能比较好的国产数据库软件可以参与竞标。从20世纪80年代起，乐嘉锦就与冯裕才相识，对达梦的情况非常了解，因此推荐了达梦。为了这次投标，达梦精心准备标书，虽然最终没有中标，但是因为达梦的入场，两家国外数据库纷纷压低了价格，帮助上海市卫生局节省了40%的开支。

2007年，看到国内基础软件市场被跨国企业垄断的状况，上海市信息委[1]、上海市卫生局两个系统的领导想为国产软件做点事，他们选择以闸北区[2]大宁社区卫生服务中心为试点，建设一套全部国产化的医疗卫生信息系统，从使用中培养出中国自己的"微软""IBM""甲骨文"。一年前，达梦"仗义竞标"，虽然未能中标，

---

[1] 现上海市经济和信息化委员会。
[2] 2015年并入静安区。

却给上海市卫生系统留下了很好的印象，这套试点系统采用达梦为数据库软件提供商，同时选择浪潮服务器、中标操作系统、上海普元中间件共同搭建。

大宁社区卫生服务中心每天的接诊量约 900 人次，医疗信息系统服务从挂号到打印发票的全过程，任何一个环节出现问题，整个卫生服务中心就会宕机，导致病人无法就医。因此这套系统对于稳定性的要求远高于一般的办公自动化系统。

大宁社区卫生服务中心信息国产化项目（简称"大宁项目"）一开始实施，就暴露出很多问题。例如，就医居民的姓名遇到生僻字，国产系统没有字库可以支持；药品发票打印机、付费语音提示器、LED 候诊叫号屏幕等外接设备，在设计之初根本没有考虑接入国产基础软件的需求，因此没有预先开发适配国产系统的驱动程序。这些在同类其他项目中不是问题的问题都需要项目开发组一一攻克。2009 年 1 月 1 日，在大宁项目全国产系统正式上线那天，它终于将划价收费环节压缩到了 20 秒之内，达到了系统设计之初的目标。

但是在日常运行中，国内软硬件"向外兼容"带来的问题依然明显；同时，大宁社区卫生服务中心每一次接入新硬件，都需要负责运维的企业投入大量精力进行驱动程序的二次研发。这套系统在使用了几年后，还是被换了下来。

"软硬件的磨合需要一个过程，在应用中发现问题并且解决问题，再逐步提高性能，这是必经阶段。要知道，微软和英特尔的可靠性、稳定性及性能也是几亿用户帮它们用出来的。"同样是"科技专项"参与企业、研发国产芯片的龙芯中科创始人胡伟武这样解释软硬件适配的重要性："iPad 所使用的 CPU 性能比英特尔差得多，但它的体验却比 PC 好得多,为什么?只要软硬件和系统充分磨合了,性能就能发挥到最好程度。"[1]

想要国产软硬件能够真正地用起来、被市场接受,推动措施仅仅停留在"搭出一套试点系统"是不够的。国产的软硬件必须有更多的使用场景,去实现更大规模的、更多排列组合的磨合。

如果有一天,信息安全的海啸终将袭来,中国自主科技企业只有实现了高度产业化和集群化,才能成为一道值得依赖的防波堤。

为国产技术搭起桥梁

意识到瓶颈后,国家对于政策的调整是迅速的。

早在"棱镜门"曝光的两年前,即 2011 年,"科技专项"的"指挥棒"就发生了指向变化,其目标不再是对标国际范围的顶尖同类产品,而是变为:满足国家安全和国民经济安全信息化的基本需求,在政府办公、事务处理(如工商税务)、实时调度(如电力调度、铁路调度)等领域实现自主信息化。

新的目标划定了明确的应用范围,政策指向更为落地。

2011 年下半年起,工信部开始在政府系统推动"科技专项"试点应用,首批共有 12 家单位参与,工信部自身也在其中。

2012 年 3 月底,工信部试点应用项目——一个全国产的办公系统上线,两小时后系统崩溃。此事在业界一度成为"科技专项"的反面典型。但作为国家科技主管部门和这一系统的直接使用者,工信部的态度反而很务实。时任工信部副部长杨学山向当时参与的

---

[1] 张瑜、李慧、岳家琛:《"核高基"黎明之前》,《瞭望东方周刊》,2013 年第 19 期。

有关企业要一个问题列表："不要给我归纳总结，把问题一条条列清楚，然后每周向我汇报一次解决的进程。"清单上列出了400余个问题，这些问题在随后的三个月里被一一解决。[①]

经历了"系统崩溃"事件的工信部以身作则地证明，国产信息化解决方案是可用的。2012年4月，由工信部规划司发布的《软件和信息技术服务业"十二五"发展规划》明确指出："在战略部署上强化应用导向，以重大信息化应用、系统整机为牵引，以重大产品为目标。"

在政府信息化示范应用的带动下，一个打通了芯片、服务器、BIOS、OEM及ODM、操作系统、办公软件、数据库、中间件、Java、Flash等的软硬件产业链条的研发"集团军"呼之欲出，形成了一套由整机企业负责垂直纵向整合的稳固研发体系。

2016年3月，由工信部主管的中国电子工业标准化技术协会成立了信息技术应用创新工作委员会（简称"信创工作委员会"），"信息技术应用创新"也成为一个专属名词走到前台。信创工作委员会由24家从事软硬件关键技术研究、应用和服务的单位发起建立，达梦的大股东中国软件是其中之一。信创工作委员会旨在围绕信息技术厂商及产品间的标准适配搭建一个平台，为产业做大做强提供良好的生态环境，带动产业链协同发展。

信创工作委员会的成立意味着，国内基础软硬件各个领域的带头企业经过了几年的大规模应用，终于开始发动了对"产业集群化不足"这一顽疾的集中攻坚。这一发展步骤与国家对于科技自主创新的认知高度一致。

---

① 张瑜、李慧、岳家琛：《"核高基"黎明之前》，《瞭望东方周刊》，2013年第19期。

2016年10月，中共中央政治局就实施网络强国战略进行第三十六次集体学习。中共中央总书记习近平在主持学习时表示，加快推进网络信息技术自主创新，朝着建设网络强国目标不懈努力。习近平强调："要紧紧牵住核心技术自主创新这个'牛鼻子'，抓紧突破网络发展的前沿技术和具有国际竞争力的关键核心技术，加快推进国产自主可控替代计划，构建安全可控的信息技术体系。要改革科技研发投入产出机制和科研成果转化机制，实施网络信息领域核心技术设备攻坚战略，推动高性能计算、移动通信、量子通信、核心芯片、操作系统等研发和应用取得重大突破。"[1]

2016年底，唐纳德·特朗普在美国大选中获胜，于次年1月出任美国第45任总统。在特朗普的任期内，国际竞争关系日益紧张，科技领域的几件大事引发了普通民众对于技术自主的关注。在外部环境复杂、"反全球化"声势高涨的时代背景下，中国通过自主产业的扶植，培育一批技术过硬的科技企业，突破信息科技领域核心技术难关，越发显现出紧迫性。

2019年起，达梦作为牵头单位，联合国内各领域的八家厂商一起攻坚全套电子化解决方案的课题。课题要求，不仅八家参与单位的产品之间需要实现互相适配，课题组还有义务推动政府采购名录中具有一定影响力、市场占有率靠前的数据库、中间件、操作系统、应用开发商、技术服务提供商之间的互相适配。

截至2023年底，达梦已与中标、曙光、新华三、华为、腾讯、阿里、浪潮、东软、中兴、致远、用友、科大讯飞等千余家国产厂商的产品完成了超过8100项兼容认证。

---

[1] 《习近平：加快推进网络信息技术自主创新 朝着建设网络强国目标不懈努力》，人民网，2016年10月9日，参见：http://jhsjk.people.cn/article/28763690。——编者注

倡导国内不同厂商之间的产品互联互通，就像是国家为国产软硬件企业搭建的一座立交桥，有了标准的互认、产品的适配，拥有信息化安全基本需求的单位可以更加容易地从市场上的顶尖供应商中甄选、拼搭出一套全国产的解决方案。来自政府部门的采购毕竟只占到广袤数据库市场的一个很小的份额，对参与其中的企业而言，实现国内厂商间的大规模适配提供了一个行业生态的"练兵场"，这是一次考验企业技术能力、管理能力、人才结构、资金融通能力的"模拟考"。只有通过了"模拟考"，这些企业才有能力建设一个"安全、稳定、高效"的数据库产业环境和"开放、共生、共赢"的国产生态圈，以期在未来更大的民用市场中承担重任。

除了资金的支持，从 2020 年起，科技部、工信部、各地方均出台政策助力基础科技研发产业。随着"新基建"的开展与国家"十四五"规划的实施，相关产业将会迅猛发展。

在这一轮"产业东风"的吹拂下，达梦为多个重要的机关部委提供数据库服务，助力国家高质量发展。同时，达梦还参与到了河南社保、海南社保、乌鲁木齐地铁、南宁地铁、白鹤滩水电站[①]等地方公共服务和基础设施项目中，并服务于中国移动、中国电信、中国华电、中国铁建、江苏中烟等央企或央企子公司。

不断变化的世界局势越来越证明，一个国家在互联网时代对信息安全和科技安全的谨小慎微并非杞人忧天。2022 年 2 月末，俄乌冲突爆发，西方国家对俄罗斯发起了制裁，微软、谷歌、苹果等科技巨头公司也加入。在数据库行业，甲骨文公司率先宣布"暂停在俄罗斯的所有业务"。

---

① 白鹤滩水电站为仅次于三峡水电站的世界第二大水电站，是实施"西电东送"的重要工程。

作为美国等西方国家的战略竞争对手，俄罗斯的遭遇同样警示了中国。

长远来看，国家的科技自主政策将会对中国的基础软硬件行业带来推动，中国的数据库行业也会迎来四大改变[①]：

第一，中国原有的计算机信息科技产业链条因为受制于技术积累，长期呈现"下游强、上游弱"的态势，随着国家逐步加大扶持上游链条的政策力度和社会资金的投入，这一局面有望得到扭转。数据库作为产业链的上游企业，将会迎来更好的发展机遇。

第二，国产基础软件的研发工作可以为我国大量的智力人才提供学以致用的场景，通过基础研究，人才团队的成熟将会带来核心技术的积累。这将成为我国信息科技工作追赶、超越外国企业的重要资本。

第三，数据库作为技术较为复杂的计算机软件学科，在市场表现上存在"马太效应"，虽然当前国内拥有数以百计的数据库企业，优势的客户最终将向行业头部企业聚集。

第四，在技术加速积累、市场加速整合的背景下，国内必将出现能够与国外巨头具备同等业务对抗能力的数据库企业，中国数据库企业收复失地、走向世界将会成为必然趋势。

这些不仅是达梦的机遇，也是每一个国产数据库企业的机遇。

2023年12月8日晚上9点，经过了110分钟的等待，厦门大学附属成功医院将其日常所使用的83个应用软件超过31亿条数据一次性迁移至达梦数据库中。至此，厦门大学附属成功医院实现了医疗全栈国产信息平台和医疗全场景国产化应用落地，成为全国第

---

① 此处结合了亿欧智库《2020信创发展研究报告及60强企业》及本书在采访过程中达梦部分员工的观点。

一家实现信息系统全栈国产的三甲医院。

从 2009 年折戟大宁社区卫生服务中心，到 2023 年成功登陆三甲医院，全栈国产的医疗核心系统终于杀了个回马枪。这当中，固然有诸多国产软硬件企业各自的技术进步，但更重要的是，经过了产品互通、标准互认，国产软硬件产品间的合作不再具有巨大的标准鸿沟，终于可以为市场提供安全、稳定、灵活、高效的多元解决方案。

支撑南方电网数字化转型

2002 年，国务院开始推动电力体制改革，此次改革希望通过打破垄断、引入竞争、提高效率、降低成本，最终建立一个政企分开、公平竞争、开放有序、健康发展的电力市场体系。

这一年的 12 月 29 日，两家电网企业从原国家电力公司拆分出来挂牌成立，也就是国家电网有限公司和中国南方电网有限责任公司（简称"南方电网"）。其中，南方电网负责广东、广西、贵州、云南、海南五省区及港澳地区的供电网络。虽然国家电网和南方电网在区域上"各管一摊"，不存在业务上的直接竞争，但是作为国资委直管的央企，在成本管控、运营效率等体现管理水平的关键指标上，双方是既有借鉴，也存在竞争的。

因此，当 2008 年起，国家电网首先在备用调度系统的建设中引入国产数据库，南方电网也一直关注着这一新系统的表现。多年以来，以达梦为代表的国产数据库已经不仅使用于备用调度系统，更是逐步实现了在主调度系统中对国外数据库的替换，高度的稳定性也让南方电网下定决心将国产数据库引入企业核心系统建设。

数据库是一个隐藏在系统深处的基础软件，最终整个系统表现如何，仰赖于应用开发商与数据库的适配度。在这一点上，达梦具有得天独厚的优势。早在2008年之前，总部位于烟台的东方电子在电力调度系统的研发中，提前考虑到了奥运会期间可能的系统安全性风险，有意采购了出身国产的达梦数据库。从时间上看，东方电子是在电网生产系统上采购达梦数据库的第一家开发商。而东方电子也正是南方电网电力调度系统的主要开发商之一。

2014年起，达梦数据库开始在南方电网各级电力调度系统中得到使用。看到国产数据库在电力调度系统上的表现，南方电网的领导们开始希望走得更远一些——逐步在复杂程度更高的信息化系统上全面采用国产数据库。

2014年5月，南方电网委托旗下的广东电网组织几家国产数据库厂商进行了一次性能测试。故事进行到这里，与2008年国家电网接触达梦时的脉络是大致相同的——由于电网行业要求系统替换的稳定性，因此选用的国产数据库必须能够在有限的成本下实现对原有Oracle数据库的迁移，而当时能够达到这一点的依然只有代码完全自研的达梦一家，因此达梦成了入选南方电网采购框架的唯一国产数据库。

很多不熟悉电网运作的人会直观地认为，电力调度系统直接关系到电力能源的调配，其对数据库的要求一定是最高的。其实不然，电力调度系统属于电网行业的生产系统，它的稳定运行也确实能够直接影响社会上各类单位、企业和普通民众的用电体验，但是从软件的角度来看，电力调度系统对数据库功能的使用是比较简单的，而对数据库性能、稳定性要求高。而信息化系统管理的是一家企业正常运行相关的所有信息，在应用层面更加复杂。随着企业改革的不断深入，这些系统需要能即时地做出调整，像南方电网这样的《财富》世界500强企业，其内部信息化系统的逻辑十分复杂，对于数据库功能的依赖其实比调度系统要高。

2010年，达梦开始为国家电网派驻长期的现场技术服务人员，张灿是第一个被派往国家电网的技术工程师。到了2015年，这个服务团队的规模达到了16人，负责国家电网下面27个省市的技术服务工作。经验丰富的张灿就在这时被抽调为南方电网项目的负责人。

针对电网信息化建设，南方电网也采取了谨慎的态度。2015年开始采购达梦数据库后，经历了两年多的验证、移植、测试、试点运行，遵循"从易到难，从内到外"的策略，南方电网最终选定了人力资源系统、综合审计系统和财务系统作为最早一批上线的核心系统。

值得一提的是，在财务系统的搭建中，与达梦合作的开发商是国家电网旗下的上市公司远光软件。远光软件专注服务于能源行业，特别是深耕电力行业的财务管理软件的开发，也是国家电网的服务商之一。早在2013年，他们就曾找到达梦，希望能够共同探索出一套电力财务软件的国产化解决方案。彼时，由于没有实际应用项目作为驱动，这一提议暂时被搁置。而南方电网的财务系统改造为双方实现这一设想提供了一个契机。在两家的努力下，从2018年3月开始，实现了国产化的全新财务系统开始在海南电网以及南方电网旗下的鼎和保险两家公司单轨上线运行，该系统是南方电网这一轮信息化系统国产化升级中最早上线的核心系统。

2019年7月，南方电网成立了公司网络安全和"数字南网"建设领导小组，并在此基础上成立了"南方电网数字电网研究院"。

该机构负责公司数字化转型和数字南网建设的顶层设计、总体布局和战略决策。南方电网计划建设电网管理平台、客户服务平台、调度运行平台、企业级运营管控平台四大业务平台,建设南网云平台、数字电网和物联网三大基础平台,实现与国家工业互联网、数字政府及粤港澳大湾区利益相关方的两个对接,建设完善公司统一的数据中心,在2025年最终实现"电网状态全感知、企业管理全在线、运营数据全管控、客户服务全新体验、能源发展合作共赢"的"数字南网"。这一方案被概括为"4321"建设方案。[①]

简单来说,在第四次工业革命的背景下,南方电网希望充分利用好云计算、大数据、人工智能、物联网等技术,升级原有的生产、管理、运营等业务模式,让企业站上一个新的台阶。

作为"数字南网"的重要部分,南方电网一直在按部就班地推动生产管理部门和信息管理部门核心系统实现国产化。鉴于"数据"这一要素在第四次工业革命中所占有的地位,数据库管理软件将成为支撑"数字南网"的重要工具。

2021年2月,南方电网面向国产事务型数据库软件开始了一轮采购招标,中标的数据库将会被用于电网管理平台的建设。南方电网的"电网管理平台"实际就是企业的ERP系统,它包含人资、资产、财务三大业务模块,与企业的日常运作休戚相关,影响着南方电网30万员工,是数字南网"4321"建设方案的核心组成部分,重要性可见一斑。

招标启动后,几十家数据库厂商报名参加采购,竞争之激烈甚至超出了南方电网的预期。南方电网愿意在核心业务系统采用国产

[①] 南方电网公司:《数字化转型和数字南网建设行动方案(2019年版)》,2019年5月。

数据库显然是吸引一众厂商参与此次招标的重要原因，但另一方面，国家对于自主技术的重视和五年来市场上诸多成功案例的示范效应，也让更多国产数据库企业挺直了腰板，有了参与市场搏杀的冲动。

这次的招标只是一个开始。在一定的时期内，越是核心的项目，越容易引来国产数据库厂商的蜂拥而至，激烈的竞争对厂商的技术和服务实力提出了更高的要求。这是中国的数据库产业震荡式上升的一个必经阶段。

达梦数据库此前应用于南方电网旗下部分较为核心的系统，双方有过一段时期的适配和磨合，这对达梦来说是一个优势，但电网管理平台涉及巨量数据，对产品功能和可用性的要求更进一步，达梦的产品和技术实力能否符合"数字南网"的要求还需要进一步测试。

在招标启动后，为了保障中标产品能充分满足建设的需求，南方电网在几十家数据库企业中筛选到综合实力相对强劲的6家进行了一轮数据库功能、性能、高可用等方面的测试。根据测试结果，达梦以绝对的优势中标此轮数据库采购。此时时间已经到了2021年3月30日。

由于"数字南网"战略计划在2025年初步完成，以这个时间点倒推，每一个重要系统的上线都有着明确的时间点。

此时，张灿作为达梦公司南方电网项目的负责人已经超过了五年，他也带领团队迎来了五年来最严峻的挑战。在中标后的三个月内，达梦数据库需要适配电网管理平台众多的应用系统，实现系统的双轨运行。为了按时完成任务，达梦将南方电网项目的开发团队扩充到40人，这40个人对接着开发人员总数接近3000人的15个外部开发团队，需要很高的技术统筹能力。

2022年9月30日，经过三个月的试点双轨运行后，属于"数字南网"四大业务平台之一的电网管理平台开始单轨运行。这是达梦数据库的解决方案第一次被应用于大型央企复杂的大集中架构ERP系统中。这一案例证明，达梦的技术能力和服务能力能够满足大型企业核心业务系统的需求。用张灿的话来说就是，从"拍胸脯做保证"，到有了实际应用的力证。

除此之外，电网管理平台项目还启用了66套达梦DSC集群，这是当时DSC集群最大规模的应用。DSC集群是一种高难度的数据库集群技术，目前世界上仅有甲骨文公司和达梦掌握了这一类型的技术，本书将在后面的章节对其进行详细介绍。

虽然南方电网与达梦的合作起步时间较晚，但是在持续多年的国家加快推进网络信息技术自主创新的号召下，南方电网大胆拓进、后来居上，截至2022年，它已经成为达梦在央企中信息化覆盖面最广的合作伙伴。

2002年中国实行的电力体制改革的一大亮点就是将市场化的机制引入了电力体制。市场化机制引导着电力企业在经营中不断地优化资源配置、提质增效。在这一过程中，南方电网信任了国产数据库、选择了达梦，为达梦提供了市场空间，也为自身提升了效率；反过来，达梦将有机会进一步发展壮大，补强中国在数据库信息技术上的短板，夺回中国在数据库领域丢掉的话语权。尽管这一过程会十分漫长，但是这一相互助推的闭环正渐渐变得清晰。

这背后最大的推力是中国的体制优势。正是在政策这只"看得见的手"的疏导下，不同的宏远目标可以被连接在一起，形成提升整个社会福祉的合力。

试水出海：了解海外市场游戏规则

在上台前的几分钟，达梦技术服务经理杨杰还在复习着英文讲稿。很快，他将站上泰国国会的讲台，为议员们汇报数据库技术在信息化时代数字政务中的应用。

按照原本的计划，杨杰应该使用中文汇报，由现场的同声传译转译成泰语，不过，由于演讲内容涉及大量计算机与信息技术相关的专业名词，担心口译员无法准确翻译，达梦团队决定由杨杰直接使用英文做汇报。

"其实我也不敢说我的英语多好，但是涉及专业领域的内容，讲一下还是可以的。"回忆起2016年12月那次汇报，杨杰笑着说，"当时胆子也是挺大的。"

有几个因素共同促成此次达梦在泰国国会的汇报演讲。首先是中泰两国长期友好的政府关系，泰国对于中国企业、中国技术的认可度普遍较高。其次是泰国在政务大数据上有迫切的需求，在国内已经实现多个数据中心项目建设的达梦，有经验为泰国的类似建设提供前沿视野。最后是泰国政府部门对于达梦的信任——从此前三年的2013年起，服务泰国全国200多万中小学生的"教育云"项目正式上线，这一项目便是由达梦数据库提供的底层数据支持。

这一次，正是受到泰国政府官员的邀请，达梦组织了服务团队专程赶赴泰国进行数据库相关的技术交流。

2009年，杨杰大学还没毕业，就加入了达梦技术服务团队实习，此后一直留在达梦。作为技术服务人员，杨杰参与了达梦几个海外项目的实施部署。加入达梦时，杨杰还没有出过国；毕业十年后，杨杰的护照上已经盖满了签证章。

达梦的海外业务尝试开始于2012年，这一年，达梦发布了全新一代架构的关系数据库DM7。DM7在稳定性上有了进一步提升，部分数据性能甚至超过了同期的外国数据库。产品的成熟是达梦试水海外业务的底气。

向来与达梦合作紧密的国内大型IT企业浪潮集团（简称"浪潮"）十分支持达梦进军海外的想法。此时的浪潮已经建成了一套覆盖东南亚国家的业务体系，通过这套体系，浪潮获知东南亚某国的劳工部门有数据库使用需求，便将资源介绍给了达梦，由达梦独立和客户进行进一步沟通。

单从产品性能来看，达梦主打的DM7数据库在测试中的表现超越了同步入围竞标的Teradata、Greenplum等国外数据库，表现亮眼，但在商务谈判环节，达梦与该国的数据库代理商长期无法达成一致。

不同的国家有着不同的社会人文环境，所有中国企业进行海外拓展的第一课，都是去摸透所在国家的市场游戏规则。达梦的销售和售前服务人员发现，该国对于中国企业存在一定的戒备心理，这成为项目迟迟无法推进的重要原因。正是由于对中方的不信任，对方企业在合同中设定了很多苛刻的商务条款，尽可能地将责任及风险推给达梦承担。一场基于不平等地位的合作，即使签约开工，后续的不确定性也是无法预估的。尽管经历了两年的前期准备，达梦最终还是放弃了此次合作。

就在前一个项目陷入泥潭之际，浪潮以总承包商的身份将达梦拉入了由泰国教育部和信息产业部共同启动的泰国"教育云"项目。2011年8月，华裔女政治家英拉·西那瓦当选为泰国第28位总理，也成了泰国历史上首位女性政府首脑。2012年，英拉政府推行"每一个孩子一台平板电脑"(OLPC)[①]政策,为全国 200 万中小学生免费发放一台平板电脑,作为现代化辅助教学手段。OLPC 一度被寄予厚望,如果成功实施,该计划有望成为教育资源不均衡的发展中国家通过互联网技术实现教育方式改革的标志性案例。为了达到这一目的,泰国教育部和信息产业部需要联手搭建一个基于云端的教育内容管理平台,也就是"教育云"。

泰国"教育云"将涵盖多个业务子系统,数据量庞大,数据类型多,涉及关系数据和非关系数据的融合;由于泰国中小学上课时间全国统一,在同一个上课时间内,几十万中小学生可能一同使用这套系统的不同功能,这样的使用需求对于系统的并发数据处理能力要求很高。浪潮作为该项目的集成商,希望整个项目全部使用中国企业生产的软硬件,因此选择了技术相对扎实的达梦作为该项目的数据库软件服务商。泰国"教育云"也成为达梦的第一个海外项目。

达梦需要将泰国原有教育系统存储于 SQL Server 数据库上的数据迁移到 DM7 上来,并且利用数据工具确保教育云的数据实时同步和集群化管理。此外,由于达梦此前没有过海外项目的经历,借着这次项目,达梦还完成了数据库产品界面、使用手册、技术文档等内容的英文化。由浪潮统筹的各家项目单位花费了半年时间,在国内完成了整个项目 80% 的开发测试工作,剩下的工作是需要到泰国现场实施的装配上线。

2013 年 8 月 30 日,杨杰与其他 20 余名来自各合作单位的同事先行飞赴泰国曼谷。在他们达到泰国几天后的一个深夜,"教育

[①] 项目英文名称为"One Laptop Per Child"。

云"项目的服务器机柜抵达曼谷。按照计划，这些硬件设施将由泰方安排的工作人员运输到项目现场，进行拆包组装。

第二天一早，杨杰一行人早早地来到泰国教育部的机房，却不见有人来安装前一天晚上运来的服务器。显然，是泰方的项目协调出现了问题。

只有设备进场，项目才能开工。这群来自国内的工程师原本各自负责硬件、软件、网络、存储等不同类别的工作，搬运服务器显然不是他们的职责，但是为了让系统尽早实装上线，同时让泰方感受到中国团队的强大执行力，在泰国炎热的夏日，他们全部成了"搬运工"，用两天时间将服务器一一拆包、上架，安装到了泰国教育部的机房，完成了软件环境的部署。

位于曼谷的 AIA 大厦是一座高级办公楼，许多来自中国的科技企业都将办公地点选在这里。此后的两个月，团队一直保持很高的工作积极性，平均每天待在 AIA 大厦的时间超过 14 个小时，经常加班到晚上 12 点。在国内多家企业的共同努力下，2013 年 10 月，泰国"教育云"终于完成了组装测试，正式上线运行。

拥有了达梦数据库的支撑，泰国"教育云"各系统运行稳定，即使在高并发访问时，也能在 50 毫秒内快速响应所有查询。11 月初，项目团队陆陆续续返回国内。

就在杨杰身处泰国的两个月里，2013 年的 9 月和 10 月，中国国家主席习近平分别提出建设"新丝绸之路经济带"和"21 世纪海上丝绸之路"的倡议，一个旨在共同打造政治互信、经济融合、文化包容的利益共同体、命运共同体和责任共同体的国家级顶层合作倡议诞生了。随着"一带一路"的逐步实施，越来越多的沿线国家和地区将会形成更加紧密的经济合作伙伴关系。

信息技术建设是"一带一路"倡议中的重要一环。由于地区经济发展的不均等，处于"一带一路"线路上的不少发展中国家和地区信息技术基础薄弱，这也为国内科技企业走出国门提供了一个政策良机。

在"一带一路"的大背景下，2014年，中国政府向津巴布韦提供无息贷款约3300万元人民币，帮助津巴布韦建设高性能的超级计算中心。项目由浪潮集团承建，达梦再次成为这一项目的数据库软件供应商。

津巴布韦超级计算中心的计算能力为每秒36万亿次，运行期间会产生大量的电子文档、记录数据文档等信息，且津巴布韦地理位置特殊，经常会出现电力短缺或者电力不足等现象，因此需要建立一个文档管理系统，对海量文档信息进行存储、管理和分析，保障系统稳定运行，这就对数据库软件的跨平台能力、稳定性和大数据支持提出了严格的要求。

在此项目中，达梦采用了DM7数据库的数据守护集群DMDataWatch，一次性解决了系统的稳定性保障问题和系统数据备份的问题。同时，DM7具备多项海量数据处理特性，例如行列混合存储双引擎技术、大规模并行处理技术、批量数据处理技术、海量数据压缩技术等，也为后期大量科研数据的分析和应用提供了基础的可扩展平台。

由达梦负责建设的津巴布韦超级计算中心电子文档管理系统于2014年7月顺利通过相关功能和性能等测试，随后于2015年1月13日在津巴布韦大学上线部署。津巴布韦超级计算中心的成功上线，让津巴布韦成为非洲第五个拥有超级计算中心基础设施的国家，其运算能力在非洲排第二位。

浪潮集团副总裁黄刚认为："高性能超级计算中心是国家科技进步和企业创新的助推器，能带动一批产业和培养一批高素质的人才。"在谈到实际使用场景时，黄刚举例说，津巴布韦作为南部非洲的农业大国，气象分析对粮食安全、棉花增产、烟叶质量把控具有重要作用，然而津巴布韦国家气象局对气候和天气的预测水平还非常低，只能通过个人计算机来计算，无法进行长期的气候变化预测和灾害预报，中国超级计算机有望改变这个局面。

有了在津巴布韦超级计算中心项目的积淀，达梦还将同类技术应用到了2019年12月启动实施的秘鲁超级计算中心项目中。

从达梦出海尝试的几个项目中不难看出，"一带一路"大背景下中国数据库企业"出海远航"的一些特点。

对国内用户而言，国产数据库以安全、可靠、自主、可信著称，这是国内企业使用国产数据库替代国外数据库的一大源动力；但是对海外的潜在客户而言，这些特性不足以让他们打定主意使用中国的数据库。中国的数据库企业，或者推而广之，中国的科技企业确实为"一带一路"沿线很多国家和地区带来了有别于西方产品技术的另一种可能，但促使这些国家和地区选择中国技术的最终原因一定是性价比。或者换一种说法，当他们无力为欧美技术承担昂贵的费用时，他们更加看重中国技术能够为他们带来什么实际的效能。

就像中国提出的"一带一路"倡议一样，中国科技企业的出海，核心应该是一个具备全球一体化视野的战略共赢选择，而不是一时的逐利行为。无论是泰国的"教育云"，还是位于津巴布韦和秘鲁的超级计算中心，这些项目对于所在国的意义不仅仅是一个整合的软硬件解决方案，还是一项民生工程。它们就像一颗颗播下的种子，一旦长成参天大树，这些技术产品就有能力提高所在国国民的幸福感。

2016年8月,达梦公司开展了一次针对非洲国家的跨国技术培训课程。几天后,非洲国家商业数据收集整理与分析研修班的各国官员们参观了达梦公司。

课程由杨杰担任讲师。课程结束后,学员在网上下载试用了达梦数据库,其中有两名学员向杨杰发来了越洋电子邮件,询问试用过程中遇到的问题。"其中一个是加纳计算机安全领域的教授,另一个是刚果(金)的一名税务官员。"杨杰回忆起这两封来自非洲大陆的邮件显得十分兴奋,作为达梦人,他珍惜每一个能为公司带来海外拓展的潜在新机会。

单从市场回报来看,国内的数据库市场依然有大块份额握持在国外数据库手中,在国产化的大潮下,精耕国内各区域市场的回报一定高于大规模海外拓展的,因此前者必然是达梦的第一选择。但冯裕才表示,只要国家有需要,达梦依然会义无反顾地配合国家的援外政策,为促进"一带一路"沿线国家和地区的信息化建设不断贡献力量。

2021年12月3日,连接中国云南昆明和老挝万象、采用中国标准的"中老铁路"全线开通运营。这条铁路被习近平总书记评价为"是两国互利合作的旗舰项目,是高质量共建'一带一路'的标志性工程"[①]。达梦通过数据库管理系统DM8、数据守护集群DMDataWatch、数据实时同步软件DMHS等产品为中老铁路的"中枢神经"——中老铁路信号调度系统提供重要支撑,保障中老铁路

[①] 《中央企业高质量发展报告(2022)企业子报告十七:牢记殷殷嘱托 永当开路先锋》,国务院国有资产监督管理委员会网站,参见:http://www.sasac.gov.cn/n2588020/n2877938/n2879671/n2879673/c26767926/content.html。——编者注

运行网络的中心调度集中指挥和车站分散自律控制，提升中老铁路运行效率和确保运行安全。

一个国家的崛起不应该以剥削其他国家为前提，一项技术的传播也不应该成为对他人的威胁。这是中国和平发展的逻辑，也是中国科技走向世界的逻辑。达梦与"一带一路"倡议高度结合的出海经历遵循和印证了这样的逻辑。中国科技企业的发展壮大必将伴随着向全球化进军，他们传递的将是知识，是便捷，是希望，也是这个古老国家最朴素的"天下大同"思想底框。

建成市场化销售体系

如果说从公司成立之初，技术能力就是达梦的绝对实力，那么，市场销售能力的欠缺就是达梦的短板。

一家企业销售能力的强弱直接关乎它的生死。比起达梦在数据库技术上的不断突破，研究达梦销售体系的逐步建设，更能体现出一家出身校园的企业是如何一点点融入商业社会的。这是一个关于接纳、突破、成长和转型的故事。

1989年2月，冯裕才背着刚刚研发出来的CRDS数据库原型和媒体关于它的报道只身前往北京，从国家部委得到了第一批项目。就像很多初创型团队一样，无论是课题组时期、达梦研究所时期，还是刚刚转型成立达梦公司时，冯裕才作为团队领导者都是"头号销售员"。然而这种销售模式，更像是来自前现代的商业社会——一个人手中握着商品，他通过人脉关系到处询问，想知道市场上会不会有人恰好需要自己手中的这款商品，从而把它卖出去。这样的模式效率低下，而且很难同时触及大量存在需求的潜在客户。

早期的达梦出身校园，又时常要为生存挣扎，很难建立一套成熟的销售体系。随着公司发展，通过应用带动数据库销售不仅帮助技术团队完善了产品，也让销售团队有了一个初步的练兵机会。

从 2001 年达梦成立到 2008 年达梦获得中软投资、跻身"科技专项"，在此期间，达梦逐步形成了一种"行业+区域"的销售架构。行业指的是消防应急指挥系统这种达梦经验丰富、业务量稳定的垂直领域，区域则是根据地理位置，主攻一些国家机关和中小型企业的应用建设项目。

2008 年 10 月黄金周刚一结束，丁思远加入了达梦，成为一名销售。三个月后，曾经因为达梦的财务危机从公司离职的帅汉涛主动申请回到了达梦。2010 年，正准备从一名技术人员转型成销售的皮宇加入达梦。这三个人都是通过负责某一区域的具体业务线，到负责大区销售，一步步最终成长为达梦公司高管的。

在 2011 年之前，一个让达梦很尴尬的事实是，作为总部设在湖北武汉的企业，达梦在省内的业务并不好，除了在擅长的消防领域有所斩获，其他行业的用户常常会顾虑达梦的技术及服务能力。皮宇入职后，主攻省内销售工作，相继签下了多个云数据中心项目，帮助达梦开始回到湖北省重点客户的视野之内。

2012 年起，业绩出色的皮宇开始负责区域销售业务。他将个人的销售理念贯彻给团队，要求销售人员多与潜在客户沟通，以点带面地介绍达梦，同时鼓励销售人员下到地市州，以公安、政法、信用等重点行业为侧重点，挖掘同一时间内具有并发性的数据系统开发需求。这个过程中，皮宇发现各级政府在数字政务领域都存在集成化的系统建设需求，便力主发掘相应业务。很快地，数据系统集成开发成为达梦收入可观的一类业务。

另一方面，皮宇不仅仅以销售的眼光看待达梦。在他的建议和推动下，从 2014 年起，达梦陆续取得了 ITSS 运维资质、系统集成一级、信息系统建设和服务能力 CS4 级认证等多项资质，成为湖北省内信息技术领域资质相对齐全的企业。这些资质的取得不仅可以帮助达梦在销售方面跨过更多硬性要求的门槛，也可以让整个公司的技术、服务、管理能力有较大提升。

在达梦公司的年度销售统计中，皮宇的团队常常位列各大区第一。因为业绩夺目，他开始兼管全国区域的重点行业、重点项目，拿下了超过二十个大数据、数据中心项目，单个项目回款体量超 8000 万元。

对于任何公司的销售体系，销售员工是主力军，市场需求是指挥棒，公司产品是战斗力。自 2008 年开始，达梦的销售体系进行了一场缓慢的改革。从公司产品层面来看，一方面，性能成熟的关系数据库产品 DM7 投向市场后，公司的产品形态愈发稳定；另一方面，通过对三峡库区地质灾害预警项目等一系列数据平台类项目共性的归纳总结，数据中心正在成为达梦的另一个战略产品。从市场需求层面来看，以国家电网为代表的重要行业核心系统的国产化需求已经显现，而"科技专项"的政策引导也为国产数据库带来了一定的业务量。在市场上，达梦与用户开始形成一种高度融合的共生关系。

达梦另一位销售出身的公司副总经理帅汉涛还记得，一次他与客户交流，聊至尽兴处，客户开口问："你们达梦能不能把价格定高一点啊？我是真的想多给你们一点钱，你们的产品这么好用，我真怕你们公司死了。"帅汉涛理解客户的意思，在达梦的很多用户眼里，达梦数据库帮他们守护的数据资产是极为宝贵的，因此他们认可达梦的价值，甚至会给出达梦数据库高于其售价的价值评估。国际上出现过这样的先例：因为某个型号的数据库被开发商放弃，没有人对旧产品进行维护，用户使用时出现的问题得不到解决，用户不得不被动而尴尬地另寻他法。

有了这样的市场土壤，冯裕才开始推动达梦业务的第二次改革。他认为，达梦应该进一步放弃大部分系统集成类的开发项目，聚焦于数据层面的服务，只有这样，为客户和为达梦自身带来的远期价值才是最大的。

公司从战略上切换赛道，对一线销售人员来说其实是痛苦的。通常来说，在公司的优势业务上，越是优秀的销售人员越是凭借自己的力量维持了良好、连续的客户关系，达梦决定聚焦数据也就意味着基层销售人员在系统集成类业务上积累的渠道可能不会再有用武之地。这考验着销售人员的大局观，考验着他们对于达梦战略路线的认可度和在新业务、新市场上起步的拓展能力。

皮宇是公司在数据集成业务上拿单量最大的销售人员，毫无疑问，公司的业务转型，对他的业绩将会影响很大。但是皮宇在达梦多年的经历已经让他理解冯裕才对达梦的最终期待是什么。

选择放弃一个领域的业务，并不是因为做不了这个领域的生意了，而是因为同样的精力花在另外的地方，一定能带来更高的单位产出。对于达梦如此，对所有的销售人员而言也是如此。皮宇很开放地接纳了公司的转型，弱化了数据集成业务。

不仅是皮宇，销售部门的大多数骨干都能够理解公司的战略变化，从这一点上看，这样的情形当然体现着达梦价值观的成功，但同时，它也是销售体系建设已然成熟的标志。

2018年以前，达梦一直保持着"行业+区域"的直销模式。

此时的达梦，从销售人员的人数来看，低于同行业的国产数据库厂商，更是无法比拟互联网大厂。从结构来看，在主管销售的副总孙羽彤的带领下，几名销售骨干皮宇、帅汉涛、丁思远已经有了各自负责的行业或区域，形成了比较稳定高效的直销体系。从市场业态来看，虽然达梦自身获得了一些稳定的行业客户，但是，考虑到市场存在变动的风险，全面接受国产化的格局还未确定，在此之前达梦没有贸然拓进，进一步升级销售体系。

然而随着国际"反全球化"浪潮的加剧和国内战略政策的重大改变，市场呈现了爆发式的增长，基础软件的国产化态势已经不可逆转。为了应对急速膨胀的市场规模，2018年末，冯裕才授权皮宇启动渠道销售体系的建设。

一般而言，国内外大型软件厂商的渠道销售体系拥有多层次的经销商架构，但其中最重要的一环，是位于该体系顶层的总经销商。总经销商与软件厂商的关系更加紧密，相互间的权责义务也要求更高，因此皮宇在选择达梦的总经销商时参考了国内多家大型软件企业的经销商模式，也接触了具备担任达梦总经销商能力的大型信息服务公司。最终，达梦选定了在华为的经销商体系中体量最大、被业界誉为"华为的最佳拍档"的中建材信息技术股份有限公司（简称"中建材信息"）作为总经销商。

中建材信息常务副总裁李大庆认为，中建材信息作为国内ICT[①]增值分销领域的优秀代表，多年来业务一直保持快速增长。在成为达梦公司总经销商后，中建材信息将借助此前在技术研发和市场拓展等方面的经验积累，更好地实现数据库产品的市场推送、解决方

---

① ICT，全称"Information and Communications Technology"，泛指所有通信设备或应用软件，以及与之相关的各种服务和应用软件。

案交付和相关服务构建。此后，中建材信息依靠自身在行业内积累的资源为达梦推荐和开拓了许多新的市场渠道，帮助达梦进入了新的行业板块。

与单独在市场上接单相比，中建材信息作为总经销商为达梦带来的一大好处是，其愿意为达梦提供更短的回款账期，帮助达梦实现现金流的稳定。现金流一度是达梦发展过程中多次公司危机的源头，虽然达梦早已经过了那段"饥一顿、饱一顿"的日子，但是保持良好的现金流有助于公司做好更长远的战略规划，也对未来达梦在资本市场上的表现起到"定盘星"的作用。

在总经销商之下，达梦还设立了四个等级的下级经销商。达梦希望，通过与其中综合实力强劲的经销商紧密合作，在全国建立起骨干经销网络：达梦在每个省拥有三至五家骨干经销商；骨干经销商管理省内达梦的低级别经销商；骨干经销商具备对达梦产品的服务能力和培训能力，与达梦生态体系高度融合。

在皮宇的推动下，截至 2023 年 12 月 31 日，达梦已经累计签约超过 1700 家经销商。同时，达梦的销售团队人员较之 2019 年增长了两倍。

营销能力作为市场销售体系的一部分，此前同样是达梦所欠缺的。营销部门是一个成本中心，需要考虑投入的营销成本对商誉带来的影响，即投资回报率。达梦也招募过专业广告营销公司出身的人才担任营销主管，但这样的尝试并不成功。数据库行业是带有"to B"（面向企业）属性的，而广告营销长于推广"to C"（面向消费者）类产品，这两种路线在逻辑上存在差别。更重要的是，数据库类软件的用户具有很高的专业性，针对他们的营销也需要在技术上具备说服力。

2016年，达梦重组了市场部，从过去从事技术服务的老员工中提拔了新一任的市场部负责人。技术服务人员需要前往一线与客户打交道、解决他们的问题，这样的工作性质似乎与市场营销、品牌塑造不搭边。但实际上，技术服务经验带来的好处是，新的市场部负责人更加了解技术、了解达梦、了解客户。在数据库行业做营销，拥有了解客户的能力比掌握复杂的传播理论更重要。

新的市场部以小投入、高聚焦的方式开始市场营销工作。几年来，他们从对市场营销一无所知，慢慢摸索出了一套适合达梦的营销方法论。如今，随着达梦企业的发展，市场部门的工作也开始从针对特定人群的、以提升业务量为目的的精准营销，转向面向更广大群体的品牌营销，以应对达梦下一个发展阶段的口碑需要。

一家企业的市场销售体系应当是随着市场走向而不断变化的，我们很难在一个时间点上对其做出好坏评判。但是，以一个时间轴的长度去观察，是可以看出公司的销售体系与公司的体量是否相配的。如今，对达梦而言，销售已经不再是一块短板。

在稳定的团队、不断拓展的结构、日渐提升的市场化理念的推动下，达梦的销售体系可以匹配未来的业绩成长。

第十一章

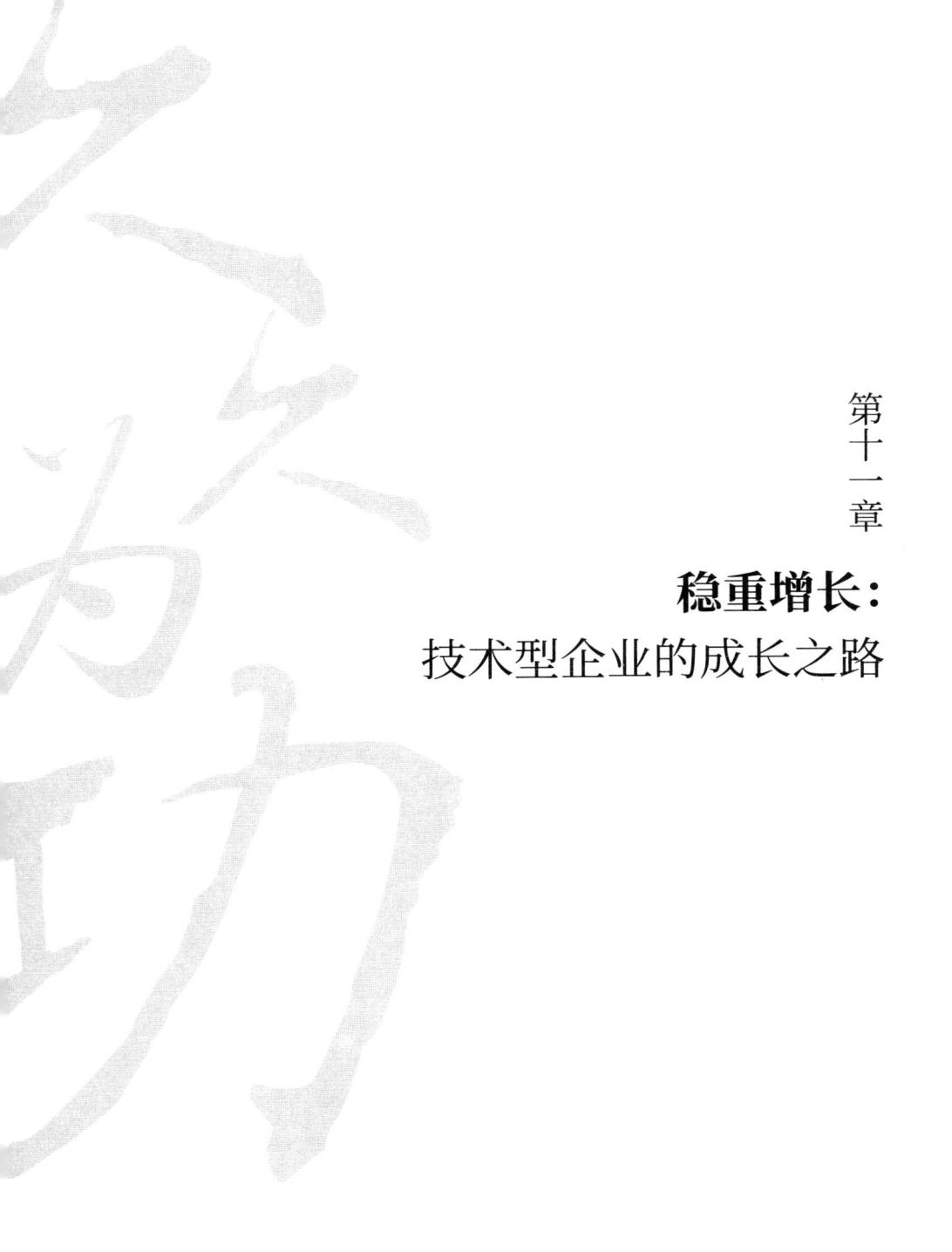

稳重增长：
技术型企业的成长之路

"一所学校"：科研型企业的"象牙塔"风格

如果有人用"冯总"来称呼冯裕才，那么八九不离十，他大概率不是达梦的员工，或者对达梦内部的文化了解不多。

比起听起来更有"官威"的"冯总"，达梦内部更喜欢用"冯老师"来称呼冯裕才。同样地，王臻、吴衡等较早加入达梦的高管，也因为曾在华中科技大学开课任教，被尊称以"老师"。正是类似这样的习惯，让达梦看起来依然带有浓浓的学院色彩。

达梦创办二十余年来，许多东西改变了，团队规模、产品形态，所处的市场环境也日新月异，但是奉行的文化自创立以来一直未变，展现出极强的文化定力。

冯裕才将达梦的企业文化概括为"三个一"——一所学校、一支军队、一个家庭。想要理解达梦的成长，就要将这"三个一"一一拆解，去分析达梦如何凝结出这样的企业文化，企业文化又如何反过来滋养了达梦。

在这"三个一"文化中，"一所学校"同时代表了达梦的发展起点、科技型企业对于研发的重视，以及对于员工个人能力成长的关注，这是达梦文化最重要的基石。

早期的达梦团队已经意识到，数据库技术从研究所到市场之间有很长的路要走，选择将达梦数据库与多媒体技术研究所转制成立公司，并不是为了追求短期的利益回报，而是为了利用好公司制相对明晰的财务制度、权责制度、市场体系，进一步完善数据库产品，使产业化成为可能。如此一来，达梦公司及其员工势必将经历漫长的共同成长，在成长的过程中，纵使达梦需要走出校园，去适应市场文化，这种转变也不是彻底的。达梦早期的大量成员是来自华中科技大学的老师和学生，校园文化作为一种基因已经深深地印刻在达梦的躯体之中。

学校，是人们最熟悉的一类非营利机构，天然地具有教育属性、研究属性和公益属性，往往功在当代，利在千秋。这些特点在达梦身上一览无余。冯裕才相信，人一生所习得的能力不止源于学校，真正会对人生产生重大影响的能力常常来自社会，因此达梦作为一家面向社会的企业，十分注重对新入职员工，特别是刚刚毕业的校招员工的能力培养。

在吴晓波撰写的《腾讯传》中，有老员工描述过腾讯早期的人才窘境："几乎没有一个TOP10（学校）的学生愿意来腾讯。我们根本招不到最优秀的人才。这时我才突然意识到，腾讯是用'二流'乃至'三流'的人才，在与微软打仗。"这也是达梦所不得不面对的局面。达梦公司成立至今的二十年，是中国互联网发展最为迅猛的二十年，无论在这期间的哪一个阶段，对于追求个人成长和收入的大学毕业生而言，比达梦更加具有吸引力的公司比比皆是。有达梦的老员工回忆，从2004年左右开始，来自包括华中科技大学在内的一流985学校的研究生"就不好留了",非名校出身的员工逐渐成为达梦新入职员工的主力。换句话说,达梦也是在用大量传统观念中的"二流""三流"学校毕业的人才与国际巨头竞争。

在激烈的市场竞争中,达梦不仅没有消失,反而在数据库行业取得了越来越大的影响力和话语权,这反而反映出达梦在团队建设和人才培养中的胜利。

相比于分工细致的大型互联网企业,达梦更乐于培养员工数据库全产业链条的能力,包括不能看到源代码的黑箱测试、能看到源代码的白箱测试、围绕数据库的应用开发,最终触及数据库核心技术领域,这样开放包容的心态可以让员工在短时间内获得极大的成长。

负责核心数据库开发的上海达梦团队,采用类似"导师制"的方式,由老员工带新员工,帮助新员工尽快全面掌握达梦的技术和开发技能。

冯裕才将达梦定义为一个学习的平台、充电的平台、提升知识技能的平台。

随着国家和市场对国产数据库的越发看重,大量数据库企业如雨后春笋般成长起来。对数据库人才来说,用人单位的增加意味着就业选项增多,确实有一些员工在加入达梦后短时间内提高了技术能力,随后跳槽追求更高回报。

"在达梦干够一年,工资可以翻一倍。这还是在武汉,不是在上海。上海团队的员工,只要在达梦工龄满一年,(被挖走后)他们的工资可以翻两到三倍。"冯裕才认为,从薪酬变化来看,在达梦的工作经历对薪酬的提升效应不亚于又上了一次清华、北大。

达梦不可能与资金充沛的互联网大厂比拼员工工资,这确实导致了一部分人才的流失，但达梦的人员流失率一直低于达梦内部划定的警戒线，也低于互联网企业的平均值。

前程无忧人力资源调研中心每年发布的《离职与调薪调研报告》显示，高科技行业的员工离职率常年为15%~20%，2023年的这一数据为17.7%。[①] 根据达梦公司人力部门的统计，2021年至2023年，在国产数据库行业和达梦公司都在快速成长的大背景下，达梦的平均主动离职率连续下降。其中2023年的数据为近年来的最低值，低于10%。截至2023年底，在负责关系数据库核心研发的达梦上海分公司，超过四分之一的核心技术人员在达梦的工龄超过五年。

价格是价值的体现，其他企业愿意高薪挖走达梦的员工，本身就意味着对达梦技术的认可。而这些被挖走的达梦前员工将成为达梦散落各地的"代言人"和"宣传队"，将会对达梦在业界的口碑起到推动作用。

数据库行业是一个存量巨大且依然不断成长的市场，这是数据库这一基础软件在互联网社会所扮演的角色决定的。这样的市场环境下，数据库企业只要能够实现不断地向外拓展，而不是内部竞争，就可以获得丰厚的市场回报。冯裕才对于人才流失很淡然："达梦能够为社会培养人才，就是为社会做贡献。"

从人力部门一步步成长起来的达梦高管林枫第一次在MBA（工商管理硕士）的课程中了解到"管理学之父"彼得·德鲁克提出的"知识型员工"的概念时，就对此颇为留意。

达梦是一个不折不扣的以知识型员工为驱动力的科技型企业，

---

① 解丽：《〈2024离职与调薪调研报告〉：离职率连续下降，调薪趋于保守》，《北京青年报》，2024年1月10日。

如何管理知识型员工，正是达梦需要面对的问题。

德鲁克认为，对待知识型员工应该有特殊的管理原则。例如，应该意识到知识型员工已经具备了较强的自我管理意识；在知识型员工的管理上，应该以目标管理为导向，而不是以过程管理为导向；知识型员工注重心理满足，应当保证员工可以持续获得成就感；企业应该成为学习型组织；等等。林枫在逐条研究后发现，达梦的管理方式与德鲁克所建议的管理原则不谋而合。

达梦的企业管理原则就是建立在认识到员工的知识性、自主性、独立性之上的。在现代社会，人才在企业间的流通几乎没有太大的壁垒，而好的企业文化可以起到人才"单向阀"的作用——它能够吸引人才，并且让人才不愿意轻易流出。

对技术人才而言，决定职业选择的重要因素并不只有收入待遇一条。在综合考虑下，一些核心员工依然愿意留在达梦。

2015年，负责上海达梦测试团队的贾飞完成了自动化测试平台的建设。"冒烟测试"是源自硬件行业的一个概念，它最初的意思是，在一套硬件系统搭建好后，给系统通电，如果整套硬件没有短路冒烟，说明系统具备了初步的稳定性。后来这一概念被引入计算机软件工程领域，冒烟测试成为快速验证软件基本功能的一个手段。贾飞开发了一套针对关系数据库软件的自动冒烟测试程序，这套程序可以不间断地对包括达梦在内市面上常见的关系数据库软件进行自动测试，效率相当于20个测试工程师同时进行测试，甚至可以测试出稳定性相对较高的国外顶尖数据库市售版本的隐藏缺陷。

这项工作完成后，贾飞如释重负。此时，恰好赶上国内互联网企业对数据库人才求贤若渴，贾飞也决定去外面看看。很快，贾飞受邀加入阿里巴巴，成为淘宝 DBA（数据库管理员）团队的一员。

淘宝团队有着显著的大厂特征，执行力强，永远都在完成超出预期的任务。在项目管理方面，贾飞受益良多。但是，大厂的工作相对细碎，贾飞发现，在淘宝团队，自己的技术能力没有多少机会提高。对于一个热衷于技术探索的研发人员而言，这个劣势是致命的。一年后，在冯裕才的邀请下，贾飞选择回到了达梦。

2020 年 8 月，达梦成立了达梦数据技术（江苏）有限公司，由贾飞担任负责人。除了公司日常的招聘、管理工作，贾飞还要带着团队进行基于内存的键值对（key-value）数据库的研发。目前，较为知名的同类数据库为开源的 Redis 数据库，按照达梦的开发计划，由贾飞团队开发的内存数据库在性能上会比 Redis 有一定的提升，同时具备拓展功能，可以形成一系列的产品。能够从事前景广阔的技术创新研发，更加符合贾飞对个人职业发展的期待。2022 年 11 月，由贾飞团队研发的达梦新云数据库（For Redis）正式面市。

贾飞笑言，同时担任子公司负责人和主导新产品研发，两个任务难度都不小，如果不是经历过在淘宝的历练，他是不敢承接这一岗位的。相应地，他也把互联网大厂那种"终身学习""变不可能为可能"的工作理念传递给了自己的团队。

1964 年，美国哲学家赫伯特·马尔库塞（Herbert Marcuse）曾在著作《单向度的人》中描绘过一幅后现代场景：机械化劳动会对人的生命力进行无情占有、消耗和麻醉。现在我们可以看到，这种社会对人的异化沿着产业链中对个体技术从低到高的要求依次蔓延——一开始，它吞噬了《摩登时代》中卓别林饰演的基层产业工人的创造力；现在，它正准备侵蚀当代社会中的每一个白领，乃至金领。

从经济选择的角度可以分析出达梦留人机制的根本。任何一个员工都在追求利益最大化，可能是眼下的利益最大化，也可能是长远的利益最大化。从贾飞的职业选择很容易看到，短期薪资收益的高低只是员工做出抉择的一部分因素，有追求的员工必然会看重个人能力的长久提升。达梦多年来积攒下的核心人才的一个共同认知是，达梦不是他们的职业跳板，而是在他们的长久职业规划中拥有重要地位。

无论是技术、薪资，还是发展，如果达梦给员工的天花板较其他企业没有显著的拉升，达梦不足以拥有现在这样多的市场、技术、服务领域的核心人才。这得益于"三个一"文化中"一所学校"所展现出的人才培养理念——公司始终重视前沿技术的研发，并愿意将最新、最前沿的技术分享给每个员工，让所有人共同成长。

人们常常形容学校与学生的关系是"铁打的营盘流水的兵"，企业不是校园，不能"营盘流水"，如果没有一个稳定的团队，企业的凝聚力、服务能力、技术能力都会受到很大影响。即使在经济最困难的时候，达梦也愿意给核心技术团队成员不低于行业水平的薪酬；随着用户对于国产数据库的不断接纳，达梦的业绩表现越来越好，加之公司登陆资本市场，员工们在达梦所能获得的报酬也将更为可观。

2022 年，达梦成功获批设立国家级博士后科研工作站。2023 年 9 月 25 日，达梦数据博士后科研工作站正式启动。博士后科研工作站可以吸引更多高技术人才参与到国产数据库产品的研发中，解决关键领域尖端技术难题。对高层次人才源源不断的引进、培养和使用，不仅提高了达梦的科研能力和创新能力，也将进一步强化达梦"一所学校"企业文化的核心创造力。

"一支军队"：强大的执行力与高度的责任心

一所好的学校应该具有极大的包容性，允许犯错，可以为所有参与其中的人提供成长机会。但是，企业不能完全像学校一样。这时，达梦"三个一"文化中的"一支军队"就起到了平衡作用。

达梦强调"军队文化"，不像有些以"狼性"为标签的企业，后者推崇高度的集体主义，以至于忽略了对个体诉求的尊重。达梦的"军队文化"强调执行力和责任心，旨在培养一支能打胜仗、服从命令的员工团队，核心是在保证企业存续的基础上，达到企业与员工的双赢。

数据库产品高度仰赖稳定性，这对原厂服务提出了很高的要求。早期达梦承接了大量的消防指挥系统建设，一度占据了全国约三分之一的市场份额。消防系统不仅对稳定性要求很高，而且越是像春节这样阖家团圆的节假日，就越是枕戈待旦的重要时刻。达梦的客户服务工程师在春节假期驻守客户现场已经成为家常便饭。这不仅为达梦积累下良好的市场口碑，也让一种"舍小为大"的奉献精神从达梦成立之初就成为技术服务部门的传统。

销售人员是对客户服务最为敏感的一类人。在数据库软件支持服务中，售后团队的表现直接关系到销售人员在前期为客户做出的承诺是否能够达成，进而关系到销售人员在行业内的公信力。常年负责区域销售工作的帅汉涛对此毫不担心，他甚至开玩笑说："如果是大型核心应用，销售后打电话回访时，要是对方说'达梦蛮好的，下面用着的都说好'，我可以断定他没有真的去用达梦。大型核心系统出问题是难免的，但是达梦的老销售都有这种淡定和自信，就是出了问题，达梦一定能给你解决。"

没有解决不了的问题，同时，一旦出现问题，达梦可以迅速定位、给出修复时间表，从表面上来看，这源自达梦内部的产品服务体系各职能部门之间的联动。但是对一个成熟的软件企业而言，这样的快速反应是理所应当的，真正保证所有客户问题都能够得到解决的底气，还是来自达梦完全自研的技术路线，来自达梦核心技术人员对每一行底层代码的熟悉。这一点保证了达梦可以成为一支"陆海空"配合协调、战斗力强、高度整合的"军队"。

在服务的同时，冯裕才还要求同事们注意方式方法，不仅仅以产品上的交付为目的，还要在服务客户的过程中不断提高服务水平。2013年4月，武汉的第一家海底捞在武胜路凯德广场开业，达梦专门包车将公司高管带到海底捞团建，希望大家能够从实践中学习海底捞全国闻名的服务标准。从根本上优化服务理念和服务态度，是比提高执行力更高一层的要求。

2016年，达梦更新了品牌标语——"达梦就在您身边"。对普通公众而言，这句标语宣告随着达梦的市场拓展，越来越多的信息服务将运行在以达梦为底层支持的数据库上。对客户而言，这句标语是一句承诺：达梦及时响应的客户服务品质将长期延续。

2020年初，新冠肺炎疫情突袭武汉，1月23日，武汉这座人口达到千万级别的大城市被按下了暂停键。在这种危急的时刻，最能体现出达梦员工的执行力和责任心。

达梦数据库服务的客户来自不同行业，特别是包括电力、金融、公安等与民生密切相关的行业。这些行业不会也不能随着湖北各大城市被"按下暂停键"而一并"暂停"。达梦的驻场员工遍布全国30多个城市的客户现场。此时是退守家中，保护个人健康，还是驻守在客户现场为特殊时刻、特殊行业的稳定运营做好保障，这是摆在达梦驻场员工面前的一道难题。

在公司层面，达梦没有苛求员工，而是把选择权交到了他们的手中。让公司十分感动的是，所有驻场员工都无一例外地选择了继续坚守工作岗位。

1月中旬，达梦武汉总部的技术人员刘阳和妻子已经买好了前往广州过年的车票。疫情暴发后，刘阳意识到，他所负责的某政府部门的客户服务工作与抗疫密切相关，这必然会产生大量的临时技术需求，他退掉了车票，毅然留在武汉。情况果然如他所料，在留守保障期间，刘阳多次应客户要求前往现场开展工作，由于人手和条件有限，他一人承担起了大量工作，通宵成为常态，一日三餐变为一日一餐。

2016年，日本管理大师稻盛和夫来中国访问时在一次分享中指出，景气时，员工与企业的关系常常是融洽的，但患难时见人心。如果对达梦进行系统梳理，不难发现这家企业与国内许多内部文化标签鲜明的科技企业不同，达梦并不依靠大量宣讲企业文化来对员工的价值观进行统一，但它诞生的初衷是科技自立，正是在这种"革命理想大于天"情怀的熏陶下，很多达梦员工对于公司产品拥有一种使命感。这一定程度上可以解释达梦员工在疫情中的尽职表现。

2020年1月30日傍晚，冯裕才的手机响了起来，电话通知他立刻前往东湖宾馆参加湖北省大数据疫情研判会议。在出门前，冯裕才通知林枫，希望她能够立刻组织技术人员，迅速做出一个可以在会上汇报的大数据疫情防控技术方案。

从2011年开始，达梦数据库就为湖北省公安厅提供"公安云"

服务，有了九年的合作基础和达梦多年的大数据分析处理工作的积累，达梦的技术人员在一个小时之内根据以往的经验做出了一套方案框架。在冯裕才坐车赶往东湖宾馆的路上，同事们已经通过电话把方案汇报给了他。数据库管理软件这一类经常被人称作"数字钢筋"的基础软件，在疫情之下体现了其支撑作用。

冯裕才根据同事的方案，在会上建议湖北建设疫情研判大数据平台，这一建议得到了中央指导组领导的广泛认可。随后，达梦积极配合湖北公安利用公安大数据建立涉疫数据专题库，搭建人员、车辆排查模型，为疫情防控工作提供了精准的数据支撑服务；同时按照战时工作要求，安排业务骨干在一线全天候配合公安开展数据汇集、数据筛查、数据共享、数据分析等工作，确保数据可视、可控、可用，为全省科学防治、精准施策、分区分级开展疫间管控、疫后隐患排查工作提供科学决策参考。

作为光谷孕育的一批高科技企业之一，达梦的技术和行动力在疫情中铸起一道科技"防火墙"，阻挡了病毒进一步肆无忌惮地传播，保障了公众安全，这是科技力量为全社会带来的"免疫力"。

一家科技企业必然会承担社会责任，而达梦从创立之初就将这种责任感上升到了家国情怀。

一年冬天，向冯裕才汇报工作的同事偶然聊道，他的部门准备在年会上合唱《长征组歌》中的《过雪山草地》一节。说完，他邀请冯裕才一起加入合唱，冯裕才很高兴地答应了。冯裕才喜欢在年会上献唱革命歌曲，这已经成了达梦年会的传统，更重要的是，《过雪山草地》这一小节的组歌中，有两句歌词是他非常喜欢的——"雪山低头迎远客"和"革命理想高于天"。"雪山低头迎远客"，也是达梦经过长期蛰伏、发展，在市场上迎来快速增长的写照；"革命理想高于天"同样映衬了达梦不变的初心。

冯裕才常说:"如果每个员工的目标都和公司的目标一致,他们的个人发展就有前途;如果公司的目标和国家的战略一致,这个公司的发展就有前途。"

将个人情感与国家发展高度融合在一起,这是一种更加宏大的执行力和更为高远的责任心,也是属于达梦员工的独特浪漫。

"一个家庭":患难与共带来的人才黏性

现代商业社会强调高度分工,强调"八小时之内"与"八小时之外"的分离,这也导致很多企业虽然可以喊出以"家庭"为目标构建企业氛围,但在高强度的工作压力下,很难落到实处。换句话说,一家企业想要构建家庭一样的氛围,在赢得员工对此信任的过程中,需要长期付出让员工可以感知到的真诚。

家庭具备利益共同体的属性,能够患难与共是达梦"一个家庭"文化的基础。

达梦成立时的注册资金危机是依靠员工的支持解决的,从那时起,"共享"就成为达梦企业精神的一部分。"有困难的时候告诉大家,大家来解决,有成就时大家来分享。"冯裕才这样解释达梦的共享理念。

股权是联结企业与员工利益的重要纽带。从2001年至2009年,达梦的员工获得了四次入股的机会,持股员工比例一度接近员工总数的50%。

冯裕才希望在达梦营造和谐的氛围,因此他常常花时间去关注和了解普通员工。行政部经理徐琳注意到一个变化,自2019年冯裕才将兼任的公司总经理一职移交给皮宇后,他有了更多时间去倾听和了解来自公司基层的声音。"在我们部门,冯老师原先可能只认识我和公司前台这样跟他打交道比较多的同事,现在他会详细地问我们部门有几个人、各自分管什么。他很愿意去了解这些。"徐琳说。

对于这一点,更加有直观感受的是达梦副总经理邓浩。2012年,达梦新一代数据库产品即将在北京发布,公司安排邓浩在发布会上做一个展示分享。邓浩像大多数工科出身的技术人员一样,接到一项任务,就会一门心思扑上去,即使在这个过程中遭遇到困难,也会想办法独立解决,不喜欢麻烦别人。但是这项任务的难度和重要性都超过了邓浩的预期,为此他几天没有睡好觉。

冯裕才察觉到了邓浩的焦虑。一天早上,邓浩吃完早饭,遇到了冯裕才,冯裕才没有多说什么,递给他一份三页手写稿,上面整理了达梦数据库的发展路线图,特别涉及达梦的早期发展。这份草稿对于2009年才刚刚加入达梦的邓浩尤为重要,帮助他厘清逻辑脉络,重新梳理演讲顺序。正是这个小小的举动,让邓浩开始意识到,在达梦做的不仅仅是一份工作,而是一份可以倾注感情的事业。

随着企业的发展壮大,员工的数量也一定会稳步上升。想要让整个公司所体现出的人情味不会随着员工数量的增加而被稀释,就需要将这种患难与共的理念渗透进细微的小事。

2020年春节前,高级副总经理林枫发现一名女同事通过平台"水滴筹"在朋友圈募捐。林枫仔细阅读募捐详情后了解到,这名女同事1岁的儿子天生患有重度耳聋;这种病症越早进行手术治疗,患者恢复听力的可能性就越大;因为短时间需要筹集大量的治疗费,超过了这个家庭所能承受的范围,不得已的他们只能以互联网募捐的形式寻求帮助。

林枫马上通过这名女同事的直管领导联系了她，在取得对方的同意后，达梦面向全体同事组织了一次募捐。林枫兼任达梦公司的党支部书记，在此次募捐中，党支部也拨出了一部分经费作为捐款。

"一所学校、一支军队、一个家庭"之所以可以成为达梦长久以来所仰赖的企业文化，是因为它不仅仅是纲领性的口号，还是蔓延且根植于达梦土壤的牢固根系。概括来说，达梦"三个一"文化的内涵并不是指公司要成为学校、军队、家庭那样的组织，而是吸纳三个不同元素中最本质的部分，即学校的学习氛围、军队的执行力和家庭的团结和睦。达梦的企业文化经过二十年的沿袭，一个人即使没有听说过这"三个一"，只要他加入达梦、融入达梦，最终也会从达梦呈现给他的感受中归纳出与"三个一"相似的精神内涵。

这也意味着，"三个一"的文化对于达梦不仅仅是一种滋养，也成了一种传承。

达梦"三个一"的文化还可以回答一个问题，就是为什么达梦可以在二十余年的发展中保持核心团队的稳定性。

毫无疑问，达梦的员工并不是超人，他们无法超脱于人类的基本需求。心理学家马斯洛提出的需求层次理论被现代管理学广为引用。这一理论将人类的需求划分为从低到高的生理需求、安全需求、社交归属需求、尊重需求和自我实现需求。从宏观来看，达梦能够留住核心员工的一个原因是，按照马斯洛的需求层次理论，达梦的理念、发展路线和价值观可以满足员工的三项高阶需求。

达梦宽松的环境鼓励创造，技术人员可以从连续的创造中获得成就感，从产品的完善中得到个人的归属感。一步步参与产品研发和推广，亲历产品从不完善到完善的过程，目睹产品为客户创造的巨大价值从而获得外部的认可，可以让员工体验到尊重感。达梦坚持自主研发的技术路线始终与科技强国的远大理想相结合，可以让员工感受到自我实现的价值。

达梦的文化让"企业—人才—产品—目标"四个元素高度融合，相互之间形成纽带，孕育出了天然的"人才黏性"，保证了公司的持续发展。

不得不承认的是，达梦"一所学校、一支军队、一个家庭"的文化并不是独有的，每一个元素所代表的内涵都无数次地出现在无数企业的文化纲领中。换句话说，达梦不是"发明"了"三个一"的企业文化，而是"发现"这套企业文化契合公司气质，并可以践行于日常的企业运行管理中。

企业文化很像是一种"产品"，它由公司"生产"，但它的用户仅限于公司的员工。从这一点来看，达梦"生产""三个一"文化的历程和达梦研发关系数据库的历程有相似之处。

当冯裕才带领团队准备开发关系数据库时，他们所掌握的信息是——知道埃德加·科德在论文中所阐释的理论是跑得通的，也知道世界上有企业开发出了可以落地商用的关系数据库——路径可行、目标确定，剩下的就是投入努力和不断迭代。"一所学校、一支军队、一个家庭"这十二个字的表达虽然在二十多年来从未改变，但对于"三个一"文化的阐述不仅仅限定于本章的几节内容，本书对达梦发展历程的记录，实际上就展示了这十二个字如何发展、如何迭代、如何具象化。

那么，是不是提出了"三个一"文化后，这套体系就像宗教典籍一样立即成为圭臬，指导着达梦永不犯错？显然不是的。下一小节就将展现达梦在人才遴选中所犯的一些错误,以及达梦如何从错误中反思,进一步强化"三个一"文化价值。

正是因为"三个一"文化所代表的内涵具有高度普遍性,甚至看起来非常"草根",去观察达梦如何践行这套文化才变得更加有意义。这一过程其实在回答另一个问题:中国的企业应该如何衍生出高度自生的、高度适用的企业文化。

达梦对于企业文化的"研发"经验,已经远超其作为科技企业的行业意义,而具有了更广泛的参考价值。

"干细胞"式的人才培养体系

成长的企业需要成长的人才团队与之适配。

2002年,达梦刚刚成立,这一年达梦的工作计划中摆在第一位的是:"高层管理人员必须迅速调整,由年轻的充满活力的人来担任公司领导。"这让华中科技大学分管科技产业的副校长丁烈云感到惊讶,一家校办企业竟然能够如此快速地扭转思想、下定让管理层年轻化的决心。[1]"由年轻人担任领导"的大方向是正确的,但是这个"年轻人"从哪儿来,冯裕才还不知道。

此时,一位华中科技大学计算机学院校友兼著名投资人为达梦介绍了有外企管理经验的职业经理人。新经理人走马上任不久,冯裕才就感受到了双方难以弥合的差异:这名经理人过去供职于外企,出差住五星级酒店,一天的差补为500元,这样的标准势必对刚刚成立的达梦造成极大的压力。要知道,二十年之后,达梦

---

[1] 肖开霖、王健群:《"走出后"的思考》,《中国高新区》,2002年第6期。

员工的每日差补也只有 100 多元。两个月后，种种暴露出来的不协调让达梦与此人各奔东西。

冯裕才事后用了一段比喻概括首次引入"空降兵"的尝试："我的车子是土的，我的路是土的，请了一个'洋司机'来开车，技术再好，也难免把车子开翻了。那么，我只能请一个未来有可能被培养成司机的苗子，在我的土路上去折腾。"

冯裕才虽然决意不再请行事风格国际化的"洋司机"加盟，但此时的他还是相信邀请外部管理人才加盟达梦能够为公司快速有效发展提供助力。

随后的几年里，达梦几次尝试引入同行业经验丰富的高级管理人员，但由于理念和风格的差异，这些举措并没有帮助达梦走上快速发展的道路。部分高管离任后，达梦通过内部审计发现，其在任期间主管的业务流程缺陷明显、账目混乱。

经过几次不成功的"引援"，冯裕才开始反思请"空降兵"的做法。他认为，一个外部高管想要融入达梦必须经历三步走：第一步，要放低身段，认识和融入达梦文化，不能好高骛远，文化没有好坏对错，只有适合与不适合；第二步，在一个相对较为实操的平台上做出能够让其他人信服的成绩；第三步才是出任重要管理岗位，放手一搏。

冯裕才的这一观点看似是苛刻的，但这是任何一家企业想要成功引入"空降兵"所应当参考的道路——外部人才必须经过一段时间的历练方可走上重要管理岗位。所有表象的背后都有其内在逻辑，冯裕才的这项原则是在多次有着切肤之痛的试错中最终形成的，而实践是检验这一逻辑的最终标准。

有着二十余年硅谷创业、管理和投资经验的本·霍洛维茨（Ben

Horowitz）也在著名的《创业维艰》一书中表达过相似的观点。他认为，大公司主管空降创业公司，很可能因为工作节奏和技能与岗位的不匹配，双方一败涂地。

心理学上有个概念叫"延迟满足"。心理学家认为，能够做到"延迟满足"是一种能力的体现。在数据库行业，达梦坚持自主研发的同时，也必然地选择了一条更艰难的发展道路。通俗来讲，这里的"艰难"指的就是达梦需要经过更长时间蓄力，也就是必须学会"延迟满足"，从这一点上来看，达梦的发展是具有一定特异性的。而能够完全包容达梦发展路线上特异性的人，一定是一个接受并认同达梦的理念，自身像达梦一样具有"延迟满足"的能力，并且熟悉达梦内部文化的人。

从 2011 年开始，达梦专注于从内部培养高管。其中一个让冯裕才感到意外的案例是销售人员丁思远的成长。

丁思远性格踏实、沉稳，2008 年加入公司时业务表现并不突出。销售是一种技术，天赋固然重要，但后天的学习也可以提升这种能力。丁思远或许不是一名天生的金牌销售，但他绝对是一个善于学习的人，他先通过应用开发项目的市场拓展积累经验，随后转向数据库销售。

2012 年，丁思远开始负责在地质灾害多发的省份推广达梦已经逐步成熟的地质灾害防治信息化系统这一产品。2013 年 9 月，达梦一举中标了价值千万级别的西南某省地质环境管理信息系统项目，丁思远也成了公司的"销售明星"。2014 年，西南销售大区成立，业绩优异的丁思远被派往西南大区担任销售主管，用一年的时间将西南大区的销售业绩从原来的 38 万元提升到了超过 300 万元。2018 年，达梦在成都投资成立四川蜀天梦图数据科技有限公司，主导图数据库的研发，丁思远被委任为新公司的总经理，同时主管区域线和产品线。

丁思远的成长经历之所以具有代表性，是因为其具备两个特点。第一，丁思远一度不为公司所看好，并且他是从最基础的岗位上成长起来的，这证明了在"三个一"文化的指引下，如果一名员工有提高自身能力的主观能动性，达梦有充分的机会和空间让他成长。第二，丁思远从销售专才成长为独当一面的全才，统管销售和技术，这一路径是达梦成长型员工的典型发展轨迹。2020年，达梦西南销售团队实现回款超6000万元。

一家企业拥有各个职能不同的部门，就如同一个身体拥有不同的器官。这些器官并不像心脏、大脑那样负责最核心的机体功能，但是缺失了任何一个器官，身体的运作都会受损。达梦作为数据库企业，大多数员工出身技术一线，但并不是所有的部门和岗位都是与代码相关的，这也就意味着，达梦推行的人才培养体系需要发掘内部人才去适配不同的人才缺口，从而实现达梦整个"身体"的良好运作。

在高管内部培养机制的牵引下，技术部门为达梦贡献了大量的"干细胞"，许多写代码出身的优秀员工进入了自己此前并不熟悉的领域开创一番新的事业。

这当中最具代表性的例子是达梦负责财务工作的高级副总经理周博明的经历。1998年，本科毕业的周博明入读冯裕才门下研究生，从这时起，他就已经开始在达梦研究所从事研发工作。达梦转制成立公司后，周博明参与了2003年DM4的突击研发。

2005年起，周博明被任命为公司副总兼董秘，开始涉及财务方面的工作。

经过了十余年财务相关工作的洗练，2016年起，周博明接受任命，专职主管公司财务工作，特别是在公司股权领域负责股东梳理、增资减资、引入战略投资者等工作。在周博明的努力下，达梦开始逐步解决历史遗留的股权问题，为以后的上市工作奠定了基础。

周博明认为，一旦熟悉了财务原则，自己的技术出身对于从事财务工作实际上帮助很大。因为技术出身的他更能了解软件企业的投入产出规则和发展规律，在他的眼中，财务不仅仅是企业运营中的一种规范性工具，更是公司发展中可以用来寻求平衡、提供战略决策的依据。

正是得益于这些"干细胞"员工的从零学习，达梦重要的"器官"部门才会拥有合适而强力的领导者。这也从侧面反映出一个现象：对达梦而言，让一个技术出身的员工去学习和掌握一种新能力是可行的，反过来，想要在人才市场上找到一个能够快速融入达梦文化的高管则相对艰难，而且具有不确定性。

不过另一方面，只要人选符合达梦的价值观，达梦又可以"不拘一格降人才"。在达梦的内部培养体系下，有24岁的部门经理、28岁的技术总监。这套体系最重要的一项成果是，2019年7月，经达梦董事会任命，原销售总监皮宇获得提拔，出任达梦总经理。此时的皮宇还不到40岁。

这项任命建议由冯裕才亲自提出，并用了几个月时间慢慢说服了管理层其他高管。达梦的大股东中国软件在过往的合作中十分认可皮宇的表现，也赞同这一提议。在此之前，由于找不到合适的人选，董事长冯裕才已经兼任公司总经理一职长达四年。

皮宇获得破格提拔，因为他身上具备此时达梦所需要的许多特质。皮宇是技术研发出身，2010年以销售的身份加入达梦，参与到达梦业务版图的迅速拓展中，拿下许多重要项目。既懂技术又了解市场，对于总经理一职是非常重要的，然而更重要的是，皮宇办事干练、雷厉风行，恰好适合在国产科技企业业绩集体爆发的大背景下，带领达梦公司抓住快速发展的机遇。

自2019年以皮宇为代表的新一代管理层上任以来，他们给达梦带来了新变化，让它重新朝气蓬勃。在皮宇的推动下，达梦大力改革内部管理制度，建成了办公流程信息化体系和内控管理体系。这两项改革的核心是将原来线下的管理节点全部移至线上。

在此之前，达梦的大部分审批文件依然是以纸质化的形式存在的。这对一家科技企业而言难以想象，纸质化的文件不利于管理、留存、分析，也容易在实际使用中造成管理线条的模糊。一家企业的成熟一定要超越作坊式的管理模式，建立现代化、规范化、体系化的管理系统，管理模式的自我革新也是企业创新的一部分。达梦高管林枫认为，如果不是皮宇大力推动了这两项改革，按照达梦原有的管理模式，2020年的疫情和随后暴增的业务量均有可能对达梦造成巨大冲击。

新的管理层也加大了在销售和技术这两个对达梦而言至关重要的领域的投入。从销售网络建设来看，从2019年至2023年，公司的销售人员从80人增长至228人，渠道合作伙伴从300余家增长至近2000家。

从技术研发来看，达梦始终贯彻"产品力大于销售力的理念"。截至2023年末，达梦技术序列正式员工超过1000人，约占员工总人数的71.51%；在全国成立了武汉、北京、上海、苏州、成都、重庆六大研发中心。未来，达梦还将设立数据库技术研究院。

随着达梦在市场上的业绩表现越来越好，达梦所长久秉承的人才理念也得到了印证。近几年，达梦更加主动地去寻找市场上的中高端人才，也不断有人才愿意接纳达梦理念、加入达梦，与达梦共行。

在观察了新的管理团队后，冯裕才认为他们的表现"比预期还好"。在从事数据库行业的四十余年里，没有哪一个时刻，让冯裕才比现在更有信心。那是一种来自薪火相传的信心和满足。

冯裕才确信，有了这样一支团队，在达成梦想的道路上，达梦将拥有无限的创造力和无限的发展空间。

坚持自主研发的底层逻辑

在电影《闻香识女人》的结尾，阿尔·帕西诺饰演的失明退役军官在听证会上用拐杖敲着桌子慷慨发言："走到人生的十字路口，我总是知道哪条路是对的。但我从来不会选那条路，为什么？因为它太难了。"

凭借影片中的经典演绎，阿尔·帕西诺赢得了1993年奥斯卡金像奖的最佳男主角奖，《闻香识女人》也拿下了最佳影片、最佳导演、最佳改编剧本三个极具含金量的奖项。电影指出了一个世间常见的现象——人们不去选择哪条人生路，未必因为那条路是错的；我们对于艰辛的恐惧，常常大于对于是非的执着。

冯裕才是达梦的创始人，他一直坚守初心，并且牢牢地把持着达梦之船的船舵，使之驶向那个既定的目标。如果只是知道这样的信息，人们很容易觉得，冯裕才是一个在公司管理上十分强势的企业领导者。实际上正相反，达梦的很多中高层管理者在聊到冯裕才的管理风格时，都会提到一个词——民主。甚至有人认为冯裕才偶尔会表现得"过于民主"。当一家企业从十几个人的小组织成长为超过千人的大公司时,"民主"一定不如"铁腕"高效。

这里并不准备展开以及从学术的角度去阐述公司的管理方法论,但有一点是确定的:广开言路的冯裕才不会在公司里搞强制性的思想统一,从而迫使同事们在非自愿的前提下改变自己的价值观。一个员工,如果在刚刚入职达梦时表示认同冯裕才的路线选择,或许还有一些"人在江湖"的身不由己;但是一群员工,坚持不懈地与公司并肩同行,一定是出于对前进方向的高度认同。

从 2003 年一直到今天,在开源数据库的基础上进行二次研发已经成为绝大多数国产数据库厂商的选择。在这样的大背景下,达梦不仅面临着数据库产品在终端市场上的竞争,也面临着严峻的人才竞争。或许在一开始,从底层代码开始研发一款全自主知识产权的国产数据库看起来是一个吃力不讨好的选择——如果让《闻香识女人》里阿尔·帕西诺饰演的军官来选,他一定会因为这条路"太难了"而断然停步转身。但是随着时间的推移,这个选择背后的正确性不仅可以支持达梦活下去,还允许这家企业在巨头入场的数据库行业留住技术人才,并获得稳步增长的市场营收。这足以证明,自主研发数据库的路线,不仅在技术上是自洽的,同时在商业上也是自洽的。

为什么达梦的技术人员深信自主研发路线的意义?十余名一线技术人员都对这个问题谈过自己的理解。纵观他们给出的答案,除了前文提到的家国情怀,还可以总结出四个达梦坚持自主研发的内在逻辑。

第一,避免知识产权风险。

毫无疑问,软件领域的代码开源是人类知识共享历史上的一次伟大尝试，带有很浓重的"建设巴别塔""打造乌托邦"式的理想主义色彩。而商业社会务实、逐利的特性在一定程度上是与理想主义格格不入的，想要平衡二者的关系，就要预先画好"楚河汉界"。

数据库领域存在多种不同的开源协议模式，例如前文第六章提到的 BSD 许可协议和 GPL 许可协议。不同的协议宽松度不同。但总体而言，对于软件代码应采用何种协议，开源社区具有决定权。这些协议会以商业契约的形式，对代码被授权方的行为做出规范。

例如著名的开源数据库 MySQL 在开源协议上采用的就是 GPL v2 协议，这一协议要求，在该源代码上开发的产品也必须开源。基于这样的协议要求，MySQL 丧失了被用来进行商业数据库开发的可能性。相较于 MySQL，同样开源的 PostgreSQL 不仅在技术架构和产品功能上更优，遵循的 PostgreSQL 协议（PostgreSQL License）也延续了 BSD 协议的宽松风格，对商业开发大开绿灯。这也是为什么国内外许多数据库企业都选择在 PostgreSQL 的基础上进行研发。

但是，基于开源代码的二次开发是否应该用于商业获利，许多程序员对此有不同的看法。达梦技术研发出身的高级副总经理周博明就认为，将开源深度开发后进行商业化运作，这种行为改变了开源的初衷。

普通程序员在这个问题上的看法影响力有限，可是这种争议一旦裹挟着利益上升为整个开源社区的议题，就可能会引发开源协议的变动。

2018 年 10 月，由于看不惯一些云计算公司逐利而不分享的自私行为[1]，著名的非关系型开源数据库 MongoDB 更改了开源协议，要求采用 MongoDB 的云计算公司要么付费获取商业许可证，要么向社区开源其服务代码。无独有偶，2019 年 6 月，开源的云原生 SQL 数据库 CockroachDB 也宣布修改开源协议，加入限制商业使用的条款。可见，由于商业化与开源之间存在着底层悖论，采用开源代码进行商业开发未必是一条万全之策。

第二，避免技术服务方向上的风险。

由于数据库软件代码量庞大，大部分开源数据库代码量都在 1000 万行以上，一些商用数据库的源码量接近 4000 万行。根据软件工程领域的常识，一个普通的工程师每年可以维护一万行源代码，这样推算，一个千万级代码的开源系统需要上千名工程师来维护，才能在消化代码的基础上，对代码的架构、风格、技术演进有进一步的了解，做到运用自如。然而国内的数据库企业或团队的规模大多为几十至上百人，这就导致，吃透开源代码对这样的企业而言是极为困难的。

不吃透代码、仅仅在外围做一些开发，便有可能导致数据库在出现漏洞时无法定位，从而无法修正、拓展等，影响用户体验。

在 2003 年到 2004 年 DM4 的突击研发中就已经显现出这样的端倪。当时参与"863"数据库测评的其他几家单位都采用了 PostgreSQL 源代码，从成熟度上来看，PostgreSQL 的延展性应该远远强于从零开始"搭积木"的 DM4，但是从 2004 年的测评数据来看，取代了 DM3 的 DM4 在性能上实现了指数级增长，而其他几家单位的测评成绩只是有了少量的算术级提升。现实不是小说，达梦

---

[1] Thomas Claburn: Fed up with cloud giants ripping off its database, MongoDB forks new 'open-source license', the Register, 2018 年 10 月 16 日。

也没有那种能够随随便便就实现逆袭的"主角光环",此消彼长的背后,达梦的研发人员对于自己亲手敲下的代码"百分之百熟悉、百分之百掌握"起到了关键作用。

由于技术掌握度上的差异,达梦在产品性能上打败了同场竞争的国内友商,这样的情形在后面的日子里一再出现。一家企业对于自家产品的技术掌握程度将直接地反映在对待用户的技术服务能力上。在冯裕才的眼里,国内软件企业对待开源代码的态度不应该停留于"学习它、掌握它",而是应该将最终目标定为"扔掉它,自己做",这就是源于他对于技术掌握度和技术服务能力的重视。

第三,技术主导性风险。

开源代码需要遍布世界的程序员共同参与开发。一家普通的企业,特别是刚刚起步的中国数据库厂商,在开源社区内势必话语权有限,也很难影响开源代码的技术发展方向。

在这一问题上,MySQL 依然是一个极端的案例。2008 年,MySQL 的母公司被美国 Sun Microsystems 公司收购;2009 年,后者又被甲骨文公司并入旗下。从此,MySQL 社区受到甲骨文公司的掌控;为了保证自家拳头产品 Oracle 数据库的竞争力,MySQL 必然会与 Oracle 数据库保持差异性,永远也无法成长为一款足以取代后者的关系数据库产品。

开源社区不是一种商业化的公司,它们对于社区的参与者没有责任和义务保证产品的每次迭代都能够满足所有成员的利益。假设一家企业花费了大量的精力深入研究某一个开源软件代码,而随着开源社区的技术演进,产品的架构发生了巨大变化,这可能就会导致企业的前期投入事倍功半,不得不回到原点、重新组织人力物力,开始对新版本的研究。从这个角度来看,如果不能成长为影响开源社区技术演进方向的重要力量，小公司只能长期亦步亦趋地跟随，很难积累起自己的技术，甚至无暇做到"开源三部曲"中的第一步——"吃透开源代码"。

缺乏技术主导性的风险还有一种极端的情况。在2022年爆发的俄乌军事冲突中，开源社区是否应该加入西方国家对俄罗斯的制裁一度引发争论。一名俄罗斯法律人士表示："许多开源软件许可证都有关于制裁的条款。如果美国和欧盟愿意，他们可以引入这些条款，并禁止俄罗斯人使用开源软件或架构——那么俄罗斯产品将无法获得正式使用此类软件应有的支持和更新。"[1]

第四，人才风险。这也是达梦最为看重的。

人才是科技企业的重要资源。企业时刻需要认识到，人才是具有极高自主性的；越是顶尖的人才，就越具有自主性。在市场上的大多数数据库企业均使用开源代码的大背景下，人才在不同企业间跳槽从技术接续上来看会变得非常顺利。这很可能导致，数据库人才的市场流动遵循"谁给的工资高，就去哪儿"的机制。对企业而言，人才流失是一个巨大打击，这样的趋势既不利于技术积累，也会让行业的工资结构陷入一种非理性的竞争。

由于达梦坚持独有的自主研发技术路线，从一定程度上看，达梦与众多的开源数据库厂商之间人才竞争的场域并不是完全重合的，加之本章前文提到的达梦的企业文化对人才的黏性作用，都让达梦避免陷于非理性的人才竞争之中。

达梦从自主研发路线中总结出的最重要的一点人才经验是：由于高精尖技术的研发难度大、周期长，且技术与人才高度绑定，无

---

[1] Russian Developers May Be Deprived of Access to Open Source Software Due to Sanctions, Aroged.com, 2022年2月28日。

法从外部直接"拿来",这就导致,只有自主研发,才能培养出掌握核心技术的人才。

出于这些逻辑的自洽性,达梦上下对于达梦的技术路线形成了高度的共识。2015 年,IBM 公司计划将旗下 Informix 数据库的源代码对外出售授权。Informix 不是开源数据库,作为一家独立的数据库企业的产品,它在 20 世纪 90 年代名噪一时,风头甚至一时盖过了甲骨文公司的数据库产品。自 2001 年被 IBM 收购后,Informix 在技术路线上与 IBM 原生的 DB2 数据库有所重合,但二者依然保持产品线上的相互独立。

冯裕才的一个朋友与 IBM 颇有渊源,他主动找到达梦,提出将 Informix 源代码免费送给达梦,附带条件是,达梦团队要将开发维护的精力从自研的 DM 系列数据库转移到 Informix 上来。对方认为,这是一个很好的帮助达梦追赶国际顶尖数据库的机会。不需要过多讨论,达梦高层迅速达成一致,谢绝了这一提议。IBM 将 Informix 的 1500 万行源代码兜售给了全球多家软件企业。巨大的代码量如同大山压顶,没能帮助任何一家购买它的企业重现 Informix 的旧日荣光。

那么,应该如何理解达梦这种独有的创新理念?

在经济学上,第一个提出创新的人是出生于奥匈帝国的经济学家约瑟夫·熊彼特。1912 年,他在著作《经济发展理论》中首次提出"创新"的概念,并列出了属于创新的五种情况。其中,熊彼特明确地将"造成一种垄断地位或打破一种垄断地位"列为创新的一种。[1]

---

[1] 约瑟夫·熊彼特著,何畏、易家详等译:《经济发展的根本现象》,《经济发展理论》,商务印书馆,1990 年 1 月。

在熊彼特看来，创新并不仅仅意味着技术上的创新，创新的本质是"建立一种新的生产函数"，也就是把一种从来没有过的、关于生产要素和生产条件的"新组合"引入生产体系。初读起来，熊彼特的表述晦涩难懂，但是只要以达梦的经历为例，就可以很好地理解熊彼特为何这样定义创新的内涵。

前文讲到过，1996年，达梦研究所中标华中电力集团财务公司管理系统CWMIS项目，准备以DM2数据库作为底层支持进行研发。就在这时，项目组发生了分歧，部分同事认为，鉴于DM2的产品形态尚不完善，出于对用户负责的态度，整个项目应该转而采用相对成熟的国外数据库进行研发。

此时的中国数据库产业，已经呈现出了国外数据库依靠先发优势形成寡头垄断的态势。如果当时的达梦研究所选择在Oracle、DB2或Informix这样的国外数据库基础上进行应用开发，而不是坚持借着这个机会打磨自家DM2的产品形态，那么，达梦研究所实际上成了位于国外数据库生态体系内终端的一环，只做一些表层的应用开发、交付类的工作。所有人都知道，巨头企业之所以热衷于追求垄断地位，是因为垄断可以为它们带来高额的利润。成为垄断者成熟产业链上的一环，应用开发者固然有一些"小钱"可以赚，但是从整条产业链的收益来看，"大钱"势必会被垄断企业赚走。

达梦选择跳出国外数据库的生态体系自立门户，则打破了这种固化的产业分布格局。尽管时至今日，达梦还做不到与数据库行业的龙头老大甲骨文分庭抗礼，但是随着近几年来达梦有意识向外拓展生态圈，国内数据库产业的上下游企业至少又多了一个选择。悄然间，中国数据库产业的组织形式正在重构。突破所处行业的垄断业态，正是熊彼特定义下的一种创新。

熊彼特的另一个为人所知的观点是他对"企业家"这一概念的范畴和功能做出了界定。简单来说，他在企业家与创新之间做出了逻辑上的充要关联：只有处于创新中的企业管理者才能被称为企业家；一旦创新结束，企业的管理者也便不再发挥企业家功能了。

熊彼特洞察商业的视角从另一个角度解释了为什么达梦的故事值得记录。这是一家发展得很慢的企业，特别是比起大洋彼岸的同行业翘楚，达梦攻占市场的速度堪称一场超长的持久战；这家企业经历了 18 岁成人礼之后，似乎才刚刚迈入快速发展的通道；达梦在成长历程中，得到了大量来自外部的支持。在"出名要趁早"的软件行业，无论从哪个角度来看，达梦都不像是一个天生的明星。但是熊彼特早早地就启迪过人们，商业并不总是由宏大的叙事组成。

那些细微之处的闪光，亦可以蕴含穿透未来的力量。

创新四要素：为核心竞争力浇筑堡垒

越是产出高技术产品的企业，就越依赖通过创新的力量实现不断增长。

2021 年 3 月 11 日，十三届全国人大四次会议表决通过了"十四五"规划纲要。纲要提出，在"十四五"期间，我国应"坚持创新驱动发展，全面塑造发展新优势"，"加快数字化发展，建设数字中国"。不久后，工信部也对"十四五"大数据产业规划形成初稿，提出推动大数据产业基础高级化、推进大数据产业链现代化、构建产业生态、保障数据安全等几方面工作。

这也意味着，沿着创新之路走来的达梦将会继续走在国产数据库的创新前沿。根据国际数据公司（IDC）的预测，到2027年，中国关系数据库软件市场规模将达到102.7亿美元，五年间的市场年复合增长率为24.5%。[①]

冯裕才深信创新是一个国家和民族的灵魂，也是一家企业的灵魂。他十分看重达梦的创新能力。在冯裕才看来，达梦的创新能力是达梦的核心竞争力。达梦就如同一辆行驶在数据库赛道上的四轮驱动跑车，每一个轮子都代表着一个创新要素——核心技术、高端人才、市场需求和充裕的现金流。

无论是回望过去还是展望未来，达梦最重要的工作就是完善和巩固这"创新四要素"，为企业的核心竞争力浇筑堡垒。

在达梦的"创新四要素"中，最基础的是"掌握核心技术"。可以说，达梦的诞生就始于冯裕才对于掌握关系数据库核心技术的执着。

一家数据库企业的市场表现是它的"面子"，是否掌握了数据库核心技术则是它的"里子"。在特定时刻、特定条件下，一些没有掌握核心技术，仅仅依靠第三方的技术或产品为市场客户提供服务的企业也能生存，"面子"上是光鲜的，但是一旦市场环境发生变化，这样的企业便会表现出很明显的脆弱性。

从国家开始推动"科技专项"、计算机基础软硬件受到市场重视以来，中国国内的数据库企业已经暴增到两三百家，其中95%以上采用开源技术，像达梦这样坚持四十年研发完全掌握核心技术的数据库企业并不多见。

达梦身为数据库企业，冯裕才不仅仅要求同事们了解本行业的

[①] 高志刚：《IDC预测2022—2027年中国关系数据库软件市场CAGR为24.5%》，上海证券报·中国证券网，2023年6月5日。

前沿技术、核心技术和底层技术，更重要的是，要求他们把这些技术学会、吃透，并牢牢地掌握在自己手中。这是目标设定的不同——达梦更看重核心技术的"里子"，而不单是短期市场表现的"面子"。

对达梦而言，只要能够实现"掌握核心技术"的最终目标，达成目标的路径是可以有所不同的。

在达梦研究所创立早期，为了实现关系数据库的全自主研发，冯裕才与团队成员完全从底层一砖一瓦地搭建架构。这样的开发方式虽然相对缓慢，却是为了掌握自主核心技术而不能跳过的步骤。

达梦的云数据库产品"启云数据库"采用了另一条发展路径。通过承接大量数据库云平台应用项目的开发，达梦的应用开发团队从不同项目中寻找共性需求，提取可以复用的研发成果，最终一步步搭建出云数据库产品，构成了达梦的大数据平台。

而达梦旗下的图数据产品"蜀天梦图数据库"的技术演进，则完美演绎了冯裕才所倡导的"开源三部曲"——学习开源代码、扔掉开源代码、自己开发同类技术。在最初内部版本的蜀天梦图数据库中，达梦学习了 Neo4j、JanusGraph、TinkerPop 等国际上流行的图数据库开源技术，从 2019 年开始，图数据库研发团队开始对产品进行"抽底"，也就是从底层技术到上层技术一层层逐步实现自主替换，将蜀天梦图数据库的核心代码替换成原创代码，从而实现对图数据库核心技术的掌握。

虽然达成目标的路径不同，但殊途同归，通过掌握底层核心技术，达梦拥有了极强的适应能力。冯裕才坚信，一旦社会需求、环境发生变化，达梦有能力依靠自主技术实现调整，在新的环境、新的平台上去研发一系列新的产品，来适应时代的需要。

核心技术是由人来掌握的，因此达梦"创新四要素"的第二条便是"掌握核心技术的团队"。同样是拥有一两千员工规模的企业，由于员工个体之间能力的不同，不同企业之间的竞争力差别会很大。

　　近几年，在互联网科技企业存在一种现象，叫"35岁焦虑"。许多技术型劳动者随着工作年限的增长，一方面薪资不断提升，另一方面，由于长期处于高强度工作状态，体力和脑力呈现不同程度的下滑，此消彼长之下，超过35岁的技术型劳动者常被用人单位视为性价比不高的选择。事实上，在现代社会，衡量一个工作是否具有含金量，判断的标准不是它所采用了哪些生产资料，而是要深入去观察它的工作性质。"35岁焦虑"之所以会产生，是因为这些技术型劳动者利用计算机、各式代码在进行工作，看起来这似乎是做一份高度依赖脑力、具有创造力的事业，但其本质却是劳动密集型工作——由于不同劳动力之间替代性很高，企业又倾向于让劳动者提供高强度的超时工作，因此刚刚走出学校的职场新人比35岁以上的老员工更有竞争力。那个常被互联网企业员工用来自嘲的"码农"一词，贴切地描述了这类工作的性质。

　　一名从达梦创办早期就加入的技术人员谈到"35岁焦虑"时说道："35岁并不是行业的终点，只要你有兴趣、有激情，还是可以做出成绩的。"在负责数据库核心技术研发的达梦上海子公司，员工们至今仍经常看到，已经兼任管理岗位二十年的韩朱忠坐在电脑前编写代码。这样的现象并不是孤例，许多与达梦一同成长起来的技术人员都已人到中年，对他们来说，写代码依然是日常工作的一部分。相较于二十年前的自己，或是刚刚毕业加入达梦的年轻员工，他们编写代码的效率更高。这得益于多年经验的积累。

韩朱忠回忆上海团队几次破釜沉舟式的产品研发。这些研发因为难度巨大，在一开始很难预估研发周期，但冯裕才对上海团队报以最大程度的信任及支持。韩朱忠认为，这样的情况在很多快节奏的互联网大厂是不可想象的，为了达到单位产出最大化，互联网大厂制定了很严格的周期性绩效指标，一旦一个团队无法达成，这个团队就可能会被整体替换。这样的方式看似提高了短期效率，却不利于高难度的技术积累和创新攻坚。反过来，达梦"学院派"的行事风格更容易实现技术和团队的双丰收。

前文提到了达梦的"三个一"文化和达梦的人才培养理念，很显然，在达梦看来，核心技术团队不是一种"器具"，而是一种"资本"。达梦乐于将每一名加入达梦的普通技术员工培养成核心技术团队成员，对他们的工作经验给予尊重。这是达梦偏重研发的企业性质决定的。冯裕才相信，拥有一个掌握核心技术、能够打硬仗、有适应性的优秀团队，是达梦在面对复杂市场变化时能够拥有抵抗力的根本。

如果说拥有核心技术和核心团队是达梦的根基，那么，达梦不断推动创新的动力是什么？答案是市场需求。

市场需求指引创新，如果不能把握市场需求和社会变化趋势，良好的创新力就无从谈起。把握市场需求是一项系统的工作，从企业决策者到销售人员，再到服务人员，都是这项工作的参与者。能否及时地对市场需求做出反应，直接关系到一家企业能否在某个细分领域占据主动权。

早期达梦承接应用开发项目的一个原因就是从项目的实施中探寻市场的真实需求，从而完善产品功能。而随着达梦的市场接受度不断提升，需求的来源变得更加多种多样。

2010年9月的一天，冯裕才急匆匆地赶往北京。与他同行的是武汉达梦的技术负责人罗斌。两人来到工信部的一间办公室，工信部的一位副部长和安全司的几名官员在这里等待他们。几天前的9月7日，一艘日本海上保安厅的巡逻船与一艘在钓鱼岛附近海域进行捕捞作业的中国拖网渔船发生碰撞，随后，日方巡逻船拦截中方渔船，并非法抓扣渔船船长，中日关系跌至冰点。如果类似的争端激化发展，中国许多敏感部门的信息系统都建立在美国的软硬件体系上，这将会成为国家信息安全的一大掣肘。

工信部的几位领导认为，国内数据库企业应当重视这方面的市场需求，拿出一套应急处置解决方案，以保证发生突发事件时，国内的数据库产品依然可以支持市场上各类重要系统的正常运转。

这是国家从战略层面分析得出的市场需求。这次会议后，罗斌一回到武汉，就带领研发人员从过往的应用开发项目中整理能实现类似需求的工具，并以这些过往项目经验为基础，花了不到半年的时间，开发出了达梦数据实时同步软件（DMHS）。DMHS的特点是可以实现异构环境下的高性能、高可靠、高可扩展数据库实时同步复制，有了这个工具，运行在不同数据库软件上的主备双系统可以实现数据同步——一旦其中一个系统出于某些原因而不能使用，另一个系统可以无缝承载数据管理功能。

从某种角度来看，工信部提出的这一需求是具有时代前瞻性的。虽然在此之后，钓鱼岛局势没有进一步升级，但国内越来越多的企业开始关注数据安全。DMHS能够帮助企业把"数据"这一重要的"鸡蛋"放在不同的"篮子"里，它被广泛地运用于应急灾备、多任务中心和柔性迁移等场景。

多年来，达梦不断完善产品形态，大到数据库产品的推新、迭代，小到数据库工具的不断推出，达梦的产品名录就是一个个记录着市场需求的里程碑。

无论是亚当·斯密的《国富论》，还是马克思的《资本论》，都提出了"扩大再生产"的概念。对企业而言，满足了上述三个创新要素只能成为一家"小而美"的公司，想要成为某一个领域的全球顶尖企业，必然要依赖对资本的运作。因此，"拥有充裕的现金流"是达梦"创新四要素"中不可或缺的部分。

话虽如此，在达梦的发展史上，"拥有充裕的现金流"是其"创新四要素"中最弱的一环。

快速成长的企业想要维持健康的现金流，最快的方式是融资。大量的初创型企业依靠融资度过了创业艰辛的早期阶段。但是回望达梦一路走过的历程不难发现，这不是一家擅长资本运作的企业。虽然冯裕才在2006年的媒体采访中就提到过登陆资本市场的目标，但是这一过程进行得异常缓慢而波折。

企业融资决策常常与公司的市场表现挂钩。从市场份额的变化来看，达梦的大部分市场成长来自对国外数据库的替换，考虑到数据库软件的核心属性，越是大企业的核心系统，替换起来越是要谨慎，常常要经过多年的试点、调试。达梦进入一个具有前景的行业时，需要经过几年的沉淀，才能从营收数据上看到新行业带来的显著贡献。到2015年后，达梦才彻底摆脱了"饥一顿、饱一顿"的营收状况，进入市场业绩的稳定上涨期。也就是从此时开始，达梦从利润留存中一点点攒下"家底"。

"发展是解决一切问题的基础和关键"，这是许多人笃信的哲理。随着达梦的市场表现持续走强，营收逐年上升，企业的发展帮助达梦补足了此前在现金流管理上的短板。2019年7月，达梦开始启动股改；同年晚些时候，达梦完成了一轮亿元级的融资，投资方包括中电（天津）企业管理中心、中国互联网投资基金、丰年资本、芜湖信湦、北京鑫润一期股权投资等。① 投资方既包括外部投资机构，也包括员工持股平台。此轮融资中，来自外部的投资者不约而同地看好达梦的自研数据库发展路线。丰年资本合伙人赵丰接受媒体采访时表示："数据库作为数据基础设施的关键部件，是保障关键信息基础设施安全的重要前提。只有自主研发，拥有强大的底层基础软硬件才是数据生态的根本基石。"② 这一轮融资完成后，达梦总股本达到5700万股。

有了营收和融资作为支撑，达梦开始布局下一个十年的创新规划。

2022年6月，达梦向上交所科创板提交IPO（首次公开募股）申请，计划募集资金23.51亿元。同年12月，达梦的上市申请通过了科创板上市委的审议，顺利过会。2023年12月，证监会批复同意达梦IPO的注册申请。

人们常常将上市视为企业的"成人礼"。如果以技术积淀时长来衡量达梦的发展，在科技企业快速发展的大潮中，达梦是"晚熟"的。从戏剧性的角度来看，记录达梦发展历程的故事显得过于平凡——它没有文学作品里那些奇绝变幻的情节；但同时，它也是稀缺的——在数据库领域徐行了四十余年的达梦，依然被媒体冠以"国产数据库第一股"之名。

---

① 王奇：《国产数据库迎来巨大机遇　武汉达梦完成亿元级融资》，新华社，2019年12月5日。
② 王奇：《国产数据库迎来巨大机遇　武汉达梦完成亿元级融资》，新华社，2019年12月5日。

达梦的过往经历与其所秉承的所有理念一起,讲清了一项核心技术,从研发到走向商业化,最终迈入资本市场所必然经历的每一种挑战。当某一天,达梦的故事变得不再稀缺,我们必然将迎来越来越多的"国产核心技术第一股"。

未来,在资本市场的加持下,达梦将有能力运用多样化的金融工具,优化现金流,反哺核心团队待遇及核心科技的创新,形成一个创新闭环,让安全可控的达梦数据库守护好国家和企业的信息安全,把国产核心技术发展的故事讲下去。

第十二章

智启未来:
全新定位,利剑出鞘

打造"数据库生态圈"

玩过角色扮演类电子游戏的人一定很熟悉这样的场景：在游戏中，主角经常会因为战斗力不足，一时间无法突破某一个主线剧情。玩家喜欢将这种情况称为"卡关"。遇到"卡关"，最简单的方法便是玩家操控主角去进行一些支线任务，随着经验的升级、战斗力的增强，原来无法突破的任务便会迎刃而解。

达梦从事应用开发就是通过支线任务提升能力的过程。前文总结过，当时，困扰达梦的主要问题有三个：第一个问题是"钱从哪里来？"，当产品市场还不能养活达梦时，达梦需要用应用开发的收入支撑健康的现金流；第二个问题是"谁愿意用达梦？"，当市场不认可达梦产品时，达梦只能以总承包商的身份在项目中带动数据库的使用，以此完善产品；第三个问题是"市场需求到底是怎样的？"，一款软件产品的最终形态应该是由市场需求决定的，应用是市场需求的发源地，达梦在应用开发中，就像社会学家在做田野调查一样，获取用户一线的反馈，丰富产品序列。

这三个问题就像木桶的三块板，只要还有一个问题无法解决，困扰达梦的"应用与产品之辩"就很难得出一个结果。无论是2012年冯裕才与韩朱忠在飞机上的讨论、2013年将应用开发部门"事业部化"的尝试，还是2015年险些以业务为切割将公司一分为二，达梦都没有将上面三个问题完全解决，也注定无法得出一个平衡应用与产品的解决方案。

2017年起，市场对于国产技术的不断接纳成了达梦解决这一问题的契机。

在业务的快速增长中，任何一家软件企业都不可能依靠自身力量去满足市场上所有的应用层开发需求，因此软件企业必须拓展生态版图，寻找产业链上的深度合作伙伴。达梦的主要产品是数据库，数据库的产业链上游是硬件、操作系统及中间件等的开发商；下游则是独立软件开发商（independent software vendors，简称ISV），它们进行顶层应用研发，直接连接用户。

国产化大潮对于达梦的帮助在于，首先，它推动了达梦与国内软硬件厂商的适配，加速了达梦与上游产业链的融合。其次，上层的政策引导与市场上层出不穷的成功案例引发了用户对于国产软硬件的关注，为国内的软硬件厂商带来了业绩的爆发式增长。对达梦来说，业绩增长解决了"钱从哪里来"的问题。

2018年起，达梦开始正式构建渠道体系建设，其中ISV是重要的组成部分。在此之前，达梦和浪潮、东软、神州数码等国内著名综合应用开发商均有过合作，现在，达梦可以用更加规范、更加体系化的战略框架为双方的合作赋能。因为达梦市场口碑的积累，ISV生态合作伙伴在为用户规划整体解决方案时，也很愿意选用达梦数据库系列产品作为底层支持，这同时解决了"谁愿意用达梦"

的问题。

在三个问题中剩下的最后一个问题就是达梦应该如何调节自身与市场需求之间的关系。

早年达梦只能通过应用开发项目接触市场需求，这种状况的一个潜台词是，彼时的达梦是一个新来者，对于市场的业态缺乏掌握，如果不去一线接触业务，达梦没有能力对市场需求做出宏观评估。十多年后，达梦已经是中国数据库市场的老兵，对于中国数据库的市场有多大、中国需要什么样的数据库产品、哪些行业最需要国产数据库解决方案这些问题都有了自己的评估，因此，达梦对于市场需求的态度已经不再是被动接受，而是转为主动出击。

2020年7月，达梦成立了一个新的部门——行业孵化部，由邓浩出任负责人。行业孵化部是在邓浩的强烈建议下成立的。自2009年加入达梦以来，邓浩对于自己的职业规划越来越明确：他希望自己能够成为一名高级产品经理，去做用户需求和技术架构之间的桥梁。而行业孵化部的职责恰好与邓浩的职业规划相契合。

外人听到行业孵化部的名字很可能会误以为这是一个从属于销售链条的业务拓展部门。这其实是一种认知偏差。在偏重销售的企业，"完成了对一个行业的孵化"意味着在某个垂直行业连续签下大单，获得稳定的可持续收入；在科技企业看来，获得行业收入只是一个结果，归根结底，"完成了对一个行业的孵化"要建立在"为这个行业提供了被广泛认可的全套解决方案"上。也就是说，如邓浩所愿，行业孵化部是一个大型的产品经理部门。

近几年，在基础软硬件的国产化大潮中，有一个很容易被人忽视的改变：以往，一家单位需要搭建一个新系统，这个系统的架构工作往往由该单位的信息化部门负责完成；而现在，这类职责正在向乙方流动，也就是说，完整解决方案的架构常常由乙方建议提出。邓浩认为这是行业发展的必然现象。

在国外软硬件产品大行其道的时代，对企业信息化负责人而言，搭建系统架构的工作是基于国外产品的排列组合，由于国外软硬件产品的适配性已经在全球市场经过了多年验证，企业信息化负责人并不需要去过多怀疑整个系统完成搭建之后的可靠性。

反过来，在国产化浪潮袭来之前，他们接触国产软硬件产品的机会不多，对这些国内产品的了解还远达不到对国外产品那样熟稔的程度，因此在国产化大潮中，他们只能高度依赖乙方企业的行业经验。

达梦的行业孵化部选取的第一个行业是财政管理。

为贯彻落实党中央、国务院关于深化预算管理改革的决策部署，财政部在 2020 年印发《预算管理一体化规范（试行）》，要求各地有序推进预算管理一体化建设。预算管理一体化指的是，将多级财政预算工作纳入一个统一的信息系统进行管理，这有助于提高预算管理规范化、标准化和自动化水平。这项改革必然伴随着大量预算系统的信息化开发需求。

财政部并没有要求系统的建设一定要基于国产软硬件，但是湖北省财政厅积极支持数字化转型，选择由华为担任项目总承包商、达梦作为数据库软件服务商，多方成立了 200 余人参与的联合攻关实验室，研发全国产化的预算一体化管理系统。

从 2020 年 8 月邓浩带领团队介入该项目，到 2020 年 12 月，该系统开始在湖北省各地市逐步上线，整个项目的开发周期并不长，但是，完成一个项目的开发并不意味着行业孵化工作的结束。邓浩认为，从第一个行业应用的成功研发，到不断调优、增强系统稳定性，一套行业应用的孵化周期应该在两到三年。

市场，是一个抽象的概念，它由人、机构、项目、技术、商务模式等诸多复杂的元素构成。出身象牙塔的达梦公司在一开始并不擅长在市场上去创造属于自己的生存空间，更多地只能制定和达成技术目标，然后拿着新的技术成果去市场上寻找是否存在可以迎合的需求。然而对一家志向宏远的企业而言，实现技术目标只能算是一种内部策略，想要不断成长、掌握市场话语权，企业必须针对自己的优势和市场环境去制定对外策略，并且实现它。

行业孵化部的成功运作，标志着达梦对于市场需求的把控已经由被动接受转为主动出击。达梦正在以主要协调人的身份整合上下游生态合作伙伴，打造高净值的行业解决方案。这类工作不仅为达梦提高了行业技术门槛，也将为达梦带来连续不断的业务。

至此，困扰达梦"应用与产品之辩"的三大问题——"钱从哪里来""谁愿意用达梦""市场需求到底是怎样的"——全部有了答案。

2019年8月，由达梦数据库作为支持的国家工商总局企业信用信息公示系统记录到了一个小小的变化——位于武汉的一家"武汉达梦曙天数据技术有限公司"被更名为"武汉达梦数据技术有限公司"。这家公司就是达梦当年为了"分家"而成立的新公司。种种迹象表明，这家沉睡了四年的公司即将苏醒。

2020年，张凌睿所带领的云平台事业部整体迁移至武汉达梦数据技术有限公司。虽然迁移的目标是同一家公司，但这与2015年的那次"分家"有本质的不同。

首先，目标公司的属性不同。2015年时，达梦母公司仅持有武汉达梦曙天数据技术有限公司30%的股权；而在2017年，达梦母公司已将持股比例提升到100%，将其变为一家全资子公司。

其次，将云平台事业部迁移至新公司的初衷与之前不同。2015年的"分家"提议重在"切割"，而2020年则是一种"梳理"。由于达梦连续几年业绩喜人，登陆资本市场也成为达梦的近期规划。为了让公司的业务链条更加清晰，达梦决定将云平台业务迁移至全资子公司。

最后，在达梦的整体规划中，对于新公司也有了新的定位。在当年"分家"提议作罢后，达梦就开始有意识地让云平台事业部在原有的开发业务上做"减法"：除了彻底剔除消防业务，还将有应用开发需求的新业务限定在国土、公安、信用这几个数据平台特征明显的行业。

想要证明达梦此前从事的应用开发项目具备复用性，最好的方式就是将这些工作最终产品化，这也是张凌睿团队所遵循的发展路线。在新公司中，多名技术骨干在各自所长的行业里都有多年的积累，他们的经验有助于团队从应用中进一步地提取共性，提炼出行业级的产品。例如，一个国土地质灾害的预警平台，可以在湖北使用，也可以直接拿到四川、湖南使用，不需要经过大规模的二次开发。

张凌睿团队所要负责的另一部分重要工作是将数据中心类项目成果拓展开发为符合新时代用户需要的通用型云产品。

随着云计算、大数据、人工智能等技术的发展，基础设施、平台软件、应用软件的集约化成为IT发展的主流方向，软件的服务化、SaaS化成为软件企业发展的必由之路。这也注定影响着数据库行业。从发展趋势来看，张凌睿团队负责开发的云数据库、数据治理平台、大数据平台等产品的市场需求将会呈现爆发式增长。

随着云计算的普及，依赖单一产品的企业一定会出问题。以数据库行业为例，几十年前，用户购买数据库需要买下整套软件的使用许可，而云计算时代用户可以灵活地按照需求以时间为单位租用软件的使用许可，两者的价格差距可以高达10倍。在亚马逊云数据库业务的冲击下，多年稳坐全球数据库第一宝座的甲骨文正在经历业务拐点。一家企业不能抱定一款产品不变，在达梦的规划中，张凌睿团队所开发的通用产品就是为企业未来发展买的一份保险。

随着达梦2019年后业务的暴涨，达梦需要大量的服务人员为客户提供原厂服务。一路跟着应用开发部、云平台事业部成长起来的技术人才，既熟悉达梦的数据库产品，又熟悉客户在应用场景下可能遇到的各类问题，成了技术服务工作优良的"后备军"。

同时，从2016年起，为了应对市场上对了解达梦数据库的技术人才的需求，达梦开始在培训部门提供不同层次、不同时长、不同主题的多样化培训认证课程，建立了达梦认证培训体系、定制培训体系、"1+X"证书体系三个大类。2020年，达梦的数据库管理系统职业技能等级证书被国家人力资源和社会保障部纳入了职业培训认证体系。这些经过培训认证的达梦专家也将成为达梦庞大生态体系的一部分，为用户实际使用达梦数据库的体验提供保障。

2022年9月30日，位于武汉东湖新技术开发区未来二路的达梦数据库产业基地建设启动。该项目总建筑面积约8万平方米，是国内首个以"数据库"命名的产业园区。

"产业基地不仅是达梦公司本身的办公场所，也希望能横向和纵向地整合数据库公司和上下游企业，成为数据库的研发基地、产业适配基地和数据库培训中心。"冯裕才这样规划达梦数据库产业基地的远期使命。

数据库管理软件是长长的计算机应用解决方案链条上的一环。

数据库企业划定自身业务界限，通过打造生态体系，将主业务线外的工作交给生态伙伴去做，这是一条被验证过的、成为行业顶级企业的必由之路。达梦在发展的特定阶段成为过一家集成商，又在市场成熟后退回数据专业领域。生态体系的搭建是缓慢的，在商业社会里，所有无法一蹴而就的资源都将是企业的护城河。随着达梦生态体系的建立，达梦有望成为第一家专精特新的国产专业数据库企业。

生态体系的建设最终解决了困扰达梦多年的"应用与产品之辩"。在探索路线的漫长过程中，达梦坚持不变的是产品化的思路不动摇，从应用开发项目中归纳出与主营业务直接相关的数据产品，既保证了公司产品的多样性，又没有陷入大批量进行应用开发的泥潭，同时为公司的进一步发展培养了人才团队，用有限的资源取得了事半功倍的效果。

全栈数据产品及解决方案提供商

2020年11月25日，在走进位于北京香格里拉饭店的香阁会议中心时，冯裕才扫视了一下会场，他发现，会场布置了600个座位，现已座无虚席。

科技公司通过举办发布会向社会发布新产品，这已经成了一个传统。在成长的过程中，习惯内敛的达梦也要逐渐适应之前不熟悉的各种市场玩法。

一年多前的2019年5月8日，达梦在第十届中国数据库技术大会上发布了新一代关系数据库产品DM8，那次会议上，冯裕才做了主题演讲，回顾了中国国产数据库的四十年发展之路。但像

2020 年这样，独立地组织如此大规模的专场发布会，达梦还是第一次。而这一次，会上所有的演讲、发布工作都将由达梦的新一代管理层完成。

在冯裕才的心中，这场发布会所承载的意义，在达梦的发展历史上应该是划时代的——它不仅标志着达梦在产品定位上进入了一个新发展阶段，也标志着达梦培养出的大批中青年管理者集体走向台前。几个月前，当冯裕才接受市场部的建议，同意举办这样一场发布会时，他希望发布会就像是每届奥运会闭幕式上，下一届举办城市准备的 8 分钟表演，既是一种"启新"，也是一种"传承"。

在 2020 年这次发布会上，达梦发布了四款产品：达梦数据共享集群 DMDSC、达梦启云数据库 DMCDB、蜀天梦图数据库 GDMBASE 和达梦新一代分布式数据库 DMDPC。对数据库技术有所了解的业内人士只要看到这份新产品名单就会发现，这四款产品，不仅各自需要大量的技术积累支撑，同时它们将与达梦的关系数据库产品 DM8 相互配合，形成一个巨大的数据服务产品矩阵。

从达梦创始人冯裕才写出第一条国产数据库代码至此的四十年里，达梦一直被视为一家做传统关系数据库的企业。但四十年间，数据库行业生态早已发生翻天覆地的变化，互联网、云计算、大数据、人工智能、5G 等新技术不断涌现，传统关系数据库在某些场景已无法满足当今时代的需要。正是为了应对用户的实际需求，达梦才需要不断完善产品体系，为市场提供与时俱进的服务。

达梦总经理皮宇在开场演讲中说，达梦是一家"传&统，而不传统"的数据库企业。

"传&统"中的"传"指的是传承，历经风雨数十载，达梦依然传承着国产数据库的情怀与梦想，传承着原始创新的技术路线，达梦依然把自己的使命与担当定为"做出属于中国人自己的数据库，带动基础软件产业的发展"。

"传&统"中的"统"主要指两点：一方面，达梦需要统筹发展，统筹用户的痛点，统筹学习使用前沿技术，用开放的心态跟上日新月异的技术发展路线；另一方面，达梦需要统筹商业模式，改变依赖传统数据库企业的单一化商业模式，向互联网、云计算公司学习，构建、完善生态，发展渠道合作，从数据库产业的追随者变成符合市场需求、趋势和模式的产业引领者。

通过此次发布会所发布的一系列产品，达梦公司将覆盖从数据交换、数据存储与管理、数据治理到分析服务等数据行业全链条的服务，因此皮宇也对达梦的"不传统"给出了全新的定义：达梦公司要成为国内知名的全栈数据产品及解决方案提供商，为客户提供覆盖数据全生命周期管理的产品和综合解决方案。

2020年是达梦转制成立公司的二十周年，达梦没有组织相应的庆典活动。或者说，任何庆典，都不如在此时此刻，让达梦进入一个全新的发展阶段显得有意义。

在2015年末，冯裕才用一场内部分享会纪念了达梦成立十五周年。那次分享会的最后，冯裕才提到，希望以后外界对达梦的感知，不要只是一家做关系数据库的企业，而是一个拥有包括非关系数据库、大数据平台等多样化数据产品的企业。达梦用五年时间，完成了这一规划。

这场发布会引来了六万余名线上观众的"围观"。通过发布会，达梦不仅展现出了对于自身技术路线的坚定与自信，也展现出了技术、产品以及管理模式等多维度的开放性与包容性。

从 2020 年末的这次发布会开始，达梦不断地推出及更新产品，优化产品矩阵。从功能上看，达梦的产品可以分为五大类。

第一大类是传统的关系数据库及相关集群组件。

达梦关系数据库管理系统 DM8 在产品矩阵中处于核心地位，达梦数据共享集群 DMDSC、达梦读写分离集群 DMRWC、达梦分析型大规模数据处理集群 DMMPP、达梦数据守护集群 DMDataWatch 等集群组件可以与 DM8 相互配合，提高整套解决方案的可靠性、可用性和性能。此外，达梦还拥有采用了分布式计算理念的新一代分布式数据库 DMDPC，满足用户对于分布式架构、扩展性和大地理区域跨度下容灾能力的需求。

其中值得着重介绍的是达梦数据共享集群 DMDSC。

所谓数据共享集群，指在多台服务器上构建一个高度可用的数据库系统的一种解决方案。虽然听起来好像不难，但是这项技术可以极大地提高数据库软件服务的可靠性，是数据库领域技术的制高点，也是金融、电力、运营商等重点行业的刚需。因此，它是商业数据库技术的"皇冠"。

早在 2008 年，国家电网便向达梦提出，希望达梦的整体解决方案能够在高并发写入场景下依然保持强劲性能。根据这一需求，韩朱忠团队开始考虑在达梦的数据库产品上实现数据共享集群功能的可能性。随后，技术骨干李明杰开启了 DMDSC 的研发。

在达梦尝试进军这一领域之前，全世界只有甲骨文一家企业掌握了这项关键技术，也就是 Oracle RAC 产品，关于该项技术没有任何开源技术可以参考。甲骨文依靠 Oracle RAC 带来的技术高墙，在我国金融、电力、电信行业的市场占有率超过了 60%。

2012 年，DM7 正式发布，它突破了两个节点、两台服务器共享集群的关键技术。但是从两节点到三节点、四节点，有一个巨大的鸿沟，需要用新的逻辑去保证正确性。

DMDSC 开发负责人李明杰用"房间"的概念来类比多节点共享集群的开发难度。一个节点就相当于一群人在一个房间内合作分工从事一项工作，从人类发展史来看，当人类发明了语言，这种小范围的协作就可以很容易地实现。而多节点则相当于从事同一工作的一群人被分隔在距离很远的不同房间里，这种跨越地理距离的协调需要等到人类文明行进到通信时代才能实现。

三个及以上节点共享集群的逻辑难点在于故障处理。也就是说，如果只有两个房间的人在协同工作，倘若其中的一个房间里所有人都决定罢工，很简单，只要把他们的工作移交给另一个房间的人来做就好。而三个及以上房间的合作系统如果出现类似情况，就涉及如何将"罢工房间"的工作合理地分配给其他房间的问题。对于这一点，听说过"一个和尚挑水吃，两个和尚抬水吃，三个和尚没水吃"故事的人一定很容易理解。

通过技术团队的努力，达梦数据共享集群做到了从两个节点到八个节点规模的支持，从 2015 年开始在某省级综合警务平台的客户项目中第一次上线运营 1.0 版本。2018 年起，达梦对于 DSC 的研发加大了技术投入，主攻故障处理的可靠性。

在 2020 年发布会上发布的 DSC 是性能更加优异的 2.0 版本。达梦单机四节点的共享集群 TPC-C 值超过了 200 万，八节点超过了 300 万，横向扩展能力强，可以做到与国外的同类数据库产品同台竞技。通过优化，新版本的 DSC 将项目发生故障时的切换恢复时间减少到 10~30 秒，这也意味着系统达到了行业所要求的"5 个

9"的高可靠性标准[①]。同时达梦可以提供从 50 公里级到 1000 公里级，以及两地三中心的容灾解决组合方案。

第二大类是满足新型市场需求的非关系数据库产品。

达梦在图数据方向的投入可以追溯到 2014 年。这一年的 10 月，四川天府新区正式获批成为中国第 11 个国家级新区，在招商引资的过程中，天府新区萌生了引入图数据库企业的想法。

最初天府新区的计划是购买国外的图数据库产品，在新区成立一家本地化的团队，对源代码进行消化。在了解到达梦具有研发自主图数据库的规划后，双方开始了接触。通过对达梦近一年的深入考察，天府新区政府不仅认可达梦的技术，也十分赞同达梦坚持自主研发的技术路线，转而支持由达梦在天府新区成立专门研发图数据库的主体。

图数据库中的"图"，不是地图或者图片，而是一种数据结构——几何拓扑图。小说人物关系图谱就是普通人在生活中有机会接触的一类几何拓扑图。

在进行数据关系深度查询时，图数据库较关系数据库具有天然优势。蜀天梦图数据库的开发人员举例，在一个 500 万人之间的朋友关系深度计算测试中，在深度不超过两层的时候，关系数据库和图数据库的性能不相上下。但是，从第三层开始，关系数据库所消耗的时间激增——第三层需要 30 秒，第四层 1500 秒，到了第五层，关系数据库已经没有办法支撑这样的深度计算。反观图数据库，在计算耗时方面，则是以一种非常平稳的数据形态进行增长，在蜀

---

① 所谓的"5 个 9"标准，指以系统的可靠性为 99.999% 来计算，在此概率下，系统在连续运行 1 年时间里最多可能的业务中断时间是 5.26 分钟。如果故障发生频率提高为每个月一次，留给数据库的时间就是 25 秒。

天梦图数据库的使用测试中，完成五层关系深度的计算仅仅用了2秒。

图数据库开拓了"大数据关联关系分析应用"的全新领域。它专注于挖掘数据之间深层次的关联关系，并以一种全新的展现方式为大家带来信息价值的全面升级，这些特点使得它成为基础软件以及大数据分析应用的一片新蓝海，并迅速成为近五年来全球最受欢迎的数据库类型。

图数据库依托自身的特点，可以应用于公安侦查破案、企业关系分析、金融风控、流行病疫情管控等许多领域。开发人员在发布会上展示了蜀天梦图数据库在与警方合作、分析通信大数据时，定位到一个原本在警方视野之外的网络诈骗嫌疑人的案例。这个案例已经能够体现出图数据库的当前能力和未来前景。

达梦开发的另一款非关系数据库产品为2022年发布的达梦新云数据库系列，包括主打产品达梦新云缓存数据库DMCDM、达梦新云文档数据库和达梦新云时序数据库。

与国内同类产品大部分都是基于Redis开源数据库不同，达梦新云数据库系列由达梦数据技术（江苏）有限公司自主研发，适配性上深度兼容原生Redis的键值对数据库，在并发访问性能上相比原生Redis具有明显优势，可满足业务系统对具有高性能、高可靠性、弹性扩展、数据强一致等特性的键值对系统的需求。

第三大类是横跨平台服务PaaS层和数据服务DaaS层的云计算、大数据产品及解决方案。

其中居于核心地位的是达梦启云数据库。这一数据库的初衷是实现极简的云端数据库服务体验。启云数据库以数据库引擎为核心，可以视为"共享经济"理念在数据库行业的实际应用，通过资源的集中调度、集中管控，实现了数据库横向的弹性缩扩容。通过统一的平台，达梦启云数据库实现了数据库的发放、管理、监控、运维等全生命周期的管理，通过集约化的建设，降低了用户的运维和使用成本。

达梦副总经理张凌睿特别强调："达梦启云平台是一个完全中立的平台，可以跟所有的云厂商进行合作，让它们一样给用户提供极简的数据库云台体验。"

与达梦启云数据库相配套的还有达梦启云云开放平台，以及一系列适用于云计算和大数据场景的数据采集、数据存储、数据治理和数据应用组件。达梦云计算与大数据产品的诞生得益于多年来应用开发技术的积累和产品化，在此基础上，达梦形成了成熟的公安、司法、检察、政务、信用等行业解决方案。

第四大类是方便数据同步或迁移的独立软件，包括达梦数据集成软件 DMDIS 和达梦数据复制软件 DMDRS，这两个软件在前文的案例中均有介绍，当时它们的名字还叫作 DMETL 和 DMHS。随着不断地升级换代，达梦旗下的数据工具软件功能进一步完善，可以作为数据加工处理工具根据使用场景和个性化需求灵活配置使用。

第五大类是基于达梦独有的信息生态和共享存储集群技术打造的软硬一体产品——达梦数据库一体机 DAMENG PAI。

达梦数据库一体机在 2022 年 7 月面世，通过集成数据库运行所需要的全部 IT 基础设备，可以向用户交付开箱即用的整体解决方案。三大产品线 P 系列、A 系列、I 系列分别搭载不同组合的达梦产品，满足金融、电信、政府机构、大型央企等高端领域的多元化数字转型需求。自面世以来，达梦数据库一体机接连中标中邮证券、中银保险、华润银行等金融行业项目。

这五大类数据库产品相互配合，从不同的侧面满足用户的不同需求。

冯裕才是一个习惯居安思危的人，这也让达梦成了一家居安思危的企业。通过扩大产品线，把企业定位延伸为全栈数据产品及解决方案提供商，享受"国产化大潮"红利的达梦已经用"专注数据行业，实现多层次产品支撑"的理念布局好了长远的发展之路。

在国产数据库之路上努力了四十年的达梦依然保持着年轻的心态，以工匠精神持续吸收与创新，以信心和想象创造科技自立的新未来。

闯入金融核心腹地

2021年1月1日下午6点，中国人寿养老保险股份有限公司的企业年金精算团队成员的手机上接到了一条加班通知。

元旦假期需要加班这件事，他们已经习惯了。企业年金以自然年为单位进行结算。通常这项工作在前一年的12月31日至新年的1月1日启动，在当年国家第一个法定工作日到来前结束。结算时，先由企业年金系统进行自动化结算，计算结果出来后，精算团队对结果进行校验，确认结果无误，才算完成了前一年的所有工作任务。

在2021年之前，中国人寿企业年金系统的自动化结算大概需要53~55个小时，这也就意味着，即使在12月31日当天开始结算，系统的计算结果最早也要在元旦假期的第二天才能够得出。因此，每年的1月2日和3日，成了中国人寿企业年金精算团队的固定加班日。

2021年则有了一些不同。元旦的凌晨，企业年金自动化结算系统启动运算，仅仅用了不到17个小时，结果就被算了出来。精算团队当天晚上确认了计算结果无误，2020年全年的工作正常结束。多年来，这支团队第一次在1月2日和3日享受到了元旦假期。

为了实现这套系统的成功升级，常驻上海的达梦副总经理徐阳在北京一直出差到新年前的最后几天。1月4日，他收到了中国人寿的合作伙伴发来的邮件，新系统的表现超出了预期，这让客户非常高兴。

一款系统从国外数据库切换到达梦数据库，计算速度获得了质的提升，这样的场景对于常年服务一线客户的徐阳来说已经很熟悉了。可是，此次由达梦数据库支持的新一代中国人寿企业年金系统在年度结算工作中的亮眼表现，还是让徐阳感到兴奋。这不仅证明这套上线还不足一个月的系统经受住了全年峰值业务的考验，也证明达梦数据库成功进驻了一个金融行业的核心业务系统。

几天后，徐阳才意识到，达梦这次帮助中国人寿做的企业年金系统的国产化升级在业界产生的影响，比他一开始想象的要大得多：几家上海的银行、券商和保险公司在得知远在北京的中国人寿企业年金系统的表现后，主动联系达梦，提出业务咨询。

徐阳是2002年接受韩朱忠邀请第一批加入达梦上海子公司的几名员工之一。多年以来，许多技术难度大的项目都是由徐阳出面挑大梁。他长于技术、善于表达，十分受客户信任。在冯裕才看来，徐阳是公司当之无愧的首席技术专家。

达梦原本只是承担中国人寿集团办公自动化系统的建设，这套系统的迁移仅用了三天，在2020年9月5日上线。虽然从技术层面看，这套系统的开发难度并不算大，可是从客户的视角来看，中国人寿集团约有 20 万员工，并发业务量大，办公自动化系统的表现让他们对于国产数据库的能力有了一个直观的感受。

就在办公自动化系统上线后不久，中国人寿的领导主动找到达梦，建议达梦参与其核心系统国产化的选型测试。

实际上，选型工作从 2020 年初就启动了。作为一家业务量巨大的央企，中国人寿在决定选用国产数据库时，率先考虑的是名声更加响亮、资本更加雄厚的互联网企业。三家拥有数据库业务的国内互联网巨头企业投入了前期研发。等到达梦加入选型时，它们的工作已经进行了将近三个季度，可是选型工作并没有取得很大的进展。

根据国际数据公司的统计，截至 2019 年，在传统部署的关系数据库市场，甲骨文的 Oracle 数据库在中国占有的市场份额为 34.7%。但是国内的数据库行业从业者更熟悉的现状是，在金融、电信等高端专业领域，Oracle 数据库占有绝对的垄断地位。以 2018 年的数据银行业为例，工信部旗下中国信息通信研究院的调研数据显示，在银行各类数据库的应用中，Oracle 以超过 60% 的占比遥遥领先。

罗马城并非一天建成。在国外数据库大举进入中国市场的 20 世纪 90 年代，Oracle 和 IBM DB2 数据库在金融及电信领域几乎是分庭抗礼，随后的十几年里，Oracle 依靠技术优势，特别是 RAC（实时应用集群）带来的稳定性，完成了对 DB2 的"革命"。在这一过程中，甲骨文也用盘根错节的生态体系为 Oracle 数据库构筑了一条护城河。

这也是国内数据库厂商在尝试对中国人寿企业年金系统进行替

换时遭遇的技术壁垒。大型企业在进行核心系统改造时，大多希望在应用层面代码的修改量小一些，尽量保持整个系统的稳定性。想要维持顶层应用少变甚至不变，又能够做到完美地从底层抽走 Oracle 数据库，替换为国产数据库，就像是在玩著名的桌面小游戏《叠叠高》一样——实施方要小心翼翼地抽走最底层的那根担负着整个系统"重量"的木块，但不能让上面的木块变得摇摇欲坠。

  本次替换工作的最大难点在中间件上，原系统采用的是 BEA 公司开发的 Tuxedo 中间件。BEA 公司在中间件领域曾经极具领导力，2008 年，甲骨文公司将其收购，使其成为旗下一员，Tuxedo 也从此被冠上 Oracle 的"姓氏"。自然而然地，在此次项目中，Oracle Tuxedo 中间件与顶层应用和底层数据库是深度绑定的。这是达梦的友商在此前的九个月时间里迟迟未能取得进展的重要原因。

  达梦在过往的项目中没有遇到过对 Tuxedo 中间件进行兼容研发的情况，不过与 12 年前在国家电网前期选型测试中的情形一样，达梦与使用了开源代码的竞争对手相比最大的优势在于，对数据库核心技术的掌控力可以帮助他们提升接口驱动扩展开发的效率。

  达梦从 9 月中旬进入项目开始现场开发测试，到了国庆节"黄金周"之后，达梦的兼容性开发已经全部完成。加之此前达梦拥有替换 Oracle 数据库的大量项目经验，应用层的迁移工作更是以天为单位快速推进。用户原有系统对 Oracle 强依赖的功能在迁移后几乎不需要做任何调整，直接就可以使用，这个效率让中国人寿感到惊讶和震撼。

  为了确认系统的稳定性，中国人寿在无达梦人员在场的情况下对新系统进行无干预、无损验证，新系统连续两次通过了验证，证明了自身的稳定性。

12月4日，新的企业年金系统正式上线。不像其他的系统可以拥有一段业务量缓慢爬升的适应期，年金以自然年为结算周期的属性注定了新系统一上线就要迎来年底业务的高峰。当2021年1月4日，中国人寿的企业年金系统完美地完成了前一年的结算、开启了新一年的业务时，它终于通过了考验。

涉及金融核心交易的高端应用对系统的稳定性有着极致的要求，达梦证明了，国产数据库有能力胜任这样高强度的使用场景。

中国人寿的一名领导后来告诉徐阳："这一系统的上线，不仅对达梦意义重大，也是整个国产数据库行业在金融领域的一个里程碑事件。"

单从这一个项目来看，达梦的推进似乎是顺风顺水的，但是，达梦从一个默默无闻的国产数据库厂商，到摘取被视为数据库行业"皇冠明珠"的金融核心系统应用，其间经过了大量的试炼。

达梦金融事业部的负责人还记得，从2017年7月事业部创立开始的两年半时间里，他和同事用最原始的"地推"方式，将中国的两百多家银行、保险、证券机构一家家罗列出来，主动联系、登门拜访，介绍达梦数据库，询问对方是否有选用国产数据库的需求。

达梦与国家电网始于2008年的合作已经证明了产品的可靠性，用最通俗的话来说就是，达梦数据库管理的数据不会丢。从2016年初开始，由达梦数据库作为支持的中国航信旗下各个客票交易系统上线稳定运行，则侧重向外界证明了达梦数据库的可用性——在"7×24小时"的运行要求下，达梦可以提供连续不间断的稳定服务。

但这些成绩尚不足以说服金融行业信任达梦的数据库解决方案。金融行业要求数据库达到"高可用、强一致、低延迟"的标准，在所有应用到数据库的民用行业中严格程度毫无疑问地排名第一。

将金融行业对数据库的使用需求细分，可以大致分为办公自动化及邮件系统、一般业务系统和核心系统。一般人会认为，越是金融行业的核心系统，它的程序会越复杂。其实恰好相反，正是由于金融业核心业务要求在高并发的前提下实现高响应和高稳定，因此它本身的程序设计会比边缘业务系统更为简单，但反过来，这类系统对于底层数据库"高可用、强一致、低延迟"的要求是最高的。

达梦想要最终在金融业核心系统中替换国外数据库，可以遵循"从外到内"的路径。达梦与中国人寿的合作就是从办公自动化系统开始，进一步拓展到核心系统。

2020年起，金融行业开始积极加入国产化试点。截至2023年12月，达梦服务的金融用户已超220家，上线金融业务系统达2000多套。这当中部分业务来自办公自动化及邮件系统。中国人民银行清算中心、中国邮政储蓄银行、交通银行、光大银行等金融机构则选择将达梦数据库应用于一般业务系统。金融机构的三类业务线并不是边界分明的，例如，中国建设银行、中信建投证券这样的机构，其办公自动化系统中并入了部分一般业务功能，一旦系统出现故障会影响客户业务，因此对于达梦数据库的稳定要求也是非常严苛的。

达梦数据库进入的第一个金融核心系统是武汉住房公积金中心的核心系统，该系统在2018年末上线。

公积金业务系统有两大特点：一方面，面向社会公众，业务量大，与普通个体的福利相关；另一方面，由于社保系统和公积金系统与银行账户直接关联，涉及金融操作，且操作无法回滚，因此也属于对数据库要求极高的金融核心系统。此后，达梦还支持了海南省、广西南宁市、陕西榆林市等地的公积金核心系统。

国内最早选用达梦数据库应用于核心业务系统的银行业金融机构是湖北银行。湖北银行于 2017 年 7 月启动了核心系统的升级改造，引入了达梦数据库。2019 年 5 月，新系统上线运行。此外，梅州客商银行也在核心系统中选用了达梦数据库。

在中国人寿企业年金自动化结算系统上线后不久，达梦团队就投入了中国人寿另一个核心系统——客户主数据管理系统（简称 CMDS）的测试。CMDS 集中管理分散在 36 家省级机构、7 个核心系统的客户信息，为中国人寿旗下运营、服务、管控、营销等六大领域的 40 多个系统提供数据和服务支持，接口服务日均交易量超千万，是中国人寿最重要的一类核心系统。

与企业年金自动化结算系统不同的是，CMDS 此次升级采用了全国产软硬件，是国内大型金融机构中第一个采用全国产解决方案的核心系统。

在 CMDS 项目中，达梦的主要竞争对手来自另一家巨头企业。这是一次值得期待的技术对撞。无论是年金系统的竞争对手，还是 CMDS 的竞争对手，本身就出自互联网巨头企业，因此它们的数据库在自家庞大的业务生态中有着足够的使用空间，此前很少在数据库市场上与达梦形成直接竞争。正是由于中国人寿的核心系统体量大、技术要求高，成功实施后容易对金融行业产生导向性影响，同时金融类的业务与这两家数据库的原生使用场景高度契合，几家数据库企业才有机会在这类项目上"硬碰硬"。

测试结果显示，达梦数据库相较对手性能优势明显。搭载达梦数据库的中国人寿 CMDS 系统最终于 2021 年 10 月正式上线。达梦在中国人寿体系内接连上线了两个核心系统，可以预见的是，这必然会给达梦在金融行业的推进带来"风向标"般的意义。

2023年10月1日，基于达梦数据库的东吴证券一柜通账户系统全面上线，这是证券行业首个使用国产数据库上线核心对外账户系统的案例，也是达梦金融核心应用替换的又一典型范例。

随着市场的拓宽，在与金融齐名的电信领域，达梦也开始有所斩获。2021年5月，中国移动旗下的浙江移动将两个基于共享存储的核心系统切向达梦数据库，完成上线，仍然保持应用程序代码的"零修改"。这标志着达梦开始进入电信行业的核心系统。

徐阳还记得，自己第一次前往浙江移动的客户现场搭环境做技术验证工作是在2012年。在重点行业，达梦需要投入多年的前期铺垫，配合用户进行选型和测试，消除用户的顾虑，这几乎成了固定流程。

在长达九年的接触后，浙江移动对于达梦的了解已经不仅限于技术层面，最终选择达梦作为核心业务的数据库服务商，这一决策是建立在对达梦的组织架构、资本结构、团队成员等多方位信息的全面了解，以及对浙江省内乃至全国的大量国产数据库企业的横向比较之上的。

同一时期，福建移动也陆续使用达梦新一代分布式数据库DMDPC，并相继替代了Teradata AsterDB和EMC Greenplum数据库。这套系统的计算复杂度非常高，核心数据层日均核心计算任务40000项，处理1.5万亿行、550T的数据。

中国移动集团首席专家杨慰民对于达梦数据库产品在长期暴力应用场景下的表现非常满意，他在一次公开活动中表示："大家都听说达梦的OLTP（联机事务处理）不错，福建移动证明，达梦的OLAP（联机分析处理）也很不错。"

数据库是一类长效软件，一款行业应用通常要在上线五至八年后才会迎来下一次数据库软件的更新，因此徐阳认为，达梦在金融和电信等核心领域的国产化替换势必要经历一个缓慢的过程。如今的达梦已经有了金融、电信核心领域的成熟案例，用户在面对达梦品牌时，接纳度已经较十年前有了很大的提高，辅之以国家政策的引导，达梦有希望在下一个十年收复被国外数据库盘踞了近四十年的国内市场"失地"，与其他国产数据库厂商一起，抢占高端民用核心行业的制高点，共筑一张国人技术自主的数据安全网，成为国家网信事业的核心力量。

这也将是市场为坚持技术拓进的国产数据库群体带来的最为丰厚的回报。

2024年6月12日9时30分，专属于达梦的上市锣声在上交所交易大厅敲响。经历了超过四十年在数据库技术领域的深耕，冯裕才带领武汉达梦数据库股份有限公司在上交所科创板挂牌上市，股票名称：达梦数据，股票代码：688692。

清脆的锣声背后，是近年来达梦数据业绩的迅速增长，主营业务收入年化复合增长率最高达57.07%。赛迪顾问及IDC发布的报告显示，2019年至2023年，达梦公司产品市占率位居中国数据库管理系统市场国内数据库厂商前列。

数据库作为数字时代的关键基础设施，数字经济的根技术，已经成为改造提升传统产业、培育壮大新兴产业、布局建设未来产业的基石。本次发行上市后，达梦将成为国内专注于数据库领域的国产数据库行业首家上市公司。

冯裕才在致辞中表示："今天，达梦数据库能够从激烈的市场竞争中脱颖而出，登陆科创板资本市场，再一次证明，坚持自主创新、掌握核心技术是中国科技企业发展的必由之路和根本选择。"

科技自立，久久为功。四十多年前的那个"中国数据库自主之梦"，达梦已经达成；"打造世界级数据库品牌"的数据库"中国梦"，将是达梦的下一个方向。

附录 1　达梦数据发展大事记

1980 年
冯裕才开启数据库研究，为达梦数据库的研发奠定了理论基础

1988 年
冯裕才团队开发出我国第一个拥有自主版权的国产数据库管理系统原型 CRDS，达梦数据库的研究开始进入萌芽阶段

1992 年
华中理工大学达梦数据库与多媒体技术研究所成立

1997 年
中国电力财务公司华中电力集团财务公司使用 DM2，并在全国 76 家分子公司使用达梦，开启了达梦产品的规模化应用

2000 年
武汉华工达梦数据库有限公司成立

2001 年
上海达梦数据库有限公司成立（达梦上海研发中心）

2002 年
北京达梦数据库技术有限公司成立（达梦北京研发中心）

2004 年
达梦数据库管理系统 DM4 通过信息产业部鉴定，鉴定结果表明 DM4 在总体设计和关键技术上处于国内领先地位，达到国际先进水平

2006 年
达梦开始进军大数据市场，开启达梦全栈数据产品研发进程

2008 年
中国电子信息产业集团（CEC）旗下中国软件对达梦进行战略投资，达梦进入中国电子体系，步入快速发展期

2012 年
新一代达梦数据库管理系统 DM7 发布，在性能、稳定性方面实现了质的飞跃

2013 年
• 达梦成为国内首家获得信息技术产品"自主原创测评证书"的国产数据库厂商

• 达梦数据库管理系统 DMV6.2、V7 版本通过验收，突破了 MPP 集群、大数据量支持列存储等关键技术，课题成果在电力、审计、安全、应急等领域得到广泛应用

• 达梦产品上线泰国教育云，走向海外市场

2015 年

武汉达梦曙天数据技术有限公司成立（大数据及云计算相关产品研发），后于 2019 年更名为"武汉达梦数据技术有限公司"

2018 年

• 四川蜀天梦图数据科技有限公司成立（达梦成都研发中心）

• 达梦逐步在全国设立了 7 大区域服务中心、4 大行业服务中心、1 个服务支撑中心，建立了覆盖全国的服务体系

2019 年

新一代达梦数据库管理系统 DM8 发布，采用面向未来的全新架构，全面支持 OLAP/OLTP/HTAP

2020 年

• 达梦重塑战略定位，成为全栈数据库产品与解决方案提供商

• 达梦突破了基于数据复制的数据库高可用等关键技术，产品应用于多个国家部委及省、自治区直辖市，形成了规模化应用成果

• 达梦数据技术（江苏）有限公司成立（达梦苏州研发中心）

2021 年
- 达梦突破了共享存储集群关键技术，中国电子学会鉴定表明该研究成果整体技术水平达到国内领先、国际先进，实现了国产数据库在共享存储集群方面零的突破

2022 年
- "达梦数据库产业基地"开工奠基
- 达梦成功获批设立"国家级博士后科研工作站"
- 达梦数据库一体机 DAMENG PAI 发布，为用户提供软硬一体化解决方案

2023 年
- 重庆达梦大数据有限公司成立（达梦重庆研发中心）
- 达梦成功获批全国版权示范单位

2024 年
达梦在科创板成功上市。股票名称：达梦数据；股票代码：688692

附录2 达梦全栈数据产品体系

后记

对达梦的采访开始于 2019 年 11 月，一个月后我再次赶到武汉补采，12 月底回到北京。随后，武汉遭遇了新冠疫情。

达梦在发展中经历过许多次危机，在采访时听到这些故事，它们还只是故事。暴发的疫情一下子把我和达梦拉到了同一场危机之中，让我瞬间有了临场感。

我在整理采访录音、开始撰写书稿的时候不停在想：达梦会受到疫情影响多少？这些录音里我采访过的人，他们还安全吗？

事实上回过头来看，新冠疫情对达梦的影响远远小于早期的各次危机，即使武汉"封城"了 76 天，整个 2020 年，达梦依然保持着快速增长。

这似乎应了德鲁克关于好公司的评述："一个平静无波的公司，必是管理上了轨道。""凡是可能发生的危机都早已预见，并已通过解决方案变成了例行工作。"

达梦不可能预见到疫情的暴发，但是慢慢修炼成的稳定性已经让它拥有足够的"免疫力"去面对来自外界的波动。我想，这样的能力是几年前的达梦还不具备的。

在写作本书时，另一个时代背景是，特朗普担任美国总统后，国际竞争关系日益紧张，科技领域的几件大事引发了普通民众对于技术自主的关注。我很好奇的是，面对关键核心技术名单，中国要想把一些核心技术的演进历程重新探索一遍，究竟有多难。

想要找到这个问题的答案，达梦无疑是个很好的观察对象。

我还记得一名从华中科技大学毕业就加入达梦至今的老员工告诉我，在他刚刚毕业那几年，同学们聊到达梦数据库，便用"DM"的谐音开玩笑，说他在开发"大妈数据库"。同学的玩笑可能并无恶意，却反映出在特定时期内外界对于达梦的看法。

达梦是一家土生土长的数据库企业。在"土生土长"四个字中，有的人看得到"土"，有的人看得到"生长"。

这里无须重复达梦是如何坚定自主信念、磕磕碰碰地实现产学研转化的历程，我只是想要感叹，这样艰难而漫长的道路，非理想主义者不能行至今日。

或许在很多人印象中，面对高度发达的商业社会和互联网时代，"理想主义者"已经是个遥远的名词了，但只要我们能够看到达梦还在发展壮大，那就是"世界依然在犒赏理想主义者"的一个小小证明。

为了撰写本书，五年来我多次前往武汉、上海实地调研，达梦各级领导、同事，以及参与过达梦成长的各位受访者对采访工作都给予了大量支持。在所有受访者中，我采访次数及时长最多的是冯裕才老师，他花费了很多时间为我介绍达梦的发展历史、讲解数据库的技术演进，给了我很多的建议，在此特别表示感谢。达梦品牌部的同事们一直以来非常支持我的工作，通过他们，我可以随时获得需要的资料或是约访到我想采访的受访者。

倪光南院士和廖湘科院士是两位令人尊重的国产技术的坚定支持者，感谢他们为本书作序。

中信出版集团的黄维益、李嘉琪两位编辑老师为这本书的出版面世做了大量的工作，感谢她们的耐心和敬业。

陈润先生与历志刚先生是两位有着丰富的商业图书写作经验的财经作家，在本书的创意及早期采访阶段，他们参与其中并给了我大量启发。

有好的企业不断成长，是时代的馈赠；有好的故事可以记录，是写作者的幸运。

刘浩睿
2024年6月